《农业软科学研究丛书（2004—2009）》之五

农村基本经营制度与农业法制建设

农业部软科学委员会办公室

中国财政经济出版社

图书在版编目（CIP）数据

农村基本经营制度与农业法制建设/农业部软科学委员会办公室. —北京：中国财政经济出版社，2010.9

（农业软科学研究丛书. 2004～2009；5）

ISBN 978-7-5095-2430-5

Ⅰ. ①农…　Ⅱ. ①农…　Ⅲ. ①农业经济-经济制度-研究-中国②农业法-研究-中国　Ⅳ. ①F320②D922.44

中国版本图书馆 CIP 数据核字（2010）第 158891 号

责任编辑：周桂元　张怡然　　　　版式设计：董生萍

封面设计：郁　佳

中国财政经济出版社出版

URL：http：//www.cfeph.cn

E-mail：cfeph @ cfeph.cn

社址：北京市海淀区阜成路甲 28 号　邮政编码：100142

发行处电话：88190406　财经书店电话：64033436

北京富生印刷厂印刷　各地新华书店经销

787×960 毫米　16 开　23.25 印张　300 000 字

2010 年 9 月第 1 版　2010 年 9 月北京第 1 次印刷

定价：45.00 元

ISBN 978-7-5095-2430-5/F·2064

（图书出现印装问题，本社负责调换）

本社质量投诉电话：010-88190744

《农业软科学研究丛书（2004—2009）》

编 辑 委 员 会

编 者 说 明

呈现在读者面前的这套丛书，是农业部软科学研究2004—2009年成果汇编。

农业部软科学委员会曾编纂《农业软科学研究丛书》和《农业软科学研究新丛》，收录1994—2000年、2001—2003年间的软科学研究成果。丛书出版后，受到了社会各界的广泛好评。2004—2009年，农业部软科学委员会组织专家对农业和农村改革发展的重大问题、热点难点问题开展深入研究，形成了一大批高质量的研究成果。许多研究成果既注重前瞻性，又注重战略性；既注重理论性，又注重操作性，为领导决策发挥了重要的咨询服务作用，为推动农业农村经济持续健康发展提供了重要的理论支撑。为进一步强化农业软科学成果的转化利用，扩大农业软科学研究成果的社会影响，现将这六年的研究成果汇编成《农业软科学研究丛书（2004—2009）》继续公开出版，供读者研究“三农”问题时参考。

在丛书编辑过程中，农业部软科学委员会办公室组织有关专家在全面整理农业软科学2004—2009年研究成果的基础上，筛选出仍具有理论和实践参考价值的研究成果，按主题和内容分类，编纂形成6册专集（著作）出版，分别是：《农业综合生产能力与农业社会化服务》，《现代农业与新农村建设》，《农业产业政策与农业宏观调控》，《农村劳动力转移与农民收入》，《农村基本经营制度与农业法制建设》，《农村改革与统筹城乡发展》。

各专集编纂人员对各项研究成果进行了认真的遴选，按一定的逻辑关系进行了整理和编排，并尽量保持原貌，以反映出认识与实践演进的时代脉络。同时，为方便读者阅读和参考，对入选研究成果作了内容综述。此外，为了保证这套丛书的质量，编审人员作了认真细致的审校工作。限于编者水平，书中不妥之处在所难免，敬请读者批评指正。

农业部软科学委员会办公室
2010 年 7 月

目录

综　述

农村基本经营制度是农村改革发展最重要的制度基础。推进法制建设，有利于维护农村改革、发展和稳定的大局，保障和促进农村物质文明、精神文明和政治文明协调发展。围绕稳定与完善农村基本经营制度、加强农业法制建设，国家出台了一系列政策和法律措施，将以家庭承包经营为基础、统分结合的双层经营制度写入《中华人民共和国宪法》（以下简称《宪法》），颁布实施了《中华人民共和国农村土地承包法》（以下简称《土地承包法》）、《中华人民共和国农民专业合作社法》（以下简称《农民专业合作社法》）等。但当前尚有一些实践问题需要加以解决，如农民土地权益保障机制不完善、统一经营层次的经济实力和服务能力弱、农户进入市场的组织化程度低、已有的法律规范不完备、农业行政执法存在障碍等。围绕农村基本经营制度与农业法制建设，2004—2009 年间农业部软科学委员会组织实施了 50 余项课题研究。我们从中筛选出具有理论意义和实践意义的研究成果，并按照内容和逻辑关系，编纂成农村土地制度、农民专业合作组织、农村集体经济、农业立法、农业执法等5章，汇集成本书。

第一章对农村土地制度问题展开了讨论。主要讨论了3个方面的问题：一是对土地适度规模经营、粮食主产区种粮大户规模经营进行了讨论，提出了发展农业适度规模经营和扶持种粮大户的政策建议。二是基于对重庆、成都两市农村土地流转问题的调查，分析了土地流转主体多元化、主要模式、收益风险、问题与障碍，提出了推进农地流转的对策建议。三是对农民土地权益的实现途径进行了探讨，对做实农民土地的村民小组集体所有权、实行土地永包制等的问题开展了讨论。

第二章对农民专业合作组织问题展开了讨论。主要讨论了4个方面的问题：一是对农民专业合作经济组织的类型进行了概括，对农村土地股份合作制的实践进行了理论分析，并分析了农民专业合作经济组织在农业产业化经营中的功能。二是对印度农村合作社的发展、内部制度、与政府的关系等方面进行了评介，并提出了可借鉴的经验。三是对农民专业合作经济组织发展方向与对策进行了讨论。四是对农民专业合作社和农业行业协会的法律制度进行了讨论，探讨了政府与农民专业合作经济组织的关系、农民合作经济组织的法人地位、农民合作经济组织的法人类型等问题，提出了主要的法律制度安排和支持政策。

第三章对农村集体经济问题展开了讨论。主要讨论了4个方面的问题：一是从村集体经济发展变化、收入来源、收支平衡状况、地区比较、村干部对壮大集体经济实力因素的认知等方面，分析了农村集体经济发展状况。二是对浙江村级集体经济发展现状与特点、主要模式、存在问题进行了分析，并在此基础上提出了发展壮大村级集体经济的对策建议。三是对影响农村集体经济发展的共性因素进行了讨论，提出当前农村集体经济各形式发展的主要共性因素是经营收入、新技术设备资产投资，以及用于增加集体经营资产的利润留存比例。四是分析了集体所有权实现形式的新发展，并提出了促进有效实现集体所有权的政策建议。

第四章对农业立法问题展开了讨论。主要讨论了4个方面的问题：一是对法制建设在构建农村和谐社会中的功能和作用、新农村建设与法治保障等问题进行了讨论。二是对农民权益保护立法问题进行了探讨，分析了农民权益保护机制缺失的原因，提出了农民权益保护及农民工权益保护机制的政策、立法建议。三是对农业投入、补贴的法律制度进行了探讨，并分析了国外农业投资政策和法律制度及其对中国的启示。四是对运用地理标志保护制度推进农产品品牌建设问题进行了探讨，分析了地理标志在保护农业方面的独特作用、地理标志保护制度现状，提出了完善我国农产品地理标志保护制度的对策建议。

第五章对农业执法问题展开了讨论。主要讨论了3个方面的问题：一是从加强农业行政执法体系建设、促进农业法律的顺利实施的角度出发，对农业行政执法体制机制创新、农业行政执法规范化建设、提升农业执法队伍素质等问题进行了探讨。二是对农业违法案件协查制度进行了探讨，分析了建立农业违法案件协查制度的必要性、可行性、基本原则，提出了农业违法案件协查的内容和保障措施等。三是对农业违法行为“情节严重”认定标准进行了探讨，分析提出了渔业行政处罚案件、农产品质量安全行政处罚案件、违反畜牧法及相关法规的行为、动物防疫行政处罚案件，以及兽药、农药、饲料及饲料添加剂行政处罚案件“情节严重”的认定标准。

2004—2009年间农业部软科学委员会组织实施的关于农村基本经营制度与农业法制建设问题的研究，形成了具有针对性、时效性、理论意义和现实意义的研究成果，突出的贡献主要集中在以下5个方面。

一、研究新形势下的农地规模经济问题，提出发展土地适度规模经营和鼓励土地承包经营权流转的政策建议，探讨农地权益的多种实现途径

土地制度是任何一个社会的基本制度，涉及所有社会集团的基本经济利益和主要政治诉求。农民土地权利的满足是安农、富农的核心。农业部软科学委员会组织力量就土地适度规模经营、土地承包经营权流转、农民土地权益的实现路径等问题进行研究，取得了新的进展。

基于主要粮食品种规模报酬的测算和对粮食主产区种粮大户规模经营的调查，讨论了促进规模经营发展的对策。①促进农地规模经济的实现。2009年许庆主持完成的课题——“土地适度规模经营问题研究”，从生产成本和投入产出两个角度对主要粮食品种进行了测算，玉米、冬小麦、中晚籼稻规模报酬不变，早籼稻存在微弱的规模经济，春小麦规模报酬递增，而粳稻则存在规模报酬递减。粮食生产不存在显著的规模经济效益，粮食的规模经营并不具备能自我运转的机制。因此，对“目前大多数实行规模经营的土地，并不是拿去生产粮食的，更多的是被拿去生产瓜果、蔬菜、花卉、药材等经济作物”的现象也就不难理解其原因了。根据课题组的调查，目前农户对于扩大土地经营规模意愿并不强烈，只占到32.25%，大部分农民并没有这方面欲望。农业比较收益低下和劳动力不足是农民规模经营意愿低的最根本动因。因此必须做好土地流转的服务工作，特别是加强流转平台和相关政策的规范性，以期通过降低土地流转和规模经营的“交易成本”来促进和推动农地规模经营。②促进种粮大户发展。2005年陈萌山在其主持完成的课题——“粮食主产区种粮大户规模经营调查”中指出，种粮大户虽取得了较好的规模效益，但与养殖业、加工业相比，经济效益仍偏低。种粮比较效益低，自我发展和投入缺乏内在动力。促进种粮大户发展，应当采取相应措施：加强耕地政

策的稳定性，加快耕地使用权的流转；加大对粮食生产基础的投资，增大科技投入；提高种粮大户专业化水平，逐步实现规模化生产；制定扶持政策鼓励种粮大户的发展；提高农民素质，促进农业科技进步；完善社会保障制度，健全社会化服务体系。

基于宁夏回族自治区，重庆、成都两市的调查，提出了促进土地流转的对策。2006 年郑有贵在其主持完成的课题——“土地适度规模经营问题研究”中认为，宁夏平罗县试点的农村土地信用合作社，一方面因为引入自由存、贷机制而使土地流转更加方便灵活；另一方面因为引入民有、民办、民管、民受益的合作社机制而使其运作更加规范，避免了“暗箱操作”之弊端，农民享有知情权、决策权、监督权、收益权，使农民的土地承包经营权更加有保障。这一方便灵活而又规范的组织化、制度化土地流转的新模式，符合农民对土地这一特殊的、重要的生产资料的心理要求。2008 年胡士华在其主持完成的课题——“重庆农村土地流转问题调查”中、徐薇在其主持完成的课题——“统筹城乡发展背景下的耕地保护与流转制度研究”中均指出，业主普遍存在“两怕”意识，“一怕”农村土地政策不稳，政府提前收回土地承包租赁权，与投资回收期相比，租赁期限相对较短，一般为 20 年左右，投资回报率不高，不敢大胆投入；“二怕”农业生产自然灾害和农产品市场风险的双重压力大，农产品市场前景不好，租赁农村土地进行规模经营效益不高，不敢大规模搞开发。农地流转中存在土地规模经营推进力度不够、农业规模化经营机制不够灵活、农地流转中存在与法律法规冲突的现象、农民在农地流转中的参与度较低、土地流转用途和期限受到较多限制等问题与障碍。推进农地流转应采取进一步明确界定农民土地承包权的物权性质、以经济利益为纽带共推农地流转、发展和完善农村土地股份制、建立并完善城乡一体化社保体系、扩展农地流转的范围和用途、合理确定农地流转中政府与市场的关系等措施。

基于历史、法律规定、个案的分析，提出并论证了多种保障农地权益的实现途径。①做实农民土地的村民小组集体所有权。2007年程漱兰主持完成的课题——“保障农民土地权益长效机制研究”提出，我国农村和城市郊区土地的村民小组合有产权制度，体现了我国《宪法》和法律的法理精神，是我国农村土地集体所有这一基本经济制度或民事基本制度的精髓或灵魂。这是我国农村集体土地产权的现状，也为历史所规定。在采取自上而下的行政手段约束侵害农民土地产权的强势集团的同时，更要有自下而上的来自农民的土地产权抗衡。需要“做实”土地的村民小组合有产权制度，构建农民土地权益保障长效机制。这需要乡村治理结构的改善，需要整体制度环境的改善。②实行土地永包制。2008年刘福海在其主持完成的课题——“关于土地永包制可行性研究”中认为，土地承包与永包只有一字之差，却是两种体制机制。实行土地永包制可以解决目前承包制反映出来的某些矛盾，实现3个目标：可以稳定土地家庭经营这一基本经营制度，实现农业长治久安；可以进一步启动土地流转，开启现代农业发展的闸门；可以激励农民种地养地，建立起农民作主体的土地利用与保护的长效机制。同时，土地永包制在实施中和实施后都没有风险和后遗症，可以做到安全、稳定、有效、低成本。鉴此，建议把土地有限期承包完善发展成为永久承包。

二、研究农民专业合作经济组织的组织类型、管理模式、发展趋势和法律定位问题，从政策和法律两个层面提出制度建设的思路和建议

针对农民专业合作经济组织快速发展而支持政策与法律制度供给不足的问题，农业部软科学委员会围绕农民专业合作经济组织的作用、类型、发展方向、法律地位、支持政策等问题，组织力量开展课题研究，取得了新突破。

基于实践的发展，提出要重新认识农民专业合作经济组织在农业产业化经营中的作用。2004年郑有贵在其主持完成的课题——“农民专业合作经济组织的组织类型与管理模式研究”中针对把农民专业合作经济组织定位于中介组织的问题，提出对农民专业合作经济组织在农业产业化经营中的作用要进行重新认识，因为农民专业合作经济组织已成为农业产业化经营不可或缺的方面军，其在农业产业化经营中的功能正发生着积极的演变，不再是单纯的中介功能，龙头带动功能日益增强。“公司+农户”向“公司+农民专业合作经济组织+会员（社员）”演变，是农业产业化经营组织模式的自我完善，其动力首先来自公司。这种演变，由于公司与农户之间更容易形成“利益共享、风险共担”机制而吸引更多农户加入其团队，有利于根据市场需求实现优质农产品供应基地的扩张，进而促进优势产业带的形成。

对农村土地股份合作制的实践做出理论概括与比较。2008年任大鹏在其主持完成的课题——“农村土地股份合作制问题研究”中提出，农村土地股份合作制的本质特征表现为：自愿入股；以土地承包经营权股为主体；股东表决权实行一人一票制；以重点保护土地承包经营权股利益和盈余全部返还为基本原则，按股分配。实践中土地股份合作制与国际上通行的合作制有许多相似之处，但在产权构造、分配制度、股权流动上存在较大差别。以土地承包经营权入股和用集体其他资产（承包土地以外的土地和其他资产）量化的股权有本质差别，并从股权形成的权利上诠释了这种差别的法理基础。围绕农村土地股份合作制构建和发展中如何保护农民利益的核心命题，提出一人一票备查制、财务会计托管制、土地承包经营权股优先制、出台示范章程、严格限制对土地承包经营权股利益稀释的土地资产评估、关联交易披露、政府资助职业经理人到农村土地股份合作组织任职等建议。

基于国内外实践，对我国农民专业合作组织的发展趋势做出判断，并明确了发展农民专业合作社的思路。2004年郑有贵主持完成的《农民专业合作经济组织的组织类型与管理模式研究》提出，农民专业合作社是农民专业合作经济组织的基本形式，它是特殊的企业，这是其最明显的特征。所谓特殊的企业，首先它是企业，其次它有不同于一般企业的内在规定性，即它所遵循的合作社原则。农民专业合作经济组织将按照一定的路径而演变：协会将朝着两个路径演变：①协会继续保留并不断完善和发展；②由协会向合作社转型。合作社也将朝着两个路径演变：①保持为一人一股合作社，不断完善和发展；②由一人一股合作社发展为非平均持股合作社（现在很多合作社自兴办之日起即为非平均持股合作社）。合作社的联合与合并也是发展趋势之一。2008 年夏英在其主持完成的课题——“规范和壮大农民专业合作社发展研究”中判断，未来我国农村合作经济组织发展趋势和方向是：农民专业合作社逐渐向“贸工农一体化、产加销一条龙”的产业化经营方向发展；农民专业合作社通过增强服务功能，逐步由松散联合走向紧密联合、由劳动联合走向劳动与资本的双重联合，成为股份合作制的实体化经济组织；农民专业合作社经营范围日益成为推进农业区域化布局、专业化生产、规模化经营的重要载体，“三农”工作的主要抓手；农民专业合作社日益成为联系政府和服务农民的桥梁与纽带，经济与社会影响力持续扩大；农民专业合作社占主导地位，合作社间联合将逐步显现。鉴此提出，我国发展农民专业合作社的基本思路是：在稳定农村基本经营制度的基础上，遵循市场经济规律，尊重基层的创造，以增加农民收入为目标，坚持民主自愿开放、互利互惠共赢、发展规范并重，通过指导方式创新、管理体制创新、发展环境创新，依靠政府推动、能人牵动、典型带动，充分调动农民、龙头企业、基层专业经济技术部门和村级组织发展农民专业合作社的积极性，逐步构筑起以专业合作社为主体，以专业协会、行业协会、股份农民专业合作社为补充的服务综合化、经营实体化、运行规范化、组织网络化的农民专业合作经济组织体系，形成以家庭经营为基础、专业合作为纽带、产业化经营为导向、社会化服务为支撑的现代农业经营方式。

在立法进程中，讨论了农民专业合作组织的法律制度。2004 年郑有贵主持完成的课题——“农民专业合作经济组织的组织类型与管理模式研究”，就立法中争论较多的难点问题进行了讨论：针对全国人民代表大会已将法律名称定为《农民专业合作经济组织法》的问题，提出应制定农民专业合作社法，并较充分论述了理由；从成员私有财产与农民专业合作社的财产分开和农民专业合作社的财产全部股份化两个方面明晰产权；主张不限制投资股数量，而只限制投资股金的投票权；对农民专业合作经济组织的管理，应与企业组织实行的无主管部门有所区别，政府应对农民专业合作经济组织予以指导、服务和监督。2005 年刘振伟主持完成的课题——“农民合作经济组织法律地位问题研究”提出，应当建立符合国情的农民合作经济组织法律制度。从国内实际出发，在不改变合作经济组织的性质、防止出现各种异质合作社的前提下，我们对国际合作社原则要有所突破：一是要适度放宽对资本权利的限制，以利于吸引资金；二是放宽对社员资格的限制，以利于吸引人才；三是放开对营利性业务的限制，以利于提高合作经济组织的竞争力；四是尽可能降低入社门槛，以利于有愿望而资金不足的农民加入到合作组织中来；五是注意合作经济组织内部治理机制的包容性，允许合作经济组织的多样化。将农民合作经济组织定义为合作社法人，比较符合实际，也符合国际惯例。鉴于 1986 年制定的《中华人民共和国民法通则》（以下简称《民法通则》）没有关于合作社法人的规定，可考虑两个方案：第一方案，修改《民法通则》，设立合作社法人，从根本上解决问题。第二方案，在不突破现行法人分类的前提下，将农民合作经济组织作为一种特殊类型的企业对待，归入企业法人类型，在登记时界定为企业法人的特殊形态。2007 年杨东霞在其主持完成的课题——“农业行业协会法律制度研究”中认为，简单地将农业行业协会归属于民事主体，并不足以体现其所具有的不同于一般民事主体的特殊社会功能，包括行业代表、行业自律、行业服务、行业协调等。简单地将其规制为一般民事主体还会影响到其正常发展，使其达不到应有的社会目的。农业行业协会既不是对国家干预机制的简单补充，也不是对市场调节机制的简单替代，而是在经济社会的调节机制中独立存在并发挥作用的一类特殊主体。

基于国内外经验和现实状况，提出了规范和壮大农民专业合作社的对策建议。2005 年冯开文、周章跃、辛贤在其共同完成的课题——“中印农民合作组织发展比较研究”中认为，印度农村合作社对中国的启示主要有：形成完整的网络体系；让合作社涉及农产品的所有领域，自身形成一体化经营；通过信贷、加工、销售等类型的合作社体系建设，形成强劲的市场竞争能力；在既定的路径上不断积累经验并及时作适应性调整；政府加强法律、政策、资金、技术、人才等支持，税收等优惠，使合作社自主发展成为市场主体。2008 年夏英主持完成的课题——“规范和壮大农民专业合作社发展研究”建议，加大舆论宣传，提高思想认识，营造良好环境；建立健全合作社内部治理机制，摆脱内部人控制，规范发展农民专业合作社；实施横向、纵向联合，提高合作社市场竞争力和持续发展力；加强政府对农民专业合作社的指导、服务和监督。

三、及时跟踪和总结农村集体经济发展的新鲜实践，对农村集体经济实现形式进行理论概括和评价，提出促进农村集体经济发展壮大的思路和措施

发展壮大农村集体经济，对社会主义新农村建设和农村各项事业发展具有重大意义。然而，改革以来农村集体经济的发展始终没有突破性进展。针对这一问题，农业部软科学委员会组织力量就农村集体经济现状、集体所有权实现形式、政策法律调整完善等问题进行了研究，取得了新的进展。

对农村集体经济现状进行了大面积的问卷调查，概括了农村集体经济两个方面的特征。①农村集体经济形势严峻。2006

年张云华在其主持完成的课题——“新形势下集体所有权实现形式问题研究”中，根据同年国务院发展研究中心农村经济研究部对全国2749个村庄的问卷调查，认为总体上当前农村集体经济形势严峻：村级集体经济收入“贫富差距”较大，近60%的村收入在10万元以下，2.2%村没有集体收入，16.5%的村收入低于1万元，低于5万元的占到近一半；财政性补助也占到村级收入的重要位置，比例为16.44%，显示了村级经济收入在一定程度上对财政的依赖性；东中西部地区入不敷出的村庄比例都在35%—40%；东部村庄的负债规模均值达305.61万元，中部村庄负债均值为52.48万元，西部为22.77万元，负债主要来自个人借款，主要用于公共基础设施建设；西部和中部村庄分别有五成和四成村庄资不抵债；所调查的全部村庄中村集体经济实力不断增长、变化不大和有所下降的村庄比例分别为25.5%、56.1%和18.4%。②村级支出中非生产性开支占绝大部分。2008年冯一鹤主持完成的课题——“新形势下集体经济实现形式研究——以浙江省为例”的调研结果显示，在浙江省，村级支出中，除去集体经济发展与经营支出后，非生产性开支占了88.9%，一半以上的收入被用于公共基础设施建设。在公共设施建设支出中，道路建设、村庄绿化、自来水改造、文卫设施、电力设施等村庄整治支出共3953.57万元，占74.8%，村均达到28.65万元；农田水利设施建设支出663.54万元，占12.6%，村均为4.81万元；其他支出占12.6%。值得注意的是，在村庄整治支出中，村均道路建设支出达到了18.54万元，占了公共设施总支出的48.4%。

对于各地在实践中对农村集体所有权实现形式进行的新探索，也进行了及时跟踪、理论概括和评析。2006年张云华主持完成的课题——“新形势下集体所有权实现形式问题研究”表明，世纪之交以来，农村集体所有权实现形式有了新的表现，集体经济产权制度改革风起云涌，社区集体股份合作制、投资性股份合作制、土地股份合作制、新型合作经济组织等新型集体经济组织大量涌现。集体所有权实现形式正在逐步向产权清晰化、所有权股份化、经营市场化、内容多元化的方向发展。

基于集体所有权实现形式，针对性地提出了促进农村集体经济发展的建议。2008 年冯一鹤在其主持完成的课题——“新形势下集体经济实现形式研究——以浙江省为例”中建议，积极探索发展壮大村级集体经济的新路子：强化扶持，增强薄弱村自我造血功能；创新机制，明晰村级集体产权；因地制宜，促进资源转化增值；筑巢孵卵，搞活经营性资产运作；挖掘潜力，不断完善土地使用政策；栽梧引凤，选好配强经济发展领头人；营造环境，实行金融税收政策优惠。2006 年张云华的课题中主持完成的“新形势下集体所有权实现形式问题研究”课题中建议：以保障集体和农民权益为前提，完善农民集体土地集体所有权和家庭经营权；深化集体产权制度改革，使农村集体经济组织成为产权明晰、资产量化、农民入股、主体多元、充满活力的市场主体；积极鼓励各类股份合作制和新型合作社的发展；创新集体土地开发利用方式，发展物业股份合作社和土地股份合作社；完善集体资产管理方式，解决长期以来集体资产存在的产权不明晰、管理不到位、群众监督和参与缺乏的弊端；构建多元化的农村社区治理方式，促进集体经济发展。

四、梳理近年来农民权益保护和农业支持保护等领域的制度成果，分析存在的突出问题，提出立法思路和建议

改革开放以来，我国农业农村法治建设取得了重大进展，为发展现代农业和建设社会主义新农村提供了法律保障。但总体而言，我国农业农村法律制度供给不足。围绕农业农村法治建设，农业部软科学委员会组织力量就农民权益保护、农业投入、农业补贴等法律制度问题进行了研究，提出了立法的思路与框架。

对农民权益保护的立法思路进行了探讨。2004 年李克敏在其主持完成的课题——“建立农民权益保护机制问题研究”中认为，在现实生活中，农民工的劳动和休息及其他相关权利、社会权利、自身及子女的受教育权利、民主政治权利都不同程度地被侵害。《中华人民共和国劳动法》（以下简称《劳动法》）、《禁止使用童工规定》、《最低工资规定》等，适用于农民工，但农民工这个群体毕竟有自己的特性，一些现行的法律法规并不能完全解决农民工遇到的问题。建议制定一部《农民工权利保护法》，使农民工在劳动保障、社会保险、子女上学、工资、休假等方面，享受到与城市居民平等的待遇，以维护社会稳定，保障弱势群体的合法权益。同时，实施法律救济措施：①认真落实我国相关法律中对农民工权益保护的规定；②在涉及农民工权益的具体司法实践中，在法律规定的限度内向农民工一方实行“司法倾斜”，对侵害农民工权益者实施更严厉的惩处，对施害者起到警示惩戒作用；③简化解决纠纷的法律程序，为农民工提供一条维权的“便捷通道”；四是建立专门的维护农民工权益的无偿法律救助机构，鼓励法律志愿者积极参与，解决农民工的疑难问题，帮助农民工在合法权益受到侵害的时候进行诉讼，以维护农民工的各项合法权益。

基于国际经验、投入主体的参与、可操作性，对农业投入立法的思路和框架进行了探讨。2006 年任大鹏主持完成的课题——“农业投资法律制度研究”，在考察国外农业投资政策和法律制度后，得出了一些启示：建立完善的、可操作的农业基本法是构建农业保护体系的基石；可操作的法律程序是确保农业保护的重要保证。借鉴国外立法经验，完善我国农业投入立法，应在以下几方面努力：完善我国《农业法》，制定农业补贴与投资法，建立我国农业法律支持、救济体系，完善配套政策；完善农业补贴的预算编制、审批制度，健全支出预算的管理和控制机制，推行绩效预算；加速农村金融立法，建立完善的农村金融支持体系；建立和完善农业保险法律制度。

基于农业补贴法律法规中程序性规定缺失的弊端，提出了农业补贴法律制度建设的思路。2006 年陈亚平在其主持完成的课题——“我国农业补贴法制化建设研究”中提出，应充分考虑我国作为发展中国家以及我国农业作为弱势产业的现实，力求建立一个以政府为主导，市场为导向，规范、透明、统一的农业补贴法律体系。目前我国有关农业补贴的法律法规中，程序性规定严重匮乏，这种立法状况导致了以下后果：首先在农业补贴总量、补贴结构以及补贴具体标准的确定上，作为受补贴对象的农业生产劳动者并无发言的机会；其次是补贴程序的缺失造成有关部门的补贴工作缺乏透明性、公开性和公平性，实践中也降低了农业补贴应发挥的功效。鉴此，立法中应完善听证制度、信赖保护制度、信息公开制度、参与制度、救济制度等。同时，还应当建立应对国外农业高额补贴的应急机制，对那些受到补贴的国外农产品，实行进口限制政策，将发达国家农业补贴对我国的冲击控制在最低程度。

对完善农产品地理标志保护法律制度的思路进行了探讨。2006 年杨东霞在其主持完成的课题——“完善农业知识产权法律制度推进农产品品牌建设”中认为，我国现行法律对地理标志的保护比较笼统，保护水平还比较低，不利于我国地理标志产品的保护；有必要进一步修订完善相关法律，构筑统一、协调的农产品地理标志保护法律体系，使地理标志管理与保护工作有法可依、有章可循，为地理标志保护营造一个良好的法律环境。同时，建立地理标志产品的分类审查制度，设立依司法程序确认地理标志的制度，强化对地理标志农产品的监督管理。

五、研究制约农业行政执法的体制机制问题，完善执法标准，全面推进农业依法行政

随着依法行政、构建法治政府进程加快，农业执法工作稳步推进，农业综合执法体制改革迈出重大步伐，农业执法保障农业农村经济健康发展的功能日益凸显。然而，由于历史沉淀和制度安排等原因，农业行政执法仍存在体制不顺、机制不活等问题，深化农业执法体制机制改革尤为迫切。针对农业执法中存在的问题，农业部软科学委员会组织力量就农业执法体

制机制创新、执法规范化建设、农业违法案件协查制度、农业违法行为“情节严重”认定标准等问题进行了研究，对提升农业执法水平有着重要的参考指导意义。

基于对农业法律实施的调查，分析了农业法律实施的障碍因素。2005 年余英生主持完成的课题——“农业法律实施情况调查”，根据对湖南省农业法律实施情况调查认为，目前我国农业法律实施还存在诸多障碍因素：①“三农”中的缺陷制约农业法律的有效实施，如农业生产的分散性加大了农业法律适用的难度，农村经济社会的落后现状减缓了农业法律实施的进程，农民文化素质不高降低了农业法律遵守及依法维权能力。②农业法律本身的缺陷制约农业法律的有效实施，如农业法律政策性、原则性强，规范性、可操作性不足；农业生产经营者权利与义务的规定不对等；农业立法相对滞后，与农业发展要求不相适应；农业法律权威性不强，与农业本身的基础地位很不相称。③执法环境不顺制约农业法律的有效实施，如社会观念障碍、政府职能转变不到位。④执法体制不畅制约农业法律的有效实施，如执法体系庞大而分散，力量相对薄弱；政事、政企职能不分，执法主体不规范；农业执法人员整体素质不高；农业执法手段落后。2009 年黄深政主持完成的课题——“创新农业执法体制机制问题研究”认为，农业执法面临的困境与体制机制缺失关联，主要表现在：整合不够，力量分散；保障不够，投入有限；约束不够，监督乏力；协调不够，各行其是。

对农业执法制度建设进行了多方面的探讨。①农业行政执法体制机制创新。2009 年黄深政主持完成的课题——“创新农业执法体制机制问题研究”提出，应从机构设置、职能配置、人员编制、保障体制等方面进行农业行政执法体制创新，从联动执法、协调配合、片区协查、执法补贴、查审分离、纠纷调处、执法监督、预警防范等方面进行农业行政执法机制创新。②农业行政执法规范化建设。2005 年李志纯主持完成的课题——“农业综合执法规范化建设问题研究”提出，农业行政执法规范化建设内容包括执法机构规范、执法内容及职责划分规范、执法队伍规范、执法行为规范、执法投入规范、执法制度规范、执法机制规范、执法监督评价规范。③农业违法案件协查制度建设。2006 年何述忠在其主持完成的课题——“农业违法案件协查制度研究”中认为，农业案件呈现出流动性、区域性和复杂性的特点，迫切需要农业行政机构在执法办案过程中加强协查和配合。农业违法案件协查应遵循法治原则、及时原则、义务原则、效率原则等基本原则。农业违法案件协查包括协助调查取证、协助采取强制措施、协助检验鉴定、协助提供便利条件等方面内容。从建立健全高效的指挥系统、落实专人负责、建立奖惩制度、保障协查经费投入、建立信息交流制度等方面保障协查的开展。④制定农业违法行为“情节严重”认定标准。2008 年邓贤贵在其主持完成的课题——“农业违法行为‘情节严重’认定标准的研究”中认为，由于我国现行的农业法律法规对有关违法行为“情节严重”、“情节特别严重”的情形未作具体规定，以至于执法人员在实际工作中，难以有统一的量化标准参照，从而导致同样的情节，可能出现不同的处罚决定而失公平；对“情节严重”进行认定，是界定农业领域罪与非罪的关键点，是规范农业行政执法自由裁量权的重要内容，是深入推进政府信息公开的应有之义。⑤探讨农业法律有效实施的对策。2005 年余英生主持完成的课题——“农业法律实施情况调查”，围绕农业法律规范在农业和农村经济工作中的贯彻和实现，总结了目前农业法律实施面临的诸多障碍因素，包括农业生产的分散性、农业法律规范性和可操作性不强、立法相对滞后、法律权威性不强、执法环境不顺等。在此基础上，提出了保障农业法律顺利实施的若干对策，指出要从转变农业部门工作职能、完善农业法律法规、推进农业综合执法三个方面入手，促进农业法律的顺利实施。

（郑有贵　执笔）

第一章

农村土地制度

第一节

土地适度规模经营问题研究

——基于我国粮食生产的实证分析[①]

自1987年中共中央在5号文件中第一次明确提出要采取不同形式实行适度规模经营以来，有关规模经营的问题一直是学术界和政府部门关注的热点问题之一。农业适度规模经营是指农业经营主体通过实现土地、资本、劳动力、技术等生产要

① 本节内容选自农业部软科学课题“土地适度规模经营问题研究”（课题编号；Z200912），课题主持人：许庆。

素的合理配置以达到最佳经营效益的活动。而目前农业规模经营在很大程度上是指土地规模经营问题。经营规模并不是越大越好，由于各个地方情况不同，会得出不同大小的最优规模。具体而言，从各地实践看，土地规模经营形式大致有以下几种：①种粮大户或家庭农场；②以合作为基础的集体农场；③以自愿互利为基础的联合经营模式；四是工商企业办的农业车间或农场；五是农民内外联合办的股份合作农场等其他一些形式。目前学术界关于农地是否具有规模经济的争论一直存在。根据我们从生产成本和投入产出两个角度对主要粮食品种的测算，玉米、冬小麦、中晚籼稻规模报酬不变，早籼稻存在微弱的规模经济，春小麦规模报酬递增，而粳稻则存在规模报酬递减。

一、数据来源和描述统计

规模经济产生的原因可以从内部和外部两个方面寻找，因此农业规模经济亦可分为内部规模经济和外部规模经济。在目前家庭承包经营制度下，农户（农民家庭的简称）是我国农业生产的基本单位，也是农业生产经营主体。在这个意义上，农户是投入某些生产要素（例如土地、劳动力、资金等）产出农产品的基本生产单位。因此，在农户水平生产环节发现存在规模经济现象，意味着加总农业生产水平也会存在。反之，则不然，因为如果在农业生产部门发现规模经济，农户水平未必就存在规模经济，有可能是外部规模经济（如在产品销售、要素购买和信贷取得上具有规模经济性）所引起。由此看出，只要在农作物具体品种水平上进行研究，是否存在规模经济或规模不经济才能够被充分分析。而高质量的具有全国范围代表性的农户调查数据对相关政府部门制定正确的土地制度政策和农业发展政策十分必要。

先前的多数研究（Fleisher and Liu，1992；Lin，1992；Yang，1994 等）采用加总数据进行分析，而在实际中，农户有可能通过在不同地块之间改变种植品种从而导致产量发生增减。由此产生的结果可能是农户家庭拥有的土地面积不变，但农作物总产量却增加（或减少）了好几倍，从而以加总数据为分析基础的研究会错误得出存在规模报酬递增（或递减）。同时，加总的数据往往导致信息丢失、无效和对计量结果产生偏差（Wan and Cheng，2001）。

本文采用的研究方法需要农作物各具体品种投入产出情况的数据，同时还需要生产要素及产品价格的观测值。在实际中如此系统完整的资料很少存在。幸运的是，CERC/MOA 调查数据库为本项研究提供了所需的数据支持。该数据来自澳大利亚阿德莱德大学（University of Adelaide）的中国经济研究中心（CERC）和中国农业部政策法规司共同设计建设的以中国农村居民粮食生产的两期五年（即 1993、1994、1995、1999 和 2000 年）跨区域大样本农户问卷调查为基础的《CERC/MOA 中国农村居民问卷调查数据库》，同时这一数据库的建设得到了澳大利亚国际农业研究中心（ACIAR）的资助。CERC/MOA 调查以农产品生产成本调查为基础，这是一个针对农户的全国性调查，由农业部指导各省每年开展一次。为了使样本具有全国范围内的代表性，该调查在全国综合考虑区域和经济发展水平、粮食生产情况后选取了吉林、山东、河南、江西、广东、四川等六个省份，分别代表中国的东北、华东、华中、东南和西南五个地区。在确定样本省份后，按照农作物平均亩产量采取分层抽样原则在每个样本省中分别选取 4 个县（市），5 省共计 20 个[①]县（市）被选出。采用相同的方法，在样本县中选出 5 个村。最后，在每村村花名册中随机抽取 10 户符合条件的样本村民。这样调查就形成了 20 个样本乡县、100 个样本村庄、1000 户左右的农户样本数据。

① 20个县（市）分别为：河南省的许昌、唐河、虞城、修武；吉林省的永吉、长岭、梨树、榆树；山东省的平度、诸城、章丘、临沂；江西省的南昌、南城、临川、吉水；四川省的新都、仁寿、渠县、岳池；广东省的中山、潮安、海康、乐昌。

虽然不同年份的调查范围有所调整[①]，但数据的主体为面板数据。记录了每个被调查农户的特征和农业生产活动的详细信息。指标类别内含人口与劳动力、耕地（包括地块数、面积、耕地质量等）、粮食生产、经济作物生产、市场和流通情况、食物消费、收入、相关政策（包括土地政策等内容）。

本研究采用的另一项数据来自中国科学院农业政策研究中心（CCAP）、浙江大学农业现代化与农村发展研究中心（CARD）、中国农业科学院农业经济研究所和上海财经大学财经研究所四方共同合作，于2008年11月份组织的一次关于农地制度的跨区域、大样本实地调查。

调查采用多阶段抽样方法对样本省、样本县、样本乡镇、样本村和样本农户进行了选样。考虑到区域因素和各地区经济发展水平，调查首先在全国范围内随机抽取了山东、陕西、吉林和浙江四个省，然后，在每个样本省分别把省内所有县按照人均工业产值进行三等分（鉴于山东人口较多，所以对其省内的所有县按照人均工业产值进行了四等分），在每个等分组随机抽取1个样本县，最后确定了13个样本县。随后，在每个样本县按照农民人均纯收入指标进行了分层抽样，每个样本县抽取2个乡镇，一共抽取了26个样本乡镇。此后，在样本乡镇，也是按照农民人均纯收入进行分层抽样，每个乡镇选取2个样本村，一共确定了52个样本村。最后，在每个村庄内部运用完全随机方法抽取了12个农户。在去除一些无效样本后，调查共收集了13个县、26个乡镇、52个村、619个农户的有效数据。

表1－1概述了2000年各省样本农户耕地经营状况及主要农作物生产的基本情况。

样本农户的分布情况。2000年调查实际访问了1049个农户，其中河南收集了210户，占样本总数的20.02%；吉林收

① 河南省只包括1999年、2000年两年的调查数据；广东省只包括1993年、1994年、1995年三年的调查数据。

集了201户，占19.16%；江西收集了207户，占19.73%；四川为200户，占19.07%；山东为231户，占22.02%。

样本耕地的分布情况。由于中国各省行政区域土地面积和人口密度不同，导致地区之间耕地拥有状况分布差异较大。在调查的五个样本省中，吉林省户均耕地面积（20.26亩）最大，四川省为最小（户均只有3.21亩）。同时四川省土地细碎化程度最为严重（户均地块数有8块之多，且每块土地面积仅为0.62亩）。五个样本省粮食作物种植均占总播种面积的绝大部分（80%及以上），是我国五个主要的农业大省。但由于各省自然禀赋、农业气候状况都不尽不同，造成其主要作物亦不相同。河南以小麦生产为主，吉林则以玉米种植为主，江西和四川则以水稻生产为主，而玉米和小麦则是山东的主要农作物。

表1-1　各样本省耕地分散化程度、主要农作物生产及区域分布情况

省份	农村居民家庭耕地经营情况			粮食作物[②]占总播种面积比例（%）	主要农作物占粮食播种面积情况		
	户均耕地面积[①]（亩）	户均地块数目（块）	平均地块大小（亩）		水稻[③]所占比例（%）	玉米所占比例（%）	小麦[④]所占比例（%）
河南（N=210）	7.10	3.09	2.41	87.62	0.43	26.21	53.37
吉林（N=201）	20.26	3.34	6.75	96.27	19.35	65.99	3.02
江西（N=207）	7.04	6.31	1.46	85.09	99.10	0.31	0.00
四川（N=200）	3.21	7.99	0.62	82.65	53.57	12.18	22.8
山东（N=231）	6.04	2.49	2.72	79.85	0.26	46.95	46.54

注①1亩=1/15公顷≈0.0667公顷。

②粮食作物除包括水稻、小麦、玉米、高粱、谷子及其他杂粮外，还包括薯类和豆类。

③水稻包括早籼稻、中晚籼稻和粳稻。

④小麦包括冬小麦和春小麦。

虽然2000年调查农户的总数为1049个，不过，由于各样本户种植具体作物之间存在差别，同时有些调查数据缺失及存在异常值，则该农户的观察值就被剔除了。分析中实际使用的观察数据，具体见表1－2。我们可发现，土地细碎化最为严重的是早籼稻，平均每户耕种5块不连片的耕地。尤其要注意的是，其中一些种植中晚籼稻的农户甚至要在33块地块进行生产耕作。

表1－2　模型中变量的描述性统计特征

农作物	各变量	测量单位	平均值	均方差	最小值	最大值
玉米（有效样本容量N＝578）	产量	斤[①]	3989.526	5199.156	45	56940
	播种面积	亩	7.458962	45.34458	0.2	1083
	劳动时间	天	40.64559	37.18993	2.5	265
	资本	元	334.6427	463.198	3	4503
	肥料投入	元	268.2799	357.0824	5	2190
	土地块数	块	2.133218	1.571376	1	17
春小麦（有效样本容量N＝91）	产量	斤	544.2198	427.4822	80	2340
	播种面积	亩	1.946374	1.553732	0.2	7.9
	劳动时间	天	20.82143	14.37849	3.5	87.25
	资本	元	114.8059	202.7126	6	1850
	肥料投入	元	77.81319	127.1389	2.4	1163
	土地块数	块	3.142857	2.14254	1	11
冬小麦（有效样本容量N＝433）	产量	斤	2878.254	3805.838	70	66400
	播种面积	亩	4.217229	4.725534	0.1	80
	劳动时间	天	43.55442	62.04386	2.375	1104
	资本	元	666.4493	957.0158	10.5	16778
	肥料投入	元	336.1424	381.5986	3	5280
	土地块数	块	2.431871	1.54728	1	10

① 1市斤＝0.5千克（kg），下同。

续表

农作物	各变量	测量单位	平均值	均方差	最小值	最大值
早籼稻（有效样本容量N=190）	产量	斤	3841.895	2590.633	100	24801
	播种面积	亩	5.130211	2.952912	0.9	19.2
	劳动时间	天	66.33895	47.81299	3.5	278.75
	资本	元	400.2705	288.3192	51	1845
	肥料投入	元	376.0284	306.191	8	2114
	土地块数	块	5.057895	4.639583	1	30
中晚籼稻（有效样本容量N=328）	产量	斤	3598.655	2230.177	300	12800
	播种面积	亩	4.424543	3.163996	0.5	20.7
	劳动时间	天	59.55808	46.5914	4.625	255
	资本	元	328.9987	296.9905	5	2092
	肥料投入	元	285.4324	406.0935	5	5699
	土地块数	块	4.573171	4.124308	1	33
粳稻（有效样本容量N=126）	产量	斤	3572.754	2513.248	480	14000
	播种面积	亩	3.62754	2.440759	0.4	14.3
	劳动时间	天	47.2629	39.36377	3	164.5
	资本	元	690.9098	1698.628	34.5	18864
	肥料投入	元	292.7694	285.5112	14	1480
	土地块数	块	2.873016	2.465714	1	11

注：1市斤=0.5千克（kg）。

二、数据调整和处理

为了适于本研究，需要对数据做一些调整和处理。一般来说，农业生产的成本主要分为七部分，一是土地费用；二是人工成本；三是机耕机灌费用；四是种子费用；五是化肥和农药费用；六是植保等服务费用；七是收割和运输费。后五项构成了物质和服务费用。

其中，人工成本是指生产过程中直接使用的劳动力的成本。包括家庭用工折价和雇工费用两部分。根据《全国农产品成本收益资料汇编》中对雇工费用的定义，是指因雇佣他人（包括临时雇佣工和合同工）劳动（不包括租赁作业时由被租赁方提供的劳动）而实际支付的所有费用，包括支付给雇工的工资和合理的饮食费、招待费等。家庭用工折价是指生产中耗费的家庭劳动用工按一定方法和标准折算的成本，反映了家庭劳动用工投入生产的机会成本。

根据农产品成本核算办法规定：

某年家庭劳动日工价 = 本地上年农村居民人均纯收入 ×（本地上年乡村人口数 ÷ 本地上年乡村从业人员数） ÷ 全年劳动天数（365 天）

通过在相关统计年鉴中可查到样本省的乡村人口数、年末乡村从业人数（相当于 2001 年以前统计口径的乡村劳动力数）、农村居民人均纯收入三个指标的数据。依照上述公式可计算出 2000 年各省劳动日工价，具体见表 1－3。

表 1－3　　2000 年各样本省劳动日工价

样本省份	河南省	吉林省	江西省	四川省	山东省
劳动日工价（元/天）	9.60	14.24	12.01	9.23	13.58

数据来源：根据《中国城市统计年鉴（2000）》相关数据计算所得。

土地成本（亦可称为地租）是指土地作为一种生产要素投入到生产中的成本，包括流转地租金和自营地折租。因为在 2000 年时，样本省当地很少发生农用地转包或集体机动地承包现象，即使已发生流转的现象也不具有代表性，因此本研究把该地区耕地承担的农业税水平（分摊到该品种上）和土地承包费作为自营地折租参照值。

现金成本是指生产过程中为生产该产品而发生的全部现金和实物支出，包括直接现金支出和所消耗的实物折算为现金的支出以及过去的现金支出应分摊到当期的部分（如折旧）。

生产成本则包括直接生产过程中为生产该产品而投入的各项资金（包括实物和现金）、劳动力的成本和土地成本。而本研究涉及每斤现金支出、每斤生产成本计算公式如下所示：

每斤现金成本（支出）=（每亩物质与服务费用 + 每亩雇工费用）÷每亩主产品产量

每斤生产成本 =（每亩物质与服务费用 + 每亩人工成本 + 每亩土地成本）÷每亩主产品产量

三、计量经济模型和估计结果

C—D 生产函数由于其简单性，应用广泛。但也存在两个重大缺陷：首先不允许存在这样一种现实意义的生产可能性，即在产量较低时规模收益递增；在产量达到中等水平时规模收益不变；在产量较高时规模收益递减。其次，它不能用来描述要素间的边际技术替代率接近常数的生产状况（胡代光、高鸿业，2000）。因为 C—D 生产函数模型假定要素替代弹性为 1，而不变替代弹性生产函数模型（CES）仍然假定要素替代弹性与样本点无关。对于不同的样本点，由于要素的比例不同(各地耕地资源、家庭劳动力数量及资金信贷获得情况存在着很大不同)，相互之间的替代性质也应该存在不同，显然 C—D 和 CES 生产函数模型与实际生产不符。

超越对数（Translog，是 transcendental logarithmic 的缩写）生产函数对规模经济和要素替代弹性不施加任何限制条件。一般的，就替代可能性而言，对于任意的生产技术，该函数能够很好地近似。同时它具有易估计和包容性两个显著特点。所谓易估计是指它可以直接采用单方程线性模型的估计方法进行估计；而包容性则是指它可以被认为是任何形式的生产函数的近似。因而成为一个在规模经济问题的实证研究中得到普遍应用的方法。

超越对数生产函数为：$\ln y = \alpha_0 + \sum_{i=1}^{n} \alpha_i \ln x_i + \frac{1}{2}\sum_{i=1}^{n}\sum_{j=1}^{n} \gamma_{ij} \ln x_i \ln x_j$，其中 x_i 是第 i 种投入，且 $\gamma_{ij} = \gamma_{ji}$。如果参数 γ_{ij} 都为零，则上式简化为 C－D 生产函数形式。如果 $\gamma_{ii} = \gamma_{jj} = -\frac{1}{2}\gamma_{ij}$，则表现为 CES 生产函数模型。

1. 非位似超越对数成本函数表达式

$$\ln C = \alpha_0 + \alpha_Y \ln Q_h + \alpha_{YY}(\ln Q_h)^2 + \sum_{i=1}^{n} \beta_i \ln P_i + \sum_{i=1}^{n} \gamma_{Yi} \ln Q_h \cdot \ln P_i + \frac{1}{2} \cdot \sum_{i=1}^{n} \sum_{j=1}^{n} \beta_{ij} \ln P_i \cdot \ln P_j$$

其中，C 表示生产成本；Q_h 表示每一个农户种植的具体每一个农作物产量；P_i 表示第 i 种投入要素的价格；根据生产成本理论的要求，模型系数需满足以下 3 个约束条件：

（1）加总性（adding up）

$$\sum_i \beta_i = 1, \sum_i \beta_{ij} = 0, \sum_j \beta_{ij} = 0$$

（2）齐次性（homogeneity）

$$\sum_i \gamma_{Yi} = 0$$

（3）对称性（symmetry）

$$\beta_{ij} = \beta_{ji}, r \neq j$$

超越对数成本函数可以用产出—成本弹性系数（SCE）来衡量是否存在规模经济。上式中，$SCE = \partial \ln C / \partial \ln Y = \alpha_Y + 2\alpha_{YY} \ln Y + \sum_i \gamma_{Yi} \ln P_i$

的确，在度量成本中存在许多问题。其中之一就是某些成本是不可观测的，包括自雇的劳动、要素的存量以及某些固定资产的折旧等。农户进行农业生产也不像企业有完备的投入产出记录，尤其是缺乏相关投入要素价格的数据。致使目前为止，学术界无法采用非位似超越对数成本函数在农户层面测算各种农作物生产是否存在规模经济。

不过，从规模经济的传统定义出发，我们可以根据平均成本是否随着经营规模扩大而下降来判定规模经济是否存在。2000 年我国水稻、小麦和玉米三种作物播种面积分别占粮食作物总播种面积的 27.62%、24.57%、21.26%，三者合计占 73.45%。而三种作物产量合计更是占到了粮食总产量的 85.15%。因此可以认为，这三种粮食作物代表了我国粮食生产的基本情况。此外，考虑到成本数据的金额均为现价，各省份物价指数变化对成本的影响，我们对此作了相应的处理分析。从图 1－1 至图 1－12 表明了主要几种粮食作物播种面积和生产成本之间的关系，从两者的变化趋势可以大致判断出是否存在规模经济，即是否随着生产规模的扩大（用播种面积表示）平均生产成本呈下降趋势。

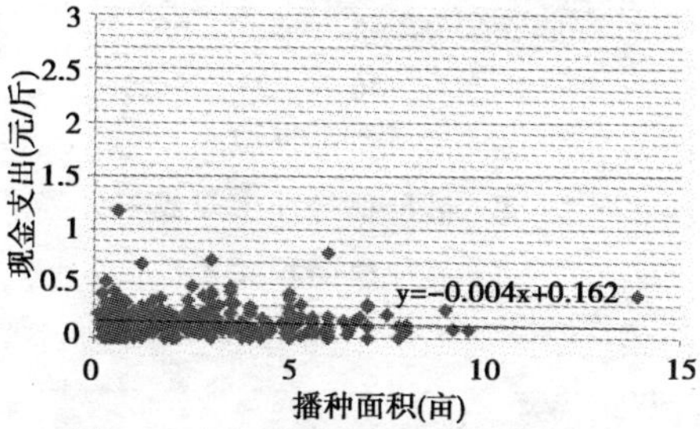

图 1－1　玉米每斤现金支出与地块面积关系

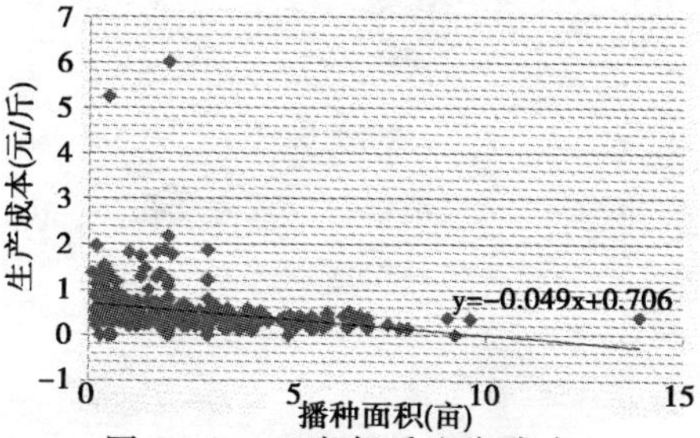

图 1－2　玉米每斤生产成本与种植面积关系

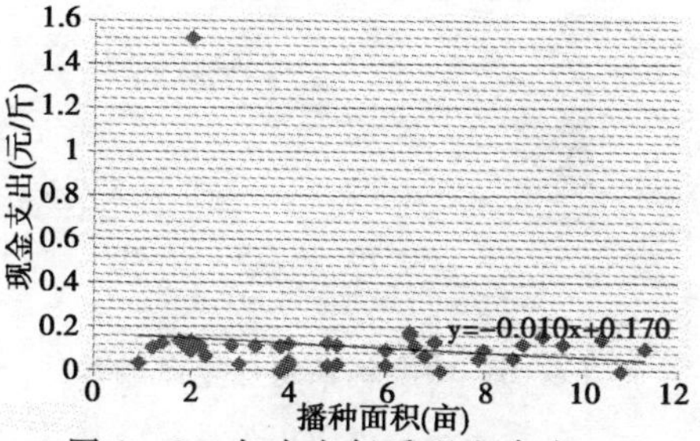

图 1－3　冬小麦每斤现金支出与地块面积关系

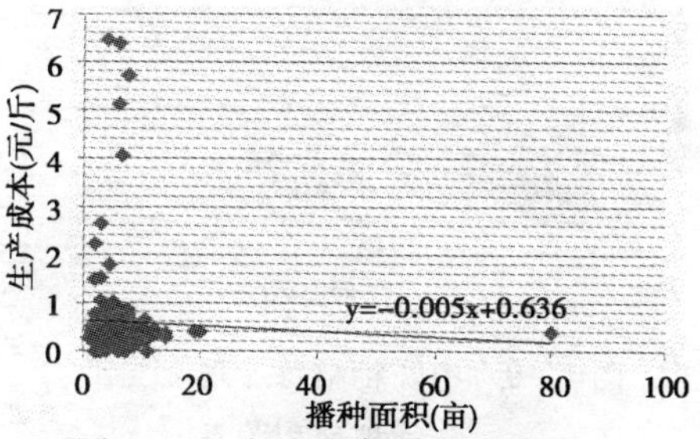

图 1－4　冬小麦每斤生产成本与种植面积关系

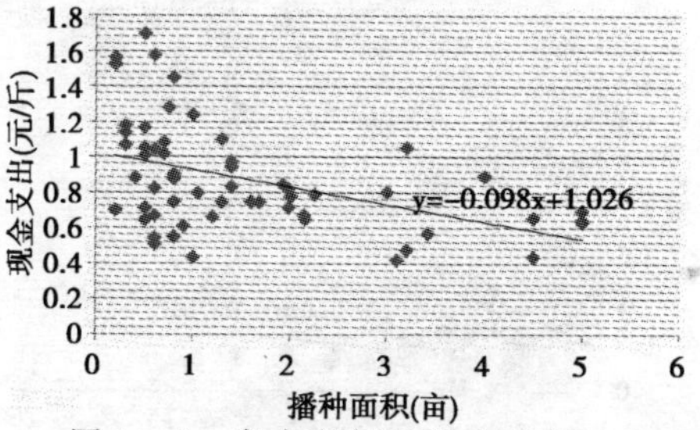

图 1－5　春小麦每斤现金支出与种植面积关系

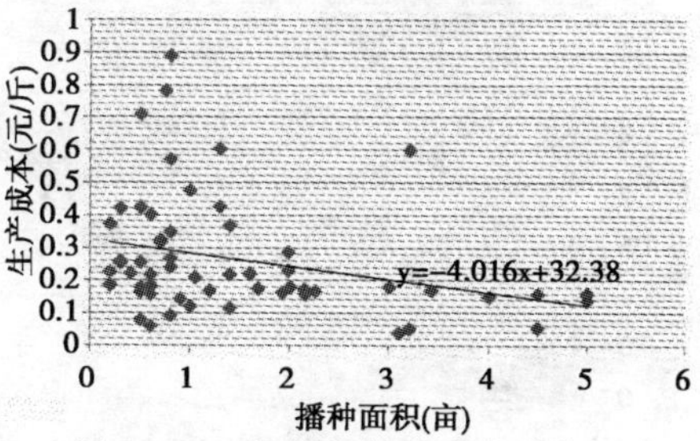

图 1－6　春小麦每斤生产成本与种植面积关系

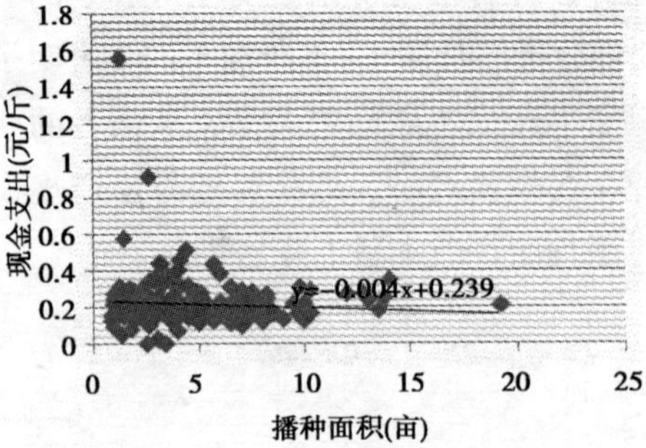

图 1－7　早籼稻每斤现金支出与种植面积关系

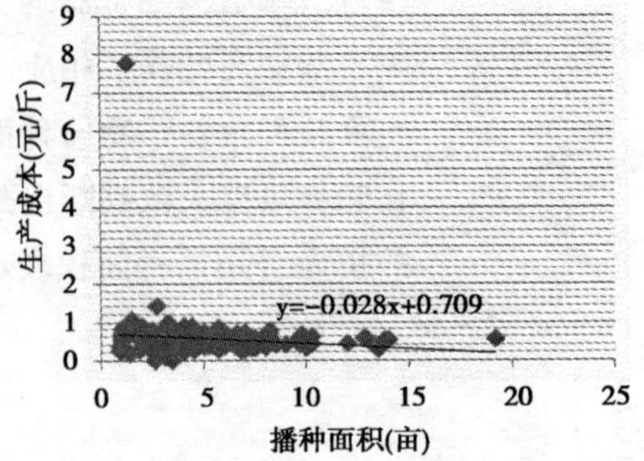

图 1－8　早籼稻每斤生产成本与种植面积关系

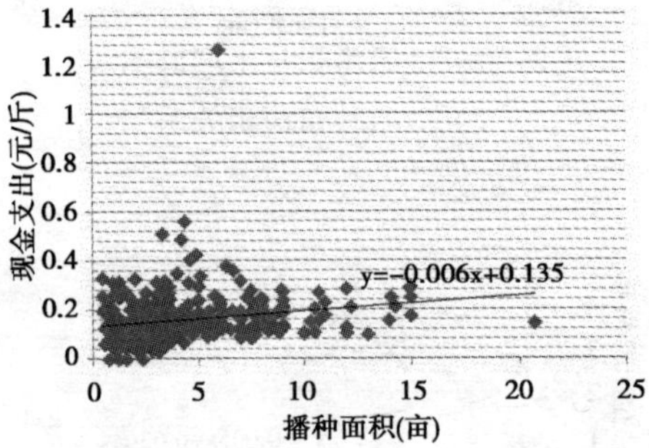

图 1－9　中晚籼稻每斤现金支出与种植面积关系

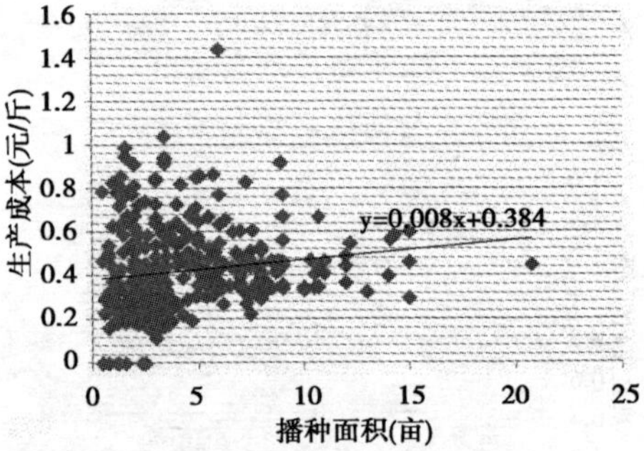

图 1－10　中晚籼稻每斤生产成本与种植面积关系

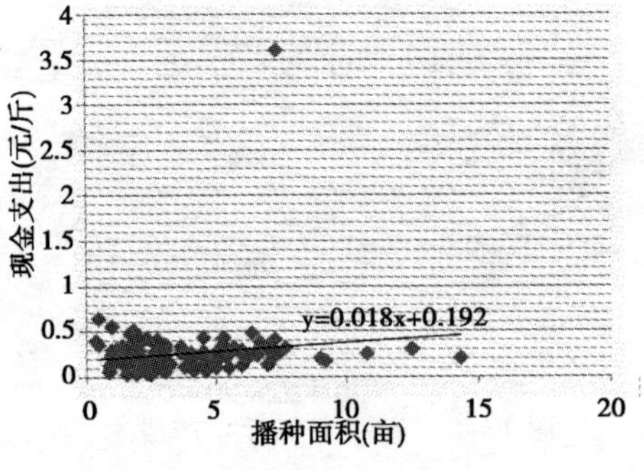

图 1－11　粳稻每斤现金支出与种植面积关系

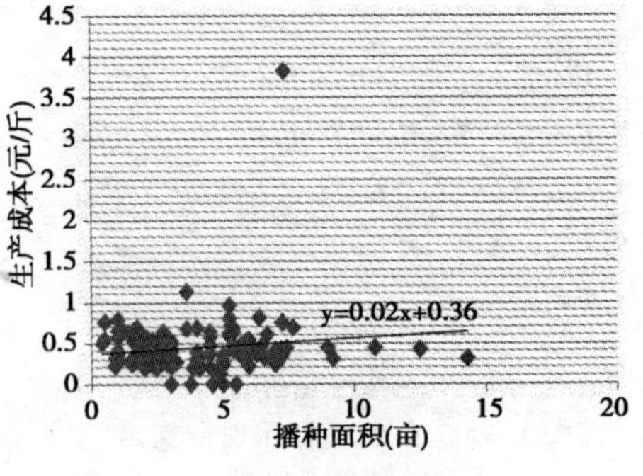

图 1－12　粳稻每斤生产成本与种植面积关系

从上述关系图中可看出，玉米和冬小麦随着播种面积的扩大，生产成本既不呈明显下降趋势也不呈上升趋势。早籼稻存在微弱的下降趋势，即可认为存在着微弱的规模经济。而春小麦不管是每斤现金支出还是每斤生产成本都随着经营规模的扩大，存在较为显著的下降趋势（即存在规模经济）。中晚籼稻每斤生产成本与种植面积之间存在不明显的上升趋势。粮食作物中唯一一个品种——粳稻是随着种植面积的扩大而呈明显上升趋势的，即可判断存在规模不经济。同时我们也可发现，粮食生产总成本（即包括物质与服务费用、人工成本与土地成本在内的全要素成本）的变化趋势与粮食现金成本基本相同。

2. 超越对数生产函数表达式

考虑教育对生产效率的影响和地区虚拟变量的作用，最终模型如下所示：

$$\ln Q_h = \alpha_0 + \beta_1 EDU_h + \sum_{j}^{4} a_j \ln X_{hj} + \frac{1}{2} \cdot \sum_{i=1}^{4} \sum_{j=1}^{4} \gamma_{ij} \ln X_{hi} \ln X_{hj} + \beta_2 Regionaldummy + \mu_i$$

规模报酬系数：$\sum_{j}^{n} \alpha_j + \sum_{i=1}^{n} \sum_{j=1}^{n} \gamma_{ij} \ln X_{hi}$

3. 模型变量名词解释

产量（Q_h）：每一个农户种植的每一种农作物产量（如玉米、冬小麦、春小麦、早籼稻、中晚籼稻、粳稻），单位为市斤。

土地（X_1）：每一农作物的播种面积（亩），是以小块土地（plot）为基础计量的。

资本（X_2）：生产过程中为生产该产品而发生的全部现金和实物支出，包括直接现金支出和所消耗的实物折算为现金的支出（如自产种子可以按照市场价格折算为一定数额的现金）以及过去的现金支出应分摊到当期的部分（如折旧）。其计算公式为：

资本 = 种子费 + 机械灌溉费 + 农药费 + 植保费 + 地膜费 + 机耕机播费 + 自用或租用役畜费 + 收割费 + 收获运输费 + 脱粒费 + 其他收获费用

劳动（X_3）：用工数量使用“标准劳动日”为计量单位。一个中等劳动力正常劳动 8 小时为一个标准劳动日。

用工数量（日） = 各类劳动用工折算成中等劳动力的总劳动小时数 ÷ 8 小时 = 家庭用工天数 + 雇工天数 + 亲友换工

同时劳动量按照实际记录的天数，对男整劳、女整劳和半劳分别采用 1.0、0.75、0.5 的权数加以测算加总①。

肥料（X_4）：化肥和农家肥投入所需费用，其中，农家肥包括粪尿、家畜粪便、禽粪及农作物秸秆等；化肥投入包括尿素、硝酸铵、碳酸氢铵、硫酸铵、氯化钾、氨水、二胺、复合肥、钙镁酸钙、过磷酸钙、磷酸二氢钾和其他肥料。

EDU：农户受教育的程度，分别用值 1、2、3、4、5 代表文盲或半文盲、小学文化程度、初中文化程度、高中文化程度和大专文化程度以上。

Regionaldummy：区域性因素（如气候、经济发展水平等）的一组虚拟变量，Regional 表示农户所在省份，SDdummy 表示山东省，JLdummy 表示吉林省，JXdummy 表示江西省，SC-dummy 表示四川省。以河南省（HNdummy）为参照组。

方程再加入随机干扰项 μ_i 后就可以测算各系数值。

4. 估算结果及其讨论

因为所用数据为农户一级的调查资料（不是时序数据），有必要考虑回归模型中随机干扰项存在异方差问题而带来偏差，我们采用了 White（1980）所提出的估算方法对其进行了修正处理。然后用 OLS 法估测了各参数值。

计量模型的估计结果（见表 1 - 4）表明，模型模拟效果较好，大部分解释变量的系数符号均与我们的假设一致。也与

① Feder *et al.*（1992）、Battese and Coelli（1992）在处理劳动力折算标准时都使用此系数。

Lin（1992）、Nguyen et al.（1996）、万广华和程恩江（1996）、Wan and Cheng（2001）等人研究相似。首先，在各种生产投入要素中，土地在所有粮食品种中都很显著且弹性系数最大，即可以认为土地仍然是农业生产中最为重要的生产资料。劳动力在早籼稻和中晚籼稻显著外，其他作物都不显著。而恰恰这与发展经济学理论是相一致的，因为经典研究表明，在存在着大量农业剩余劳动力的情况下，劳动力的边际产品为零或为负。早籼稻和中晚籼稻由于土地分碎化严重，不利于机械化耕作，水稻生产仍属劳动密集型的，其劳动用工一般比小麦和玉米多，而中晚籼稻生产在农村最为繁忙的季节，劳动力需求的季节性决定了在这个时候农村剩余劳动力几乎不存在。

玉米、冬小麦、春小麦、早籼稻、中晚籼稻和粳稻的规模报酬系数分别为0.9840、0.9801、1.0487、1.0142、0.9632和0.9169。由于玉米、冬小麦、早籼稻和中晚籼稻生产弹性系数的总和与1没有显著差异，生产具有规模报酬不变的特征。春小麦规模报酬在统计上明显大于1，即存在规模报酬递增。而粳稻生产则存在规模报酬递减现象。与上述从成本角度测算规模经济的结果基本一致。粗略地说，我国粮食生产中的规模报酬系数为1，起码在统计上不会显著异于1这个值，即不能拒绝规模报酬不变的假定。

表1－4　　生产函数的估测结果

投入＼作物	玉米	冬小麦	春小麦	早籼稻	中晚籼稻	粳稻
（a）土地	0.621005***	0.658687***	0.792775***	0.701809***	1.005467***	0.907172***
（b）劳动	0.065828	0.039489	0.201931	0.051976**	0.026761*	0.017586
（c）资本	0.104086**	0.286711***	－0.00552	0.193415***	0.033311	－0.04087
（d）肥料	0.193052***	－0.00477	0.059471	0.066983	－0.10234	0.033007

续表

投入 \ 作物	玉米	冬小麦	春小麦	早籼稻	中晚籼稻	粳稻
调整的 R^2	0.88211	0.890885	0.884835	0.796935	0.7072	0.943198
规模报酬	0.983971	0.980122	1.048658	1.014183	0.963201	0.916896
规模报酬等于1的零假设F检验值	0.206411 接受	0.444941 接受	2.771699* 拒绝	0.086433 接受	1.521412 接受	7.110894*** 拒绝

注1：全表等式中的其他变量包括一个生产问题如虫害、气象灾害和人力资本（如年龄、受教育程度），因为这些参数对规模报酬系数的加总没有影响，故这些参数没有在表中给出。

注2：* 表示在10%的水平上显著，** 表示在5%的水平上显著，*** 表示在1%的水平上显著。

本研究试图评估各种粮食作物规模报酬的情况和验证规模经济的存在性。结果表明，玉米、冬小麦、中晚籼稻规模报酬不变，早籼稻存在微弱的规模经济（随着经营规模的扩大，能带来平均生产成本的降低），春小麦规模报酬递增，而粳稻则存在规模报酬递减，即当土地、资金、劳动力等生产要素都增加一倍时，产出的增加小于一倍。由于存在规模经济是农业扩大经营规模的内生动力，土地稀缺促使农民追求土地产出的最大化。粮食生产不存在显著的规模经济效益，粮食的规模经营并不具备能自我运转的机制。因此，对“目前大多数实行规模经营的土地，并不是拿去生产粮食的，更多的是被拿去生产瓜果、蔬菜、花卉、药材等经济作物”现象也就不难理解其原因了。

目前农户对于扩大土地经营规模意愿并不强烈，只占到32.25%，大部分农民并没有这方面欲望。而农户想转入土地扩大经营规模的一个重要动机是谋求规模经济，另一个则是由于地少人多。同时受国家惠农政策的影响，在一定程度上激励了农户土地规模经营意愿。村庄关于农地流转的政策和土地市场发育程度对农户转入土地，扩大经营规模需求没有显著影响

(1.19%)。这说明农户扩大土地经营规模完全取决于自己对转入土地的成本收益的考虑，不受大环境的影响。农业比较收益低下和劳动力不足是农民规模经营意愿低的最根本原因(具体数据见表1-5)。

表1-5　农户扩大土地经营规模的意愿调查

问题	选项	原因	比例（%）
你（还）想转入土地，扩大经营规模吗	是（32.25%）	种地有补贴，又不用交钱，想多种地	15.58
		地多了后种地有优势	33.17
		自己家里劳动力比较多，地太少	35.18
		外出打工赚不到钱、无其他收入来源等其他原因	16.07
	否（67.75%）	劳动力不够[①]	59.81
		承包费太高，生产资料贵，转入后赚不到钱	21.77
		承包不到地	5.74
		转入地种植受限制及乡村里不鼓励，手续太麻烦	1.19
		够吃就行，对种地不感兴趣等其他一些原因	11.49

资料来源：中国科学院农业政策研究中心等四单位2008年联合完成的调查数据整理所得。

同时，从表1-6的数据可看出，吉林省（29.5%）和浙江省（21.4%）农户转入土地扩大经营规模比例较大，而山东省和陕西省则不及前者一半。从另一个方面也支持了人均耕地较为丰富和经济发达的地区更容易实现农地规模经营。适度规模经营客观上要求投入的生产要素——土地、劳动力、资金和管理技术，按一定的比例进行整合，达到最佳比例，产出效益最大。农业规模经营，对农村的社会化服务设施提出了更高的要求。因此，发展土地规模经营要有健全的社会化服务体系作支撑。据估计，在20世纪90年代初，台湾水稻生产大约

① 目前我国农业人口高龄化倾向越来越明显，青壮劳动力锐减，经营农业多是些老人、中年妇女、儿童这样一个弱质群体。据第二次全国农业普查显示：2006年年末，全国农业从业人员34874万人，其中，男性占46.8%，女性占53.2%。按年龄分，20岁以下占5.3%，21—30岁占14.9%，31—40岁占24.2%，41—50岁占23.1%，51岁以上占32.5%。

98%的田间劳动实现了机械化，80%是通过代耕完成的。

表 1－6　2008 年各样本省农户经营地块来源及地块流转情况

省　份		山东	陕西	浙江	吉林
地块来源（100%）	分到的地（%）	88.6	89.5	78.6	69.8
	转入土地（%）	11.3	9.8	21.4	29.5
	换（兑）入的土地	1.5	0.6	1.4	1
	2005—2008 年曾转出，现收回的土地（%）	0.8	0.2	3	0
	2005—2008 年从其他农户转入的土地（%）	5.2	1.6	15.4	23.5
	2005—2008 年从村集体承包的土地（%）	3.8	7.4	1.6	5
	开荒地等其他来源	0.1	0.7	0	0.7
户均占有耕地面积（亩）		5.60	11.34	3.17	30.31
户均地块数量（块）		4.01	4.48	3.74	5.58
平均每块地块面积（亩）		1.40	2.53	0.85	5.43
年人均纯收入（元/人）		5641.4	3136.5	9257.9	4932.7

资料来源：中国科学院农业政策研究中心等四单位 2008 年联合完成的调查数据整理所得。

我国农村的养老、医疗、社会救助等社会保障体系尚不健全（见表 1－7），还未能充分覆盖所有的农村地区，农地对农民而言，更多的是一种生存资料，而不是生产资料，农地的生产功能远远低于其保障性的功能。由于区域发展的不平衡以及城乡二元结构依然没有打破，虽然很多农民进城打工，但由于他们在城镇中的就业机会并没有得到保障，随时可能会失去工作机会，因而农村中保留一块土地以满足其就业的需要就显得尤为关键了。这也正是造成农地规模经营难以实现的主要因素之一。

表 1－7　　　　　　中国目前农村社会保障情况

指标	选　项	频数（人）	频率（%）
合作医疗对你的影响如何	影响很大，特别是生大病受益很多	3358	40.5
	有一定作用，但不大	3995	48.2
	根本没有解决，只是形式而已	744	9.0
	暂时无合作医疗体制	192	2.3
您村有没有实行养老保险制度	已经实行	2429	29.4
	没有实行	3126	37.8
	听说正在筹划执行	1040	12.6
	不清楚、不知道	1680	20.3
当地有没有建立农民最低社会保障制度	没有	2873	34.7
	有	5397	65.3
对于丧失劳动能力的农民，当地有没有建立社会救济制度	没有	2355	28.8
	有	5832	71.2

数据来源：2008 年上海财经大学千村社会调查整理所得。2008 年暑期，上海财经大学共有一千多名大学生以逐村逐户逐人访谈的形式进行调查。调查范围覆盖全国除港澳台之外的 31 个省（自治区、直辖市）的 810 个行政村。此次调查采取随机抽样调查与访谈的方式进行，共发出问卷 9192 份，实际收回有效问卷 8377 份，问卷有效率达 91%。

“30 年不变、增人不增地、减人不减地”的农村第二轮土地承包政策的推行更为农地承包经营权的市场流转提供了政策支撑和制度保障。但是，现行政策的运作并未产生如理论界所预期的农地承包经营权市场流转和农地规模经营高潮的到来。表面上来看，平均分配的土地制度有承袭传统和体现社会公平目标的意味，但对于中国农村来说更实质的问题是，土地基本是不可再增加的定数，但人口增加确是不可预见的变数。特殊的人一地对应关系，赋予了土地发展经济和社会福利的双重职能。而目前户籍制度、社会保障制度改革的滞后，土地流转市场发育缓慢，加之现有的工业化水平也不能为大量的农村富余劳力转移提供足够的非农就业机会。在土地集体所有权的情况下，农户有可能通过重新划分土地来保障就业权，以应对因家庭周期造成的家庭规模和结构变化。应当强调的是，定期或不定期重分土地的要求来自农民内部，绝不是外部强加给农民的，否则就不能解释“大稳定、小调整”这一模式为什么在我国绝大多数的地区得以存在。表 1－8 的调查数据也证实上述分析。总体上说，如果不存在就业问题，同样不会长期存在对土地重分的要求，农地规模经营的进展也应该更为快速。

表 1－8　　农户对于土地调整意愿情况调查

问题	选项	频数（人）	频率（%）
您觉得应不应该增人增地，减人减地？	应该	514	83.44
	不应该	76	12.34
	无所谓或不知道	26	4.22

资料来源：中国科学院农业政策研究中心等四单位 2008 年联合完成的调查数据整理所得。

四、发展农业适度规模经营的政策建议

人多地少这一基本国情，决定了我国的土地规模不可能达到像欧美国家那样的规模①，即使是达到日本、韩国目前的 1.2—1.5 公顷规模水平，对我国来说，也不是一件很容易的事情。我国人多地少的矛盾在一个相当长的时期内都不会得到有效化解，农村劳动力的非农化也将是一个漫长的过程。同时已有的有关规模经营的研究证明，我国目前能达到的小型机械装备水平和以家庭成员为主要劳动力的家庭适度经营规模（都以产粮为主）需要目前经营面积的 4—5 倍，而要使得规模化的土地能保持稳产高产，基础设施的投资平均每亩需 800—1000 元。由此看来，能够有上述条件的地方，在我国农村只是一小部分地区，即东部沿海省市中的部分经济发达地区

① 目前，美国家庭农场的平均经营规模在 100 公顷以上，西欧各国为 19—69 公顷。

和大城市的郊区，而对全国大部分地区来说，离上述条件的差距还很大，仍面临创造条件发展第二、三产业，转移农村劳动力的问题。这也正说明了我国农业适度规模化任务的艰巨性与长期性。

因此，我们应对推动农地规模经营的长期性和艰巨性保持清醒的认识，切忌盲目乐观。实行过程中，要在坚持农民自愿原则基础上，有组织、有计划、有步骤、积极稳妥地推行。做好土地流转的服务工作，特别是加强流转平台和相关政策的规范性，以期通过降低土地流转和规模经营的“交易成本”来促进和推动农地规模经营。

第一，大力发展非农产业，加快推进工业化和城镇化建设，加快农村剩余劳动力的转移。通过大力发展第二、三产业，积极推进城镇化和工业化建设以及与之配套的户籍制度的改革，优化农民进城务工经商的政策环境，吸纳更多的农民从事非农生产，从而为耕地流出增强原动力和农地适度规模经营提供所需资金。

第二，强化组织领导和政策扶持，由政府主导推动农业适度规模经营。国家发展和改革委员会价格司的调查数据表明，由于要支付较多的流转地租金（土地承包费），更多地使用机械，贷款利息支出多，多数地区农业生产规模经营的现金成本均高于一般农户（万劲松，2005）。由此可见，单纯依靠市场机制开展适度规模经营的成本较高。农民转包农地，扩大生产规模，进行粮食生产规模经营的积极性有限。而对中国的农业来说有两个永恒的主题，一是确保国家的粮食安全；二是让农民不断增收，生活改善。因此，促进土地流转，开展适度规模经营只能由政府的行为加以推进。在此过程中，政府可通过两种途径加以推动：一是设立农村土地流转专项扶持资金，用于补贴土地流转费用，降低农民扩大经营规模成本；二是建立粮食补贴稳定增长机制，根据国家财力增长和粮食生产成本的增加，逐步加大粮食直接补贴、良种补贴、农机具购置补贴和农资综合补贴等“四补贴”的力度。从而提高种粮农民的补贴水平，增加转移支付收入。

第三，加大投入，加强农村和农业基础设施建设，为农业适度规模经营创造条件。农业是一个外部性较强的部门，特别是农业的基础设施、要素的供给和产品的销售等，具有显著的外部规模经济。而目前很多地方的农业生产基础设施老化、薄弱，建设滞后，还没有从根本上解决靠天吃饭的被动局面。在双层经营体制下，农户小规模经营无法解决外部规模经济问题，从而使得农民不愿意从事农业生产，更不要说扩大生产规模了。因此，建议加大公共财政对农村和农业的投入力度，重点落实到乡村道路、桥梁、河道、灌溉沟渠以及电网等社会基本公共服务设施和农业生产的基础设施的建设上，切实增强抗御自然灾害的能力。从而为农业生产的适度规模经营创造有利的外部环境，奠定坚实的基础。

第四，建立健全配套的社会保障制度，为促进农地规模经营解除农民丧失土地的后顾之忧。目前，耕地仍承载着3亿多农村劳动力，为农民提供着将近一半的收入[①]。更重要的是，在短期内农民还不能全部被纳入社会保障体系。农用地仍然具有就业保障功能，农用地的不可替代性、难以分割性导致土地交易成本远远超过地块的规模经济（王兴稳、钟甫宁，2008）。除非有了相对稳定的收入来源或者其他保障措施，农民的恋土情节不会轻易消除。因此，建议政府加快完善就业和社会劳动保障制度，包括失业、救济、医疗保险、退休养老等制度，从而淡化农民把土地作为社会保障的心理，解除他们的后顾之忧，为促进农地规模经营创造条件。

第五，积极推行股份合作制和发展农业专业合作社，将农

① 第二次全国农业普查显示：2006年末全国共有农业生产经营户20016万户，其中从事农作物种植业的18414万户；在农业生产经营户中，以农业收入为主的户占58.4%。

民专业合作社[1]作为适度规模经营的推进器。在“依法、自愿、有偿”的原则之下，实行土地承包经营权股权化的改革，建立以土地股份制为核心的农民专业合作社，加快土地流转，加快农业生产适度规模经营的前进步伐。各地应因地制宜，努力探索形式多样的适度规模经营，如可通过发展农村合作经济组织，提高农民在生产要素、技术、信息、销售上的互助合作，从而降低生产经营成本，共同抵御生产和经营风险，使农民在农业生产之外的经济领域实行规模经营。同时，建议政府在税收、贷款等方面对农村新型合作组织给予倾斜。在这方面，一些地区的实践已经证明是可行和有成效的，政府应加大这方面工作的力度。

第六，大力发展农村教育，不断提高农村劳动力素质。不论是土地适度规模经营本身，还是把农业劳动力向第二、第三产业转移，都需要大力发展农村职业教育和成人教育，不断提高农村劳动力素质。因此，建议政府把农村工作的重点和财政转移支付相当大的一部分放在农村教育上，并且坚持一个相当长的时期。同时适时导入具有针对性、实用性、有效性的新型规模经营农民的职业教育、培训方案，塑造新型农业经营者主体；为农村培养一大批用得上和留得住的涉农人才，合理引导大学生进入农村专业合作社。

第七，重视适度规模经营中土地流转集中所带来的问题。在具体试行的过程中，要对土地转包方的农户进行相关的资格认证以及对他们经营活动的项目进行严格评估，这将使得农户的适度规模经营获得科学合理的管理和指导。同时必须采取有力举措，避免农地“非农化”和农地“非粮化”等问题的进一步蔓延，在“不改变土地用途”的框架下推动农地流转和

① 2008年9月，在党的十七届三中全会召开前夕，胡锦涛总书记在河南省焦作市博爱县海林葡萄专业合作社考察时指出，“实践证明，在坚持实行家庭联产承包责任制的前提下，通过组织农民专业合作社发展规模经济，是一条切实可行的路子。”参见人民网（www.people.com.cn）。

规模经营。因此，配套的相关规章制度建设必须迎头赶上，规范土地流转，从而有利于解决流转过程中所带来的一系列问题。

第二节

粮食主产区种粮大户规模经营调查①

近年来，随着国民经济快速增长，我国农村经济形势发生了很大变化，对粮食规模经营产生了多方面的影响。城镇化步伐加快、外出打工人员增加和农业专业化的发展，推动了粮食生产规模扩大的趋势；而新增的农业人口、农民收入的不稳定和农村社会保障制度的缺失，在一定程度上限制了耕地转让和粮食生产规模的扩大。我国粮食生产的基础在粮食主产区，而主产区种粮大户对我国粮食生产具有举足轻重的作用。因此，在新形势下调查我国粮食主产区种粮大户规模经营的实际情况，研究种粮大户的主要经济行为，分析影响主产区种粮大户规模变动的影响因素，对于进一步提高我国粮食主产区粮食生产比较效益，增加农民收入具有重要意义。

一、粮食主产区种粮大户规模经营的基本情况

课题组选取湖南省岳阳、沅江和吉林省榆树、松源 4 市（县）作为调查样本点，每市（县）选取 40 个农户，共调查了 160 个农户，完全有效问卷 145 份。

为了进行对比分析，调查的农户包括种粮大户和一般农

① 本节内容选自农业部软科学课题“粮食主产区种粮大户规模经营调查”（课题编号：200533），课题主持人：陈萌山。

户。由于湖南和吉林两省耕地资源不同，因此定义的大户耕地面积不同。在湖南省，耕地面积在20亩以上（含20亩）的农户定义为种粮大户，其余为小户；吉林省耕地面积在50亩以上（含50亩）的农户定义为种粮大户，其余为小户。

本次调查设计了六套问卷：问卷1，家庭基本情况调查；问卷2，耕地情况调查；问卷3，收益情况调查；问卷4，生产成本情况调查；问卷5，意向和态度调查；问卷6，良种补贴情况调查。

本部分主要是对问卷的结果进行分析，有关分析情况如下：

（一）经营规模

1. 耕地平均规模分析

湖南和吉林两省种粮大户平均规模为172亩，规模最大的农户耕地面积达到3000亩。

与湖南省相比，吉林省由于耕地资源比较丰富，种粮农民平均规模大于湖南省。根据调查样本计算，吉林省一般农户的耕地面积达到22.16亩，湖南省一般农户耕地面积平均为8.13亩，吉林省是湖南的近3倍，湖南省最小农户只有3亩耕地。

但是湖南省种粮大户平均耕地面积大于吉林省，吉林省种粮大户平均规模为86亩，湖南省为336亩。由于湖南省农业劳动力转移数量大，农村第二、第三产业比较发达，农民多种经营门路较广，大批农业劳动力脱离了农业生产，耕地转移的数量多，粮食经营规模大。另外，岳阳市和沅江市地处洞庭湖区，存在一些农户集体搬迁后留下的耕地。在湖南调查的样本中，有个别样本耕地规模较大，如湖南省沅江市裕双村卢青年的耕地面积达3000亩、岳阳中洲乡郑四海的耕地面积为1300亩、潘培清的耕地面积为1430亩，也在一定程度上使湖南大规模农户的平均规模扩大。相比之下，吉林省农村经济发展相对滞后，第二、第三产业相对较弱，农户耕地转让规模少，粮食规模经营发展步伐相对缓慢。

湖南省种粮大户数量少，吉林省种粮大户数量多。尽管家庭耕地面积达到20亩以上的农户就定义为大户，但是在湖南省岳阳、沅江两市调查了4个乡镇，只有20多个种粮大户。吉林省榆树、松源两市的四个乡镇，有50多个耕地面积超过30亩的种粮大户（参见表1－9）。

表1－9　种粮农户规模分析　单位：亩

省份	平均规模	种粮大户规模	一般农户规模
吉林	86.29	86.29	22.16
湖南	335.92	335.92	8.13
平均	171.69	171.69	17.16

2. 耕地规模分组分析

湖南、吉林两省的耕地呈现明显的向较大规模农户集中的趋势。耕地规模超过150亩的农户占种粮大户的比重为16%，但是耕地面积所占比重达到65.18%。从分组的具体情况看，两个省24%的农户耕地规模达到20—50亩，所占耕地面积占种粮大户耕地面积的5.28%；大多数粮食生产者的规模集中在51—100亩，占种粮大户比重的44%，耕地面积比重为18.73%；耕地面积在101—150亩的种粮大户占16%，耕地面积占10.81%；有12%的农户耕地面积达到151—1000亩，耕地面积占21.27%；4%的农户耕地面积超过1000亩，耕种了43.91%的耕地。

从分省情况看，吉林省种粮大户集中在户均51—100亩这一组，占吉林省种粮大户的58%，户均耕地面积在100亩以内的农户占吉林省种粮大户的76%，100亩以上规模的农户只占24%，说明吉林省种粮大户的规模不大。湖南省5个组的分布比较均匀，多数农户（36%）耕地面积在20—50亩，但是规模超过100亩的农户占湖南省种粮大户的48%，说明较大规模农户多，超过吉林省（参见表1－10）。

表1－10　农户规模分组分析　单位:%

户均耕地面积	耕地所占比重	户数所占比重	吉林省户数比重	湖南省户数比重
20—50亩	5.28	24.00	18.00	36.00
51—100亩	18.73	44.00	58.00	16.00
101—150亩	10.81	16.00	16.00	16.00
151—1000亩	21.27	12.00	8.00	20.00
1000亩以上	43.91	4.00	0.00	12.00
合计	100	100	100.00	100.00

（二）耕地来源

1. 耕地来源类型分析

种粮大户耕地来源呈现多元化，新增耕地为主体。一是自有耕地，指按人均从集体承包、有规范的承包合同、拥有长期使用权的耕地。二是新增耕地，包括：集体耕地，指从村集体的调整、自留耕地等再次承包的耕地，耕地的使用权一般较短，多数有承包合同；其他农户耕地，指从亲戚或其他农户转包的耕地，承包期短（1年），部分有口头协议，但是多数也有合同；其他耕地，包括新开垦的耕地等。

从两个省平均情况来看，种粮大户中自有耕地在所占比重小，平均只有23.78%，种粮大户耕地主要来自新增耕地，占76.22%。在新增耕地中，有42.67%的农户承包了集体的耕地，面积占新增耕地的56%；有73.33%的农户从其他农户转包耕地，面积占27%；有8%的农户从其他途径获得耕地，面积占新增耕地的16.85%。在来源于其他农户的耕地中，76.36%的农户与转包户有承包合同，23.64%只有口头协议，没有承包合同（参见表1－11）。

表 1-11　　耕地来源类型分析　　单位：%

省份	耕地来源		其中，来自集体		其他农户		其他	
	自有耕地	新增耕地	户数	耕地	户数	耕地	户数	耕地
吉林	31.56	68.44	46.00	27.73	78.00	68.572	0.00	3.69
湖南	19.94	80.06	36.00	68.23	64.00	9.3746	24.00	22.40
平均	23.78	76.22	42.67	56.20	73.33	26.951	8.00	16.85

从分省情况来看，吉林省种粮大户中自有耕地相对较高，为31.56%，湖南省较低，只有19.94%。而湖南省新增耕地比重较大，占80.06%，吉林省为68.44%。在新增耕地中，两个省之间耕地来源户数所占比重差异不大，但是面积差异大。在湖南省，集体耕地是新增耕地的主体，比重为68.23%，是吉林省的两倍多，吉林省只有27.73%新增耕地来源于集体。与此相反，吉林省种粮大户扩大规模的耕地近2/3来自其他农户转包的耕地；湖南省只有9.37%。另外，湖南省种粮大户22.40%的耕地来源于开垦荒地等。

2. 耕地来源地分析

从新增耕地的来源地看，湖南和吉林两省种粮大户新增耕地主要来源于本村。77.63%的种粮大户新增耕地主要来源于本村，21%来源于本乡其他村，6.58%的农户从其他乡镇获得耕地。其中，吉林省种粮大户的新增耕地全部来源于本村本乡，湖南省种粮大户有近1/5的耕地来源于外乡（参见表1-12）。

表 1-12　　新增耕地来源地分析　　单位：%

省份	本村	本乡其他村	其他乡镇
吉林	80.00	26.00	0.00
湖南	73.08	11.54	19.23
平均	77.63	21.05	6.58

（三）扩大耕地规模的态度和原因分析

总的来看，吉林和湖南省种粮大户认为现有的生产规模比较小。在调查中，64%的种粮大户认为现有的规模比较小，24%的种粮大户认为现有规模比较合适，只有6%的农户认为现有的规模过大（参见表1－13）。

表1－13　　种粮大户对耕地规模的态度　　单位：%

省份	理想与实际规模比较			对现有规模态度（%）		
	理想规模（亩）	实际规模（亩）	理想/实际（倍）	规模过小	合适	规模过大
吉林	163	86.29	1.89	64	22	10
湖南	778	335.92	2.32	65.38	26.92	0
平均	383	171.69	2.23	64.47	23.68	6.579

从表1－14可以看出，种粮大户扩大粮食生产规模的原因有多个方面，首要原因是增加家庭收入，占被调查农户的60.5%，34.2%的种粮大户扩大规模是为了增加粮食生产，15.8%的种粮大户认为家庭劳动力多是扩大规模的主要原因，但是超过1/3的种粮大户扩大规模的原因是无其他就业门路。

表1－14　　种粮大户扩大耕地规模的原因　　单位：%

省份	增加收入	增加粮食产量	家庭劳动力多	无其他就业门路
吉林	56	30	18	34
湖南	69.2	42.3	11.5	34.62
平均	60.5	34.2	15.8	34.21

（四）新增耕地使用年限与期望值

调查表明，种粮大户新增耕地的使用年限短。吉林和湖南两省种粮大户新增耕地的使用年限平均为6.94年，吉林省为6.4年，湖南省为8.05年。其中，38.24%的农户现有耕地使用年限只有1年，33.82%的农户新增耕地使用期为2—5年，即近2/3（72%）的种粮大户新增耕地的使用期小于5年；使用期超过5年的种粮大户占到种粮大户的28%（参见表1－15）。

表 1－15　　种粮大户新增耕地承包期分布

耕地承包期限（年）	1	2—5	6—10	11—20	21—30
农户所占比重（%）	38.24	33.82	8.82	5.88	13.24

种粮大户希望能延长新增耕地的使用年限。吉林和湖南两省只有 6.85% 种粮大户新增耕地理想的使用期少于 5 年，93.15% 的种粮大户希望新增耕地的使用期超过 5 年，其中，希望新增耕地使用期为 5—10 年的占 28.77%；10—30 年的占 27.40%；30 年以上的占 36.99%。

分省来看，吉林省有 44.90% 的农户希望新增耕地使用期 30 年。湖南省 41.67% 的农户希望新增耕地使用期 5—10 年；33.33% 的农户希望新增耕地使用期为 10—30 年，但是有 4.17% 的农户希望新增耕地使用期在 5 年以内（参见表 1－16）。

表 1－16　　种粮大户新增耕地承包期分布

省份	平均实际承包期（年）	期望的承包期			
		5 年（%）	5—10 年（%）	10—30 年（%）	30 年（%）
吉林	6.4	8.16	22.45	24.49	44.90
湖南	8.05	4.17	41.67	33.33	20.83
平均	6.94	6.85	28.77	27.40	36.99

（五）生产结构

将所调查农户按生产结构划分为四种类型，即纯粮型、粮畜型、粮经型和粮畜经综合型。纯粮型是指只生产粮食的农户。而后三种类型是指除了种植粮食外，还兼营其他农业产业的农户。

在种粮大户中，专业生产粮食的农户所占比重较大。纯粮型农户占种粮大户的 57%，它们的种植结构较为单一，主要收入来源于粮食生产。粮畜型农户占总数的 16%，这些农户在从事粮食生产的同时，还饲养家畜、家禽。粮经型农户占总数的 19%，这些农户还种植一定面积的麻、瓜果、蔬菜等多种经济作物。粮畜经综合型农户占总数的 9%，这类农户比较注重发展家庭种养业，搞多种经营，合理配置劳动力，收入也趋于多元化。

在小规模农户中，兼业生产粮食的农户占近 2/3。纯粮型农户占小户总数的 33%，粮畜型农户占总数的 9%，粮经型农户占总数的 22%，粮畜经综合型农户占总数的 36%。

从种粮大户和一般农户的比较来看，种粮大户专业化水平更高，小规模农户兼业化倾向明显（参见表 1－17）。

表 1－17　农户生产结构　单位：%

类型	纯粮型	粮畜型	粮经型	粮畜经型
大户	57	16	19	9
小户	33	9	22	36

（六）劳动力年龄和受教育程度

从问卷调查情况来看，湖南和吉林两个省种粮农民主要以青壮年为主，受教育程度以中学水平为主。从平均情况看，两个省种粮农民的年龄为 42.6 岁，受教育年限大多在 6—9 年。在大户中，劳动力平均年龄为 41.6 岁，平均受教育 8.5 年；在小户中，劳动力平均年龄为 45.3 岁，平均受教育 8.8 年。可以看出，大户的平均年龄小于小户，而教育程度没有多大差别。

当前，两省从事农业生产的主要劳动力属于经验型的中年农民。他们凭借自身一定的教育基础、以往经验和劳动技能，又借助各级政府及服务组织的扶持，种植一定规模的粮食。但是，随着农户经营规模的进一步扩大，新品种、新技术的推广应用，市场对农户的各生产环节、种植结构、农业机械化、经营管理水平和市场应变能力都提出新的要求，这就需要种粮大户拥有更多的知识和技能。从长远看，能否吸引知识型青年农民加入规模经营大户的行列，将决定着粮食规模经营发展的方向和水平。

（七）采用新技术的态度和技术信息来源分析

在采用新技术上，多数农民非常欢迎新技术，并且对采用新技术的态度非常积极。在两个省的调查中，种粮大户和小规模农户对待新技术的态度有较明显的差异，在一定程度上反映了种粮大户是新技术最先采用者，起到推广和示范作用。种粮大户中，64.37%的被调查者认为“新技术好就用”，小规模农户的比例是56.63%，两者相差7.74%；6.90%的大户和21.39%的一般农户选择了“有人用时我就用”，说明小规模农户更愿意从其他农户那里学习和使用新技术；9.2%的种粮大户和14.46%的小规模农户选择“大部分人用我才用”，也反映了小规模农户对新技术采取的谨慎或者保守的态度；19.54%的种粮大户认同“大多数人用，但我认为不好也不用”，而小农户的比例只有7.23%，说明种粮大户对新技术有自己明确的判断力。

从表1－18可以看出，湖南省和吉林省农民对新技术的态度也略有不同。数据分析结果表明，无论是种粮大户还是小规模农户，对“新技术好就用”的认同率吉林省高于湖南省；对于“有人用时我就用”的认同率，湖南省远高于吉林省，前者是后者的4倍，湖南省小规模农户的认同率更高，达到31.91%。这两组数据从一定程度上反映了吉林省农民对新技术的态度更积极，湖南省农民对新技术则持有相对谨慎的态度。

表1－18　　种粮农民对新技术的态度　　单位：%

省份	种粮大户				小规模农户			
	A	B	C	D	A	B	C	D
吉林	66.07	3.57	8.93	21.43	61.11	8.33	22.22	8.33
湖南	61.29	12.90	9.68	16.13	53.19	31.91	8.51	6.38
平均	64.37	6.90	9.20	19.54	56.63	21.69	14.46	7.23

A：认为好就用；B：有人用时我也用；C：大部分人用我才用；D：大多数人用我认为不好也不用。

从信息来源渠道看，被调查者中16%的人从科普书、杂志上获得农业新技术的信息，15%的人是从其他种粮大户那里获得，19%的人是到技术推广部门咨询获得，12%的人通过上培训班获得，28%的人是通过广播电视获得，9%的人是从农技协会获得，只有1%人是从其他渠道获得。其中从广播电视和农技推广部门这两个渠道获得新技术的占总数的47%，说明农户对这两种渠道是比较认知的，也是比较有效的（参见表1－19）。

表1－19　　大户获得新技术的渠道

选项	百分比（%）
（1）科普书、杂志	16
（2）其他种粮大户	15
（3）到技术推广部门咨询	19
（4）培训班	12
（5）广播电视	28
（6）农技协会	9
（7）其他	1
合计	100

二、种粮大户成本分析

（一）湖南省水稻成本

1. 湖南省早稻种植大户

表1－20显示，从绝对量上看，湖南省早稻种植大户的总成本为528.76元/亩。在总成本中，每亩物质与服务费用为214.26元/亩（直接费用为185.70元/亩，间接费用为28.56元/亩），每亩人工成本为174.45元/亩，每亩土地承包费为140.05元/亩，而在物质与服务费用中的直接费用中，占主体的是化肥费（68.10元/亩），其次是机械作业费（60.19元/亩）、农药费（23.71元/亩）、种籽秧苗费（14.67元/亩）、修理维护费（9.38元/亩）、其他直接费用（6.01元/亩）和

燃料动力费（3.64元/亩）；在间接费用中，固定资产折旧为27.06元/亩，管理费为1.50元/亩。

从各项费用在总成本中所占比重来看，种粮大户每亩物质与服务费用占总成本的40.52%，其中直接生产费用中占主体的是化肥费，占总成本的12.88%，其次是机械作业费占11.38%、农药费占4.48%、种籽秧苗费占2.77%和修理维护费占1.77%等；间接费用中固定资产折旧占总成本的5.12%，管理费占0.28%；每亩人工成本占总成本的32.99%，其中家庭人工折价占总成本的26.78%，雇工费用占6.21%；每亩土地承包费占总成本的26.49%。

表1-20　2004年湖南早稻种粮大户与一般农户的成本及成本构成

项　目	种粮大户17户（元/亩）	成本构成（%）	一般农户33户（元/亩）	成本构成（%）
一、每亩物质与服务费用	214.26	40.52	193.20	39.85
（一）直接费用	185.70	35.12	176.76	36.46
1. 种籽秧苗费	14.67	2.77	18.05	3.72
2. 化肥费	68.10	12.88	71.70	14.79
3. 农药费	23.71	4.48	28.52	5.88
4. 机械作业费	60.19	11.38	43.18	8.91
5. 燃料动力费	3.64	0.69	2.03	0.42
6. 修理维护费	9.38	1.77	7.75	1.60
7. 其他直接费用	6.01	1.14	5.53	1.14
（二）间接费用	28.56	5.40	16.44	3.39
1. 固定资产折旧	27.06	5.12	15.12	3.12
2. 管理费	1.50	0.28	1.32	0.27
二、每亩人工成本	174.45	32.99	190.00	39.19
1. 家庭用工折价	161.62	26.78	166.55	34.35
2. 雇工费用	32.83	6.21	23.45	4.84
三、每亩土地承包费	140.05	26.49	101.61	20.96
总　计	528.76	100.00	484.81	100.00

2. 湖南省中稻（优质稻）种粮大户

从绝对量上看（表1－21），湖南省中稻种粮大户的总成本为547.91元/亩。在总成本中，每亩物质与服务费用为258.38元/亩（直接费用为225.34元/亩，间接费用为33.04元/亩），每亩人工成本为161.46元/亩，每亩土地承包费为128.07元/亩，而在物质与服务费用中的直接费用中，占主体的是化肥费（82.76元/亩），其次是机械作业费（70.00元/亩）、农药费（37.81元/亩）、种籽秧苗费（20.50元/亩）、修理维护费（8.34元/亩）和其他直接费用（5.93元/亩）；在间接费用中，固定资产折旧为31.33元/亩，管理费为1.71元/亩。

从各项费用在总成本中所占比重来看，种粮大户每亩物质与服务费用占总成本的47.16%，其中直接生产费用中占主体的是化肥费，占总成本的15.10%，其次是机械作业费占12.78%、农药费占6.90%、种籽秧苗费占3.74%和修理维护费占1.52%等；间接费用中固定资产折旧占总成本的5.72%，管理费占0.31%；每亩人工成本占总成本的29.47%，其中家庭人工折价占总成本的22.39%，雇工费用占7.07%；每亩土地承包费占总成本的23.37%。

表1－21　2004年湖南省中稻种粮大户与一般农户的成本及成本构成

项　　目	种粮大户14户（元/亩）	成本构成（%）	一般农户11户（元/亩）	成本构成（%）
一、每亩物质与服务费用	258.38	47.16	222.5	44.51
（一）直接费用	225.34	41.13	204.9	40.99
1. 种籽秧苗费	20.50	3.74	27.89	5.58
2. 化肥费	82.76	15.10	67.78	13.56
3. 农药费	37.81	6.90	32.60	6.52
4. 机械作业费	70.00	12.78	69.00	13.80
5. 修理维护费	8.34	1.52	2.35	0.47

续表

项　　目	种粮大户14户（元/亩）	成本构成（%）	一般农户11户（元/亩）	成本构成（%）
6. 其他直接费用	5.93	1.08	5.28	1.06
（二）间接费用	33.04	6.03	17.6	3.52
1. 固定资产折旧	31.33	5.72	16.36	3.27
2. 管理费	1.71	0.31	1.24	0.25
二、每亩人工成本	161.46	29.47	157.08	31.42
1. 家庭用工折价	122.7	22.39	133.42	26.69
2. 雇工费用	38.76	7.07	23.66	4.73
三、土地承包费	128.07	23.37	120.33	24.07
总　　计	547.91	100.00	499.91	100.00

3. 湖南省晚稻种粮大户

从绝对量上看（表1－22），湖南省晚稻种粮大户的总成本为563.79元/亩。在总成本中，每亩物质与服务费用为247.18元/亩（直接费用为217.47元/亩，间接费用为29.71元/亩），每亩人工成本为172.88元/亩，每亩土地承包费为143.73元/亩，而在物质与服务费用中的直接费用中，占主体的是化肥费（77.60元/亩），其次是机械作业费（70.23元/亩）、农药费（34.42元/亩）、种籽秧苗费（18.95元/亩）、修理维护费（7.35元/亩）、其他直接费用（4.65元/亩）和燃料动力费（4.27元/亩）；在间接费用中，固定资产折旧为28.35元/亩，管理费为1.36元/亩。

表1－22　2004年湖南省晚稻种粮大户与一般农户的成本及成本构成

项　　目	种粮大户17户（元/亩）	成本构成（%）	一般农户27户（元/亩）	成本构成（%）
一、每亩物质与服务费用	247.18	43.84	230.88	46.11
（一）直接费用	217.47	38.57	211.14	42.16
1. 种籽秧苗费	18.95	3.36	21.15	4.22

续表

项　　目	种粮大户17户（元/亩）	成本构成（%）	一般农户27户（元/亩）	成本构成（%）
2. 化肥费	77.60	13.76	76.14	15.20
3. 农药费	34.42	6.11	38.21	7.63
4. 机械作业费	70.23	12.46	61.76	12.33
5. 燃料动力费	4.27	0.76	3.93	0.78
6. 修理维护费	7.35	1.30	6.10	1.22
7. 其他直接费用	4.65	0.82	3.85	0.77
（二）间接费用	29.71	5.27	19.74	3.94
1. 固定资产折旧	28.35	5.03	18.71	3.74
2. 管理费	1.36	0.24	1.03	0.21
二、每亩人工成本	172.88	30.66	170.57	34.06
1. 家庭用工折价	138.65	24.59	141.49	28.26
2. 雇工费用	34.23	6.07	29.08	5.81
三、土地承包费	143.73	25.49	99.31	19.83
总　　计	563.79	100.00	500.76	100.00

从各项费用在总成本中所占比重来看，种粮大户每亩物质与服务费用占总成本的43.84%，其中直接生产费用中占主体的是化肥费，占总成本的13.76%，其次是机械作业费占12.46%、农药费占6.11%、种籽秧苗费占3.36%和修理维护费占1.30%等；间接费用中固定资产折旧占总成本的5.03%，管理费占0.24%；每亩人工成本占总成本的30.66%，其中家庭人工折价占总成本的24.59%，雇工费用占6.07%；每亩土地承包费占总成本的25.49%。

湖南水稻种粮大户的种籽秧苗费在总成本中所占比重较少，而化肥费、机械作业费、农药费所占比重较大，主要是因为近年来大面积推广机械插秧、机械收割等农机化、化学化、电气化等措施，导致机械作业费、农药费所占比重大量增加。

（二）吉林省玉米成本

从绝对量上看（表1－23），吉林玉米种粮大户的总成本为536.59元/亩。在总成本中，每亩物质与服务费用为197.07元/亩（直接费用为181.16元/亩，间接费用为15.91元/亩），每亩人工成本为151.47元/亩，每亩土地承包费为188.05元/亩，而在物质与服务费用中的直接费用中，占主体的是化肥费（80.76元/亩），其次是机械作业费（37.70元/亩）、种子费（21.74元/亩）、燃料动力费（17.98元/亩）、农药费（12.22元/亩）、修理维护费（5.93元/亩）和其他直接费用（4.83元/亩）；在间接费用中，固定资产折旧为14.41元/亩，管理费为1.50元/亩。

从各项费用在总成本中所占比重来看，种粮大户每亩物质与服务费用占总成本的36.73%，其中直接生产费用中占主体的是化肥费，占总成本的15.05%，其次是机械作业费占7.03%、种子费占4.05%、燃料动力费3.35%、农药费占2.28%和修理维护费占1.11%等；间接费用中固定资产折旧占总成本的2.69%，管理费占0.28%；每亩人工成本占总成本的28.23%，其中家庭人工折价占总成本的19.06%，雇工费用占9.17%；每亩土地承包费占总成本的35.05%。

表1－23　2004年吉林玉米种粮大户与一般农户的成本及成本构成

项　目	种粮大户45户（元/亩）	成本构成（%）	一般农户34户（元/亩）	成本构成（%）
一、每亩物质与服务费用	197.07	36.73	181.57	37.08
（一）直接费用	181.16	33.76	179.47	36.66
1. 种子费	21.74	4.05	22.37	4.57
2. 化肥费	80.76	15.05	78.74	16.08
3. 农药费	12.22	2.28	12.06	2.46
4. 机械作业费	37.70	7.03	33.41	6.82

续表

项　　目	种粮大户45户（元/亩）	成本构成（%）	一般农户34户（元/亩）	成本构成（%）
5. 燃料动力费	17.98	3.35	17.78	3.63
6. 修理维护费	5.93	1.11	12.03	2.46
7. 其他直接费用	4.83	0.90	3.08	0.63
（二）间接费用	15.91	2.97	2.10	0.43
1. 固定资产折旧	14.41	2.69	0.54	0.11
2. 管理费	1.50	0.28	1.56	0.32
二、每亩人工成本	151.47	28.23	133.5	27.27
1. 家庭用工折价	102.27	19.06	98.13	20.04
2. 雇工费用	49.20	9.17	35.37	7.22
三、每亩土地成本	188.05	35.05	174.54	35.65
总　　计	536.59	100.00	489.61	100.00

（三）种粮大户和一般农户的成本比较分析

从表1－20至表1－23还可以看出，种粮大户的总成本要比一般农户的总成本要高，湖南省早稻种植大户的总成本比一般农户要高43.95元/亩，中稻种植大户的总成本比一般农户要高48.00元/亩，晚稻种植大户的总成本比一般农户要高63.03元/亩，吉林省玉米种植大户的总成本比一般农户要高46.98元/亩。

在每亩物质与服务费用中，种粮大户的种籽秧苗费比一般农户的略低，而种粮大户的机械作业费、燃料动力费、修理维护费、固定资产折旧费要比一般农户的高；在每亩人工成本中，种粮大户的雇工费用比一般农户的高；在每亩土地承包费中，种粮大户的土地承包费比一般农户的高。

（四）湖南、吉林两省种粮大户的成本比较分析

从表1－24可以看出，湖南省晚稻种粮大户的每亩总成本

最高（563.79元/亩），其次是湖南省中稻种粮大户（547.91元/亩）和吉林省玉米种植大户（536.59元/亩），湖南省早稻种粮大户的每亩总成本最低（528.76元/亩），与晚稻相差35.03元/亩。

从各项成本的绝对量上看，湖南省水稻（三种水稻成本平均值）成本与吉林省玉米成本之间的主要差别是：水稻的每亩物质与服务费用比玉米高42.87元，其中水稻的农药费、机械作业费和固定资产折旧费分别比玉米高19.76元、29.11元和14.50元；水稻的每亩人工成本费比玉米高18.13元；但水稻的每亩土地承包费要比玉米低50.77元。

表1-24　2004年湖南省水稻、吉林省玉米总成本

	早稻	中稻	晚稻	玉米
总成本（元/亩）	528.76	547.91	563.79	536.59

三、种粮大户收入分析

（一）湖南省

1. 种粮大户的收入及收入构成

湖南省农户主要种植水稻，多数种植双季稻。种粮大户的收入构成包括粮食收入、经济作物收入、畜牧业收入和其他收入等。粮食收入主要来源于水稻种植；经济作物主要有麻、花生和油菜，少数农户种柑橘；畜牧业主要是养猪，少数农户饲养鸡、鸭；其他收入中包括运输、务工、酿酒、大型农机具服务收入等（参见表1-25）。

表1-25　2004年湖南省种粮大户收入构成

	粮食	经济作物	畜牧业	外出打工	其他收入	补贴	总计
平均（元）	80324.95	5977.27	1000.00	1545.45	2772.73	7114.80	98735.21
比例（%）	81.35	6.05	1.01	1.57	2.81	7.21	100.00

2. 一般农户的收入及收入构成

从表1－26可以看出，一般农户的经济作物收入主要来自于种植棉、麻、玉米、大豆等，少数农户种植西瓜；畜牧业收入主要是养猪；其他收入多为做生意、出租土地等。

表1－26　　2004年湖南省一般农户收入构成

	粮食	经济作物	畜牧业	外出打工	其他收入	补贴	总计
平均（元）	5229.56	2929.46	889.19	2637.84	1256.76	205.50	13148.30
比例（%）	39.77	22.28	6.76	20.06	9.56	1.56	100.00

3. 种粮大户与一般农户的收入比较

从总收入情况来看，种粮大户每户总收入明显高于一般农户，且差异较大。从各种收入所占总收入的比重来看，种粮大户粮食收入所占比重高达81.35%，一般农户粮食收入的比重仅为39.77%，这说明大户均以种粮为主，兼业情况不多。而一般农户中经济作物收入、畜牧业收入、外出打工收入和其他收入所占比重均高于大户，这说明一般农户均会兼营其他项目以增加收入，特别是种植经济作物和外出打工。补贴收入所占比重大户明显高于一般农户，这主要是由于大户的种植规模较大，直接补贴、良种补贴、农机补贴的数量较一般农户多。

（二）吉林省

1. 种粮大户的收入及其构成

吉林省农户主要种植玉米。种粮大户的收入构成主要包括粮食收入、经济作物收入、畜牧业收入和其他收入等。粮食收入主要来源于玉米种植；经济作物主要有大豆、花生，少数农户种黄豆；畜牧业主要是养猪，少数农户饲养鸡、鸭；其他收入中包括运输、务工、合作社分红等（参见表1－27）。

表 1－27　　2004 年吉林省种粮大户收入构成

	粮食	经济作物	畜牧业	外出打工	其他收入	补贴	总计
平均（元）	29607.98	3033.60	1020.00	2066.00	3944.80	1859.40	41531.78
比例（%）	71.29	7.30	2.46	4.97	9.50	4.48	100.00

2. 一般农户的收入及收入构成

从表 1－28 可以看出，一般农户的经济作物收入主要来自于种植花生、小豆、高粱等，有些农户种土豆、青椒等大棚蔬菜；畜牧业收入主要是养猪，少数农户饲养鸡、鸭、牛等；其他收入多为运输、务工、合作社分红、自办加工厂等。

表 1－28　　2004 年吉林省一般农户收入构成

	粮食	经济作物	畜牧业	外出打工	其他收入	补贴	总计
平均（元）	8576.78	4537.14	973.43	2062.86	1202.29	725.60	18078.09
比例（%）	47.44	25.10	5.38	11.41	6.65	4.01	100.00

3. 种粮大户与一般农户的收入比较

从总收入情况来看，种粮大户每户总收入明显高于一般农户，且差异较大。从各种收入所占总收入的比重来看，种粮大户粮食收入所占比重为 71.29%，一般农户粮食收入的比重为 47.44%，这说明大户均以种粮为主，兼业情况不多。而一般农户中经济作物收入、畜牧业收入、外出打工收入和其他收入所占比重均高于大户，这说明一般农户均会兼营其他项目以增加收入，特别是种植经济作物和外出打工。补贴收入所占比重大户明显高于一般农户，这主要是由于大户的种植规模较大，直接补贴、良种补贴、农机补贴的数量较一般农户多。

（三）良种补贴获得前后对农民收入的影响

在对吉林、湖南两省的调查中，吉林省种粮大户平均每户可获得直接补贴 1859.4 元，调查的大户除了获得直接补贴，并没有得到其他形式的补贴；而吉林省小户平均每户可得到直接补贴 725.6 元。相比之下，湖南农户获得的补贴种类较多，数额也较大。湖南种粮大户平均每户获得的直接补贴为 4366.2 元，良种补贴为 2415.3 元/户，农机补贴为 333.3 元/户，同时获得直接补贴和良种补贴的为 6781.5 元/户；而湖南的小户获得的补贴相对于大户来说就显得非常少，平均每个小户能够得到 127.6 元，良种补贴为 77.9 元/户，同时获得直接补贴和良种补贴的小户也不过 165.1 元/户。可见，国家对农业实行的三种补贴政策虽然使农户获益，但就大户和小户来说，差别还是相当大的，主要还是使大户受益（参见表 1－29）。

表 1－29　国家农业补贴政策使农户受益情况　单位：元/户

地区	类型	直接补贴	良种补贴	农机补贴	直补和良补
吉林	大户	1859.4	—	—	—
	小户	725.6	—	—	1659.8
湖南	大户	4366.2	2415.3	333.3	6781.5
	小户	127.6	77.9	—	165.1

（四）湖南、吉林两省种粮大户的收入比较

从总收入情况来看，湖南省种粮大户每户总收入明显高于吉林省，两者相差 57203.43 元，其中仅粮食收入一项，湖南省种粮大户平均比吉林省高 50716.97 元，其次是补贴和经济作物收入，湖南省种粮大户每户分别比吉林省高 5255.40 元和 2943.67 元，而吉林省种粮大户平均来自其他收入、外出打工和畜牧业的收入要比湖南省分别高 1172.07 元、520.55 元和 20.00 元。

这两省收入差距大的主要原因：一是湖南省种粮大户水稻面积比较大，最多的高达 2730 亩，而吉林省种粮大户的玉米面积最多才 157.5 亩；二是湖南省水稻种植的复种指数较高，农户一般都会种两季稻甚至三季稻。

四、影响粮食主产区种粮大户规模的因素

（一）国家宏观经济政策和政府偏好

粮食生产和规模经营的发展受到国家宏观经济政策的影响，包括国民经济发展状况、城镇化发展、外出打工、粮食和农业发展政策等。国家对种粮大户的扶持有力促进了规模经营的发展，特别是粮食生产“一减免三补贴”政策，使农民的种粮积极性普遍提高，大户获得更大的实惠。由于基层行政组织和村委会对规模经营的偏好，许多地区给予种粮大户一定的政策扶持，比如降低承包费、优惠提供农业机械等，也有利于种粮大户规模的扩大，规模经营的发展。

（二）耕地资源禀赋

农业生产对自然资源的依赖性远远高于其他产业，而耕地是粮食生产最基本的生产资料，对土地这一自然资源有着非农产业所没有的特殊依赖关系，这不仅是因为粮食生产离不开土地，而且还因为在一定时期内的一定耕地面积上由于报酬递减而不能无限制地投入其他生产要素，故而耕地面积的总量制约着一个国家或地区历史生产的总体规模。因此，耕地面积，特别是人均耕地资源的多寡是影响农业和粮食经营规模的最基础因素。

（三）制度影响

1. 粮食规模经营受目前土地制度的影响

家庭承包制，使广大农民掌握了一份有自主生产经营权的农业资源。由于我国农业人口多，耕地资源缺乏，按照人口平均分配耕地，在一定程度上使耕地零碎化。由于没有比较完善的土地流转制度，影响承包耕地转让和粮食生产规模的扩大。但是，鼓励农民对荒山、荒坡、滩涂开发的政策，对农业规模经营起到积极的促进作用。

2. 粮食规模经营受社会保障制度的影响

耕地对农民具有就业、生活、养老等多重保障功能。我国的社会保障制度还很不健全，农村的养老保险、医疗保险等制度还没有全面启动，农民抵抗突发事件的能力较弱。在此情况下，农民把拥有土地作为社会生存保障的最后一道屏障，更愿意自己保有土地的使用权。即使有些农民已转移到非农产业工作，宁肯暂时撂荒，也不愿放弃土地，以求得最后保障。

3. 粮食规模经营受就业与户籍制度的影响

由于农民进城就业和居住受到户籍制度的严格限制，农民很难改变自己的身份进入城市，即使农民有了土地使用权的自由交易权，由于身份的不认同，就业的不稳定，农民也不敢轻易放弃土地。即使农民进入城镇临时就业，农民也有可能会再度返回农村，农业规模经营的有效实施也大受影响。

（四）粮食生产自身特点

粮食受自然灾害的影响大，规模的扩大使粮食生产的风险扩大；同时，粮食市场价格受国内和国际供求形势的影响大，波动幅度大，大规模粮食生产产量的增加增加了市场风险；另外，粮食生产周期长，比较利益较低，投资占用时间长，规模大也可能增加投资的风险。总之，由于粮食生产自身的特点制约了部分农户扩大粮食生产规模的意愿，影响了规模的进一步扩大。

（五）农民文化技术素质

农民素质的高低从经营理念、管理水平、科技应用等诸多方面制约着粮食规模经营。现代农业的投入和产出不仅仅是一个生物的合成过程，同时还涉及多部门经营，要求生产者不仅掌握生产技能，还要具有应用现代农业技术和管理手段进行经营的能力，充分利用市场信息进行决策的能力。因此，农业劳动者的文化技术素质和管理能力，在一定程度上也影响了粮食生产的规模。

五、种粮大户规模经营中存在的问题

（一）种粮大户发展速度快，但是不稳定

进入21世纪，随着农村经济的快速发展，种粮大户出现增加的趋势。2004年之后，由于国家出台了一系列鼓励粮食发展的政策，充分调动了农民种粮积极性。一方面，在政策和粮价回升的影响下，农民积极承包抛荒田，扩大生产规模，出现了一些新的种粮大户；另一方面，过去因粮食生产效益低下将耕地转包给种粮大户的部分农户，又重新收回已经转包的耕地，出现种粮大户数量减少、部分种粮大户生产规模缩小的现象。以湖南省为例，2000年全省的种粮大户不到80户，2003年发展到235户，是历史最高点。但是，2004年粮大户减少到228户，2005年进一步减少到210户，与2003年相比，下降了10.6%。

（二）土地流转不规范

目前由于土地使用权的流转不规范，特别是户与户之间的转让或转包，部分还停留在口头协议上，没有签订正式的转包合同，也没有明确双方权利、义务和长期不变的转包期限，造成土地使用权的流转不稳定，土地纠纷较多。出现转租户随意收回土地，接包户缺乏长远打算，不注重长期投入，粗放经营的现象。

（三）种粮大户缺少投入资金

从湖南省和吉林省的情况来看，种粮大户普遍存在资金方面的困难，在规模扩大后，购买生产资料需要的现金多，难以完全靠自己解决。农业生产周期较长、风险大，资金占用时间长，农村基层金融组织不愿意为农户提供金融服务，致使许多农户要向亲戚和朋友借贷，解决购买种子、化肥和农药等所需要的资金。以吉林省的玉米大户为例，每亩直接生产费用投入和土地承包费共计369.21元，占总成本的近70%，而这些费

用多在年初时投入，因此对于种粮大户来说，所需资金数额非常大，多数农户需借款。

（四）雇工多，用工成本偏高

目前，种粮大户农田作业，已部分实现了机耕、机脱、机械排灌、机械植保、机械运输，机械收割，但是由于大户种植规模较大，种粮、收粮的过程还需雇工，特别是劳动强度大、用工多的播种、插秧等环节必须雇请劳力。此外，由于机械适应性、通用性的限制，收割机若遇到阴雨天无法下田操作，还需要雇工收割。在工价日高的情况下，收种季节种粮大户劳动力矛盾十分突出，雇工数多，也使种田成本增加。随着经营规模的扩大，用工费用上升，每亩总成本提高，使每亩纯收入相应减少。例如，在湖南省种植优质一季稻，平均每户在农忙时节需雇用 10 人以上，平均每人 30 元/天，每亩的雇工费用就达 38.76 元。

（五）技术培训少，获得科技信息的途径单一

多数农民由于文化科技素质较低，对科技信息的接受理解能力较差，因此需要通过多种方式提高农民应用新技术的能力，开展技术培训是最为直接有效的手段。而在调查中发现，参加过技术培训的农民较少，多数农户一次都没有参加过，农业技术主要是向其他人学习，获得科技信息主要通过广播、电视，在这种情况下，农民对新技术的了解比较片面，因此要开发多种渠道，促使农民掌握专业技术，提高综合素质。

（六）种粮比较效益低，自我发展和投入缺乏内在动力

对种粮大户而言，追求较好的经济效益是发展生产和增加投入的内在动力。种粮大户虽取得了较好的规模效益，但与养殖业、加工业相比，经济效益仍偏低。特别是土地新增加耕地的使用权不稳定，也影响了农民生产投入的积极性。一般纯粮型的农户每年纯收入仅为 3000—4000 元，而从事畜牧业养殖和种植大

棚蔬菜的农户每年纯收入均可达到上万元，差距较大。

六、种粮大户发展对策

（一）加强耕地政策的稳定性，加快耕地使用权的流转

土地是农民赖以生存的根本，种粮大户的形成，必须是在确保农村家庭承包制及土地承包30年不变的基础上进行，即土地的承包权（使用权）短期内不能变更，但土地的经营权可以在自愿的情况下向种田能手集中，并依法签订土地经营权流转合同。要采取一定的措施，解决打工户返乡的耕地问题，妥善地解决稳定大户规模和保护返乡农户的利益问题。

（二）加大对粮食生产的基础投资，增大科技投入

粮食规模经营无疑需要大量资金，其来源一是搞好乡镇企业，促进乡镇企业“反哺农业”；二是引导大型工商企业和外资投资于农业；三是扩大农业信贷资金；四是政府给予财政支持，建立相应的发展基金；五是农民的投入。应加大科技投入，发挥科技优势，研究和推广提高农户效益的新技术，提高粮食的科技含量，为稳定扩大粮食规模提供基础支撑。

（三）提高种粮大户专业化水平，逐步实现规模化生产

为了提高种粮大户的经济效益，必须提高种粮大户自身经营水平，走专业化、规模化经营之路，实现良性循环，增强自我调节、自我发展的能力，为发展和投入注入动力。专业化、规模化的生产有利于提高劳动生产率，降低单个生产者的成本，提高粮食生产能力，进而提高粮食的比较利益，增加收益。

（四）制定扶持政策鼓励种粮大户的发展

国家的扶持主要包括完善大户耕地承包制度和土地流转合同、出台农资价格补贴政策、加强农业生产技术支持、加大信贷支持力度等，其中最为主要的是加大粮食直补、良种补贴、

农机购置补贴政策力度，切实保护农民利益，增加农民收入，稳定粮食主产区的粮食生产。

（五）提高农民素质，促进农业科技进步

提高农民素质一方面要强化基础教育、职业技术教育、高等教育，而且还要强化成人教育，探讨积极有效的再教育途径。另一方面，要增加农业科技培训，针对不同的农业新技术、新品种，广泛开展科技讲座，发放科技推广资料，通过多种形式把农业科技知识普及到农民中。最后，还要提高农民从事规模经营的科学管理水平，培养出一批农民企业家。

（六）完善社会保障制度，健全社会化服务体系

进一步完善农村社会保障制度，消除农民以土地作为生活保障的观念，解除农民的后顾之忧。同时，也要健全社会化服务体系，为农业规模经营提供市场信息预测服务，提供农用生产资料服务以及人员培训、科技推广服务、农产品购销服务、基础设施建设服务、气象服务等。

第三节 农村土地流转的实践探索

一、宁夏平罗县关于农村土地信用合作社的探索①

宁夏平罗县针对农村土地流转不畅、混乱和农民权益难以

① 本部分内容选自农业部软科学课题“土地适度规模经营问题研究”（课题编号：200630），课题主持人：郑有贵、允晓哲。

得到保障而影响农业发展和农村稳定的问题，探索出农村土地信用合作社的土地流转模式。农村土地信用合作社不同于土地股份合作社，也不同于反租倒包，它引入了金融部门的存、贷款机制，即农民把所承包的土地，像把钱存到银行或从银行贷款一样，不耕种者将其存到土地信用合作社获得存地费，需要耕种者支付贷地费从土地信用合作社贷出土地。土地信用合作社对农民存入的土地，可由合作社直接经营，可由合作社与一些企业合作经营，也可由合作社转包、出租、入股经营；所得收入，主要用于支付农民的存地费，留少量用于发展集体经济和公共事业，即存地农民可分享耕地的增值效益。土地信用合作社一方面因为引入自由存、贷机制而使土地流转更加方便灵活，另一方面因为引入民有、民办、民管、民受益的合作社机制而使其运作更加规范，避免了“暗箱操作”之弊端，农民享有公开透明的知情权、决策权、监督权、收益权，使农民的土地承包经营权更加有保障。这一方便灵活而又规范的组织化、制度化土地流转模式，符合农民对土地这一特殊的、重要的生产资料的心理要求。

（一）农村土地信用合作社的制度建设

在农村土地信用合作社试点过程中，平罗县注重制度建设，主要制度有：坚持土地家庭承包经营制度不动摇；土地的存和贷实行自愿原则；实行在同等条件下集体经济组织内部成员优先原则；制定规范的章程，实行民主选举、民主决策、民主管理、民主监督、自主经营、自负盈亏、自我发展的机制；土地存、贷的价格由合作社与存地或贷地人按市场价自主协商确定，一般三年一定，并签订规范的合同；由具备资质的会计师事务所对农民存入土地等资产进行评估，出具验资报告；存入的土地可以依法继承、转让；经征得土地信用合作社理事会同意并出具许可证明后，存地人可以用存地证为本人或他人担保、抵押；由成员大会或成员代表大会选举理事会和监事会；

明确土地信用合作社可在工商部门登记，也可在民政部门登记（在截至2007年8月成立的30个土地信用社中，有26个在工商部门登记为集体所有制企业法人，有4个在民政部门登记为社团法人）。这些制度的实施，保障了试点的顺利进行。在2006年至2007年以来的一年多时间里，全县农村土地信用合作社共存贷地9.5万亩（其中存贷耕地2.9万亩、荒地6.6万亩），比2005年全县流转耕地2.2万亩有较多增加。平罗县农村信用合作社存贷土地还只占全县农用土地总面积的4.3%，尚处于探索和起步阶段。

（二）农村土地信用合作社解决的问题

从试点情况看，农村土地信用社的建立，在促进农业实现规模经营，调整产业结构，应用先进实用技术，转变增长方式和实现农业增产、增效的同时，还较好地解决了农业和农村经济发展中需要迫切解决的一些问题。其一，方便灵活而又规范的组织化、制度化的土地流转，很好地解决了土地流转中的混乱和利益冲突，有利于土地社会保障功能更好实现。在土地信用合作社建立之前，无论是外出务工者，还是伤、老、病、残而失去劳动能力者，一般是将承包的土地转包给亲戚或邻居，但多是口头协议转包，纠纷时常发生，影响农村稳定。土地信用合作社的规范运作，很好地避免了过去的诸多纠纷。特别是老人将土地存到合作社，可以获得稳定的存地收入，成为农村土地社会保障功能的有效实现形式，还避免了以往把土地交给子女耕种后在赡养钱粮数额上时常发生纠纷的问题。其二，有利于农村集体经济组织增收。姚伏镇小店子村土地信用合作社，每亩支付农民存地费480元，贷出土地费为490元，有10元差价作为集体收入，仅此一项就使该村增加收入1.7万元。一些土地信用合作社还将农民存入的土地，通过发展第二、三产业，兴办设施农业和奶牛养殖场，以及入股、联营等方式，实现了更多的集体收益，明显地改变了空壳村的现象。

其三，解除了农村富余劳动力外出务工者的后顾之忧，有利于农民从农业中解脱出来而获得更多的就业机会和开拓更多的增收途径。姚伏镇小店子村8队共260多人，农民将土地存入土地信用合作社后，拓宽了增收途径：农民可从土地信用合作社获得稳定的存地费，每亩每年为480元；农民还可以优先在土地信用合作社做农业工人，挣工资；还有130人从农业中解脱出来外出打工。2007年该队人均收入预计超过6000元，比2006年人均增收2000多元。随着土地信用合作社实力的增强，在开展存入与贷出土地业务的基础上，平罗县积极探索扩大土地信用合作社的服务功能，如融资、土地整理与盘活、产业策划和重组、法律服务等相关业务。农村土地信用合作社随着制度的完善及其经济实力和服务能力的增强，在发展现代农业和建设社会主义新农村中可以发挥更加积极的作用。

二、重庆农村土地流转情况调查①

近年来，为加快城乡统筹步伐，重庆市在认真完成农村土地二轮延包的基础上，着力推进农村土地经营权规范有序流转，促进生产要素合理流动和资源的优化配置，提高了农村土地资源的利用效益。2003年以来，全市农村土地流转面积数量呈加速上升态势，2003年、2004年、2005年、2006年和2007年全市农村耕地流转面积分别为104万亩、126万亩、138万亩、217万亩和320万亩；规模经营比例从1997年占农户承包耕地的1.22%提高到2007年的15.1%，年均提高1个多百分点。

（一）农村土地流转主体多元化

随着农村土地流转进程的不断加快，农村土地流转已不仅

① 本部分内容选自农业部软科学课题“重庆农村土地流转问题调查”（课题编号：Z200816），课题主持人：胡士华。

仅局限于农户之间，大量的社会工商企业、产业化龙头企业、合作经济组织也参与了农村土地流转，并逐渐成为农村土地流转的参与主体，农村流转参与主体多元化趋势凸显。特别是在重庆市都市圈内的农村土地，大约有50%流向农业产业化龙头企业，30%—40%流向了农业种养专业大户和农民合作经济组织。例如，北碚区农村土地流转总量为33306亩，占承包耕地面积的12.21%。其中流转给种植大户8406亩、养殖大户2007亩、农业企业9363亩和农村第二、第三产业4745亩，共计24521亩，占整个流转面积的73.6%，形成参与主体的多元格局，并形成了5大优势产业、8大精品产业区。这一方面促进农村土地的流转，实现了农业生产要素的优化配置，提升了土地的利用价值和产出效益；另一方面也带动了农业产业化发展，农业走向规模化、专业化、商品化和现代化，实现农业增效农民增收。

调查还表明，随着大量的社会工商企业、产业化龙头企业和合作经济组织等不断参与，以及农民的市场意识和商品意识的不断增强，按市场规律流转土地的情况越来越多，农村土地流转的驱动力主要来自市场驱动。20世纪80～90年代，农村土地转入方大多是为了增加粮食产量和帮助外出打工的亲戚朋友，其主要动机是为了完成税费征收和上缴任务。土地转出方也没有考虑土地的市场价值和土地的预期升值等因素，流转手续不健全，大多靠民间的诚信来维系流转关系的存在。进入21世纪，特别是取消农业税以后，农民流出土地经营权更多地是为了增加收入，并将土地作为商品生产的生产资料予以输出，流转行为由被动变为主动，农民对土地流转的积极性有所提高。而土地经营者流入土地经营权是把农业作为一个投资领域，其目的是为了发展农业商品生产，以获取更加稳定和更高的收入，土地流转多遵循市场规律来进行，体现了土地的现有价值和增值价值，流转手续相对健全，靠正规合同来规范流转双方的权利和义务。

（二）农村土地流转的主要模式

在土地流转中，重庆市各地结合本地产业布局和经济发展重点的实际，创新土地流转模式，较好地融入经济发展全局，促进农业农村经济又好又快发展。

1. 优势产业带动型

该模式主要以尽快做大做强农业主导产业为目标，引导土地集中流转和规模经营，在较短时间内产生效益。主要做法：①确定好主导产业的发展方向，按照主导产业的发展明确流转土地的使用，并依托主导产业流转土地。②建立完善土地流转体系，充分发挥基层组织的作用，做好流转服务，主动为农民联系、寻求流转对象，主动接受农民流转委托，引导成片、集中流转，发展主导产业的集中生产基地。③集中各方力量，统筹安排建设资金，建设和完善基础设施，优化土地流转和产业发展的环境。④千方百计引进业主，培育大户。制定优惠政策措施，做好对业主、大户的服务工作，维护业主的合法权益，优化投资和经营环境，通过引进业主，解决了土地流转无对象和分散、低效的问题。

2. 城镇化带动型

该模式主要以城镇化为核心，出台优惠政策鼓励农民自愿放弃土地承包经营权和宅基地使用权，促使农民变市民。其特点是按“政府引导、农民自愿、政策激励”的原则，运用合理的补偿制度引导和鼓励农民放弃土地承包经营权和宅基地使用权，彻底融入城市。其基本做法：①放宽“农转非”的户籍条件，只要进城务工农民有稳定收入来源，全家已在城镇居住，本人自愿的，即可办理“农转非”。②对自愿放弃土地承包经营权和宅基地使用权的进城农民家庭员纳入城镇居民社会保障体系，与城镇居民享受同等社会保障，并对其参加养老保险、医疗保险等给予适当补贴。③对自愿放弃宅基地和承包地的进城农民，纳入享受城市廉租房范围，或给予一定补助用于购买定向安置房、经济适用房，并适当减免购房配套费用。四是对自愿进城农民家庭子女享受城镇家庭子女同等就学待遇。五是实行免费就业培训或给予一定转移就业补助。六是按拆迁安置补偿办法和参照征地补偿政策给予补偿。这一做法在近郊经济发达、城市建设扩容迅速、财力较强的地方具有可行性。

3. 都市农业带动型

该模式主要以发展都市农业为核心，以依托城市、服务城市、与城市互相交融为重点，促进城郊观赏农业、休闲农业、生态农业、体验农业、科技农业的发展。其主要做法：①制定好都市农业发展规划，明确土地流转目的。如九龙坡区在白市驿一片规划了花卉园区，区域内土地流转都围绕规划产业进行。②以优惠政策引进种养大户、农业企业和城市工商企业，促进土地流转。③在保障农民土地承包权益的前提下，加强对农民的宣传引导、典型示范和创新利益分配机制等措施，提高自愿参与土地流转的积极性。如北碚区水土镇在土地入股流转中，在利益分配机制上，建立基本股保生活、红利股增收的机制。

（三）农村土地流转存在风险较大、收益不稳定的问题

在调查中，广大农村干部群众、农业大户和龙头企业反映，市场风险对我市农村土地流转和规模经营的威胁很大，这种风险主要来自市场供求关系变化、政府干预。

农村土地承包经营权流转的目的是合理配置土地资源，追求经济效益最大化。市场经济条件下利益驱动是农村土地流转的源泉和动力。市场需求不足是当前农村土地流转的利益驱动障碍。以2005年为例，国家发展和改革委员会的资料显示，当年重庆三大粮食作物稻谷、小麦和玉米，其每亩净利润（将人工纳入成本来核算）分别为157元、-104元和58元，即使是种植花生，其每亩净利润也只有区区的1元，至于油菜则更低，为-70元，农业尤其是种植业比较收益不高。过低

的农业比较收益和农业本身固有报酬递减规律，农业投资存在自然和市场的“双重风险”，使得各种资本缺乏对经营农村土地的利益驱动，并因此造成农村土地承包经营权的市场需求不足。当然，种植柑橘或者发展高效设施农业，单位土地的净收益要高一些，但却需要相对较高投入。这不仅受农村土地及其附着物不能担保和抵押贷款等政策限制，又限制了农民和业主发展类似的高投入产业，而且还受到土地管理法律法规的限制。因此业主普遍存在“两怕”意识，“一怕”农村土地政策不稳，政府提前收回土地承包租赁权，与投资回收期相比，租赁期限相对较短，一般为 20 年左右，投资回报率不高，不敢大胆投入：“二怕”农业生产自然和市场的双重风险压力大，农产品市场前景不好，租赁农村土地进行规模经营效益不高，不敢大规模搞开发。

在农村土地流转过程中，政府及主管部门应当发挥规划、引导、协调、服务和监督管理的职能。据调查，在实际操作过程中，存在政府服务缺位、干预越位的现象。尤其是基层政府和主管部门往往定位不当。主要表现为：既有对农村土地流转不支持、不引导，任其自然发展的现象；也存在过多地用行政手段干预土地自由流转，有的甚至直接充当土地流转的主体，随意改变土地承包关系，搞强制性的土地流转现象。一方面部分区县和乡镇尚没有建立完善的农村土地流转管理机构，缺乏对农村土地流转的有效管理、引导和服务，农户自发土地流转还占相当比例，农村土地流转纠纷时有发生，农民在土地流转中的主体地位尚没有充分体现，农民的土地承包权和流转收益权受侵害的事情屡见不鲜，这在一定程度上制约了农村土地流转的有序进行。另一方面个别乡镇甚至把农村土地流转作为增加镇村收入的手段，或者作为突出地方政绩的形象工程，不尊重农民意愿，损害农民利益。由于流转的动机和做法各异，在部分地区政府在操作中曲解甚至违背土地政策，如有的地区为了追求农村土地流转规模和增加招商引资数量，不尊重农民意愿，以各种理由强行要求农民土地出租，土地租金的收益分配缺乏透明度，侵害法律赋予农民的农村承包土地收益权。政府在农村土地流转过程中定位不当、引导不力、服务不到位，错位、缺位和越位现象并存，政府与业主、业主与农民、农民与政府之间矛盾时有发生，直接影响到土地流转和规模经营的顺利推进。

（四）通过统筹城乡建设用地规划推进农村土地流转

集中布局、集约利用农村建设用地。城市化快速发展要求提供更多的建设用地，也吸引了大量的农民进城，这就为实现农村集体建设用地减少与城镇建设用地增加挂钩，统筹城乡建设用地规划提供了可能。据调查重庆直辖十年来，乡村人口由2042.56万人减少到1496.71万人，农村居民点用地由36.37万公顷减少到36.02万公顷，即每减少一个乡村人口，仅减少农村居民点用地6.41平方米。又据调查，2006年重庆市每个乡村人口占用农村居民点用地240平方米。可见，开展农村居民点用地的整理和流转是必要的。建议按照国土资源部《加强农村宅基地管理的意见》的要求，采取有效措施，引导农村村民住宅建设按规划、有计划地逐步向小城镇和中心村集中。因地制宜地组织开展“空心村”和闲置宅基地、空置住宅的调查清理工作，制定消化利用的规划、计划和政策措施。科学实施村庄改造和归并村庄整治计划，积极推进农村建设用地整理，提高土地节约集约利用水平。建议拓宽农村建设用地储备整治、集中布局、集约利用的资金激励渠道，可从土地开发整理资金中给予适当补助，鼓励复垦农村闲置的建设用地。农村建设用地整理可依照“城乡统筹、政府组织、国土牵头、部门合作、公众参与”的运作模式，以“社会主义新农村建设”为契机，按照“建设新农村、培养新农民、发展现代农业”的要求，运用经济手段促进农村居民点用地的整理，做到“整理好、流转好、利用好”。建议推进农村宅基地的有限制流转。鼓励全家进城落户的农民自愿放弃其农村宅基地及其所建房屋的所有权，由其所在集体经济组织收回，并给予原所有人一定数量的货币补贴或奖励。鼓励进城务工农民和农村生态移民以原有农村宅基地及其所建房屋所有权来置换城镇廉租房和商品房价格补贴。鼓励农村土地流转经营主体参与农村闲置废弃建设用地的复垦工作，通过闲置废弃建设用地复垦获得的农村建设用地指标，既可享有承租农村宅基地同等权利，还可以有偿流转和转让。

三、成都市农村土地流转情况调查①

2007年7月，成都市被批准成为全国统筹城乡综合配套改革试验区。全力推进“三个集中”是成都市统筹城乡发展的重要举措。所谓“三个集中”，是指工业向集中发展区集中、土地向适度规模经营集中、农民向集中居住区集中。成都市启动的“三个集中”，在实践中取得了十分显著的成效，然而，“三个集中”在发展中面临的问题也日益凸显。成都试验区在发展模式上有别于深圳等老特区，不可能再过多地依赖国家的资金倾斜和政策优惠，而只能主要向体制机制要潜力、要动力、要活力。总结成都市农村土地制度创新的经验，及时发现仍然存在的不足和问题，对于成都市乃至全国无疑具有重要的现实意义和政策价值。

（一）农地流转的主要模式

近年来，成都市深入贯彻“三个集中”，积极推进农地向业主流转和集中。通过引导龙头企业、专业合作经济组织、新型集体经济组织和其他社会业主，采取依法、自愿、有偿的方式大规模流转农民土地承包经营权，加速推进了农

① 本部分内容选自农业部软科学课题“统筹城乡发展背景下的耕地保护与流转制度研究”（课题编号：Z200815），课题主持人：徐薇。

地向规模经营集中。截至2007年10月，全市较2006年年底新增农地流转面积66.07万亩，其中新增耕地流转面积46.08万亩，新增非耕地流转面积20.0万亩；农地流转面积累计达到219.84万亩，占农地总面积的20.06%，其中耕地流转面积累计达到155.36万亩，占耕地总面积的29.86%，非耕地累计流转面积64.5万亩；土地规模经营亩平均增收达到600元以上。同时，三圈层八个区（市）县粮食规模化、集约化经营试点顺利推进，粮食规模化经营面积达到1.7万亩以上。

成都市的农地流转采用了多种形式，例如出租、反租倒包、股份制、转包、转让、互换、代耕、拍卖、抵押等，其中与土地适度规模经营紧密相关的有以下四种主要模式：

1. 业主租赁模式——企业直接租用农户土地

该模式是指在依法、自愿、有偿的前提下，农民通过签订合同的方式，将土地承包经营权租赁给龙头企业或专业大户等各类业主，由业主进行规模化经营。其具体又可细分为两种主要形式：一是由业主直接与农户签订土地承包经营权租让合同，集体经济组织只作为合同双方中间人进行监督，业主直接向农户兑现租金；二是由集体经济组织代签土地承包经营权租让合同，农村集体经济组织先征得转包土地的农户同意，再作为农户代表与业主签订合同，业主将租金交集体经济组织，集体经济组织再向农户兑现。土地转出以后，农民既可以受聘到业主经营的园区内打工，又可以外出务工。到目前为止，这种模式在成都市土地流转中较为常见。双流县金桥镇昆山村，围绕促进农业产业化的发展，引进法国威迈等22家业主开展无公害蔬菜的规模化经营，累计投资达到4800万元，租赁土地2800亩，成片种植无公害蔬菜、食用菌和日本黑大豆等，全村土地流转面积达到90%以上。全村就业人员从原来的近100人增加到800人，加上外出务工人员，全村劳动力就业超过85%，农民除得到每亩800斤大米的土地租金外，每月还可增加300—600元的收入。2005年，昆山村农民人均纯收入超过5000元，被评为全国“十佳”小康村。

2. 股份合作模式——将土地承包经营权股份化组建新型股份合作组织

该模式要求在不改变土地承包责任制的前提下，以村或者村民小组为基本单位，坚持农民自愿的原则，将土地承包经营权、集体未分配农地以及集体经营性资产等折股量化并明确、均等地分配到各农户，再按照现代企业制度的要求，以农户土地股份、集体土地股份、现金股份等入股组建股份合作制公司，统一开展规模经营。该模式一般在集体经济发展有一定基础的城镇郊区农村采用较多，但成立的新型股份合作组织又不同于传统集体经济组织，它具有“村企分家”的特点，是独立的企业法人或者合作社法人。新型股份合作组织既可以立足自身经营农业规模项目，也可以通过与其他龙头企业合作来进行农业项目开发，农户和集体分别从农业经营盈利中按各自股权比例分取红利。邛崃市羊安镇汤营村，采取农民以土地承包经营权入股的方式组建汤营农业股份有限公司，实行股份合作经营。目前，公司已与506户农户签订入股协议，入股土地面积达1060亩，其中，村民以土地承包经营权入股1000亩，村集体以土地整理后新增面积入股60亩，入股土地约占农户承包土地总面积的40%。他们利用市场对土地资源进行合理配置，抓好与龙头企业的对接，以项目为载体，以科技为支撑，通过产业化经营、标准化生产、市场化营销求得利润和效益的最大化。2006年，公司与浙江台州商人以股份合作方式，建立了400亩“早春红玉”西瓜规范化种植基地；发展优质粮油基地370亩；建立了15亩食用菌种植基地；叶菜种植270亩。同时，修建集中养殖场，农户以现金（500元/股）入股，饲养三元杂交猪。全年产值达到620万元，公司纯收入达到145万元。实行股份合作经营后，既获得了每亩900斤黄谷的土地入股保底收入，又获得了每亩700元的红利收入（2007

年），同时，还获得了亩平劳务收入 2000 元。该村以土地入股的农民每亩年收入 3370 元。集体土地股份所得分红作为村集体经济收入，促进了集体经济的壮大。

3. 村企合作模式——通过成立村企股份制公司来反租农户土地

该模式是指农业产业化龙头企业与村集体经济组织合作组建股份有限公司，通过反租农户土地来实现标准化生产、规模化经营。一方面该模式是业主租赁模式的变种，与其最大的区别在于租用农户土地的业主是村集体经济与其他龙头企业组建的股份制企业，从这点看又与“反租倒包”有些类似，企业经营中起到了维护农户利益的作用；另一方面，农户除了获得比较稳定的租金收入之外还可以享受集体经济发展壮大的好处①。邛崃市固驿镇仁寿村，采取整村推进的方式，由省级农业产业化龙头企业——四川省文君米业有限公司与仁寿村集体合股（文君米业占 70%，仁寿村占 30%）成立国田农业有限公司，集中流转该村 4602 亩土地，开展优质粮食的规模化生产、产业化经营。公司按照大春抓水稻“稳粮”，小春调结构“抓钱”的思路，采取“水稻（大春）+多经作物（小春）连作”的栽培模式，实行统一管理、统一培训、统一选种、统一育种、统一用药、统一病虫害防控、统一技术标准和统一收购的“八统一”措施，实施规模化、标准化生产，提升粮食品质和质量安全水平，解决了“种粮难增收”的问题。公司实现年盈利 25 万余元。同时，配套推进的土地承包经营权换社保、农民集中居住、农民转岗就业等综合改革，促进了农民生产、生活和居住方式的改变。

4. 股份制模式——农户以土地承包经营权折价向合作社或企业参股

该模式是指由农业产业化龙头企业牵头，按照股份制的原

① 这种好处可以表现为集体经济的利润分红，也可以表现为集体经济的公共品投资。

则，农民以土地承包经营权入股，联合建立股份合作社或股份有限公司，按照股权从土地规模经营收益中获得一定比例的红利。农民入股合作社或公司以后，既是股东，又当业主，形象概括就是：土地变股权，农户当股东，收益靠分红。在实际操作中又主要出现了两种类型：一是“土地保底租金 + 按股分红”模式，农户在按入股土地面积获得保底租金的基础上，再按股份分红；二是“无土地租金 + 保护价收购农产品 + 按股分红”模式，由合作社或公司为农民提供种苗、农资等，农民按照合作社或公司标准化生产要求进行生产，合作社或公司按事先约定的市场保护价收购农民生产的农产品，在此基础上，农民按照入股份额对合作社或公司利润抽取一定比例的分红。金堂县转龙镇大桥村与金堂县龙腾茧丝绸公司合作组建大桥蚕桑专业合作社，形成了“公司 + 合作社 + 农户”的发展模式。全村农民的2312亩承包土地，以10年的土地承包经营权货币化入股（每亩以238元作价，每股1元，共550256股），金堂县龙腾茧丝绸有限责任公司以30万元现金入股，另有其他自然人以8000元现金入股，共同组建了大桥蚕桑专业合作社（合作社总股金858256元，龙腾公司占总股本的34.95%，大桥村村民占总股本的64.11%，其他自然人占总股本的0.94%），联合开展蚕桑产业的标准化、规模化生产和产业化经营。农民的土地入股后，合作社破除地埂或简单整治，求得地块面积的最大化。以最少20亩为标的，实行土地编号公开竞标，本社股东在同等条件下可优先承包经营，成为业主。金堂县龙腾茧丝绸有限责任公司免费向业主提供桑苗、薄膜、生产技术；吸纳本社股东给业主打工；帮助修建道路、水利等公共设施；向股东签订高于其他地区的产品最低保护价的收购合同，全部收购本社产品并奖励生产经营大户；对蚕茧加工后盈利实行返利；按收购数量支付风险保障金给合作社。合作社确保本社蚕茧全部交售给公司；确保每个村民分工分业，充分就业，对不愿从事栽桑养蚕的农民有组织地安排在本地打工，或者劳务输出；合作社盈利资金除分红外，集体收益部分确保用于村基础设施建设、中心村的建设、支持农民集中建房。目前，合作社除自营土地 450 亩外，已引进种植规模 20 亩以上的业主 27 个。

（二）农地流转的主要做法

1. 以土地整理项目为契机推动土地流转

成都市将土地整理项目——“金土地”工程与农村土地流转有机整合，以土地整理为契机来推进土地的大范围流转。为了加大土地整理的力度，除了出台优惠政策广泛吸引社会资金直接或者以参股、控股方式参与土地整理和拆院并院，并逐步形成土地开发整理的市场化、产业化机制之外，成都市还于 2007 年 6 月由财政投资成立了成都市小城镇投资有限公司，具体负责为土地开发整理进行投融资与管理。一方面，依据土地利用总体规划或土地开发整理专项规划，采取工程、生物等措施对“田、水、路、林、村”等实行综合整治，增加有效耕地面积，提高耕地质量，调整土地利用结构，改善农业生产条件和生态环境以及农村居民生活条件，提高土地利用率和产出率。另一方面，依据土地利用总体规划，将若干拟复垦为耕地的农村集体建设用地地块（拆旧区）和拟用于城镇建设的地块（建新区）共同组成建新拆旧项目区，通过对农村建设用地的建新拆旧和土地复垦，改善农民生产、生活条件，使土地利用布局合理、结构优化。

经整理后的土地基本能达到使耕地大规模成片的理想效果，较好满足部分农业项目对土地的集中化、规模化、机械化和集约化经营的需要，有利于土地集中流转、规模经营目标的实现。还有的乡（镇、社区）村借助土地整理的机会，将土地承包经营权虚拟为股份，成立土地股份合作社等新型农村集体经济组织来统一管理和经营土地，从而实现农地的大规模流转。

2004年以来，全市已投入土地整理项目资金15亿元，新增耕地8万亩，整理规模70万亩，在成都平原建成了56个规模在5000—10000亩，高产、稳产、成规模的粮油菜等有产业特色的保护区。

2. 在市、区（市）县、乡镇各级农业部门和政府设立土地承包流转服务中心

为了解决农村土地承包流转中介机构空缺的问题，于2006年3月14日正式挂牌成立了成都市农村土地承包流转服务中心。中心下设“两科一室”：农村土地承包管理科、农村土地流转管理科和档案资料室。成都市农村土地承包流转服务中心是具体负责全市农村土地承包经营权流转指导和服务的工作部门。其主要职责是：负责全市农村土地承包和土地流转服务工作，收集发布相关信息；负责农民有关农村土地承包和土地流转来信来访的调查工作；指导各区（市）县建立和完善农村土地承包、土地流转台账，开展农村土地承包和土地流转档案管理；承担全市农村土地承包和土地流转监督管理等工作。

同时，在县农业部门和乡镇政府设立土地承包流转服务中心，与相应内设机构合署办公，具体负责土地承包和土地流转监督管理，收集发布农村土地流转信息，指导农户和业主签订流转合同，建立完善土地承包和土地流转台账，组织开展土地流转双方信守合同的教育，加强土地承包和土地流转档案管理，监督土地流转合同的履行情况。

3. 在市、区（市）县两级成立土地承包及流转纠纷仲裁委员会

仲裁委员会主要负责农村土地承包和土地流转纠纷的仲裁。仲裁委员会由农业、林业、司法、国土、水利等部门组成，办公室及仲裁庭设在农业部门，成员由机关相应的人员和聘请的律师组成，工作经费由同级财政供给。因土地承包和土地流转发生纠纷的，双方当事人可协商解决，也可请求村民委

员会、乡镇土地承包流转服务中心进行调解；当事人不愿协商、调解或协商、调解不成的，可直接向人民法院起诉，也可向区（市）县级或市级土地承包及流转纠纷仲裁，当事人对仲裁裁决不服的，可在接到仲裁裁决书之日起30日内向人民法院起诉。通过土地承包及流转纠纷仲裁委员会的调节作用，可以在花费较低成本的代价下，比较有效地降低土地流转合约中的纠纷和违约行为。

4. 制定优惠政策来激励土地流转

鼓励农业产业化龙头企业开展土地规模经营，农业产业化龙头企业按照全市产业布局规划，成片集中并在同一县域内从事土地规模经营开发，建立规模化、标准化原料生产基地的，除享受市政府2005年制定的若干优惠政策外，对2005年起连续3年以上规模经营土地面积达1000亩以上的，成都市政府给予一次性奖励。其中，规模经营1000—2000亩（不含2000亩）土地的，按每亩100元标准奖励；2000—3000亩（不含3000亩）的，按每亩150元标准奖励；3000亩以上（含3000亩）的，按每亩200元标准奖励。

鼓励和扶持农村专业合作经济组织开展土地规模经营。农村专业合作经济组织从事种养业规模经营和农业基础设施建设，可纳入农业综合开发项目优先支持。在土地规模经营中生产销售的农产品，按农民自产、自销、自用对待；兴办的经济实体，享受与民营企业同等的优惠政策。

鼓励农村集体经济组织通过土地规模经营发展壮大集体经济。经土地整理和置换新增的土地以及依法收回承包经营权的“四荒”土地，原则上由农村集体经济组织统一组织发包或流转，流转收益主要用于发展壮大集体经济、兴办集体公益事业和化解集体经济组织历史债务。

5. 在法律允许范围内拓展农地用途

考虑到现代农业发展的新特点和新要求，成都市在不违背国家土地法规的大前提下，积极、合理地拓展农地的农业用途。允许和鼓励业主在其获得使用权的土地上大力发展设施农业，修建直接用于种养业生产和管理、服务的非永久性固定建筑物，如大力推广养殖小区，鼓励业主修建养殖用的圈舍等，这类占地不视为建设用地，免除相关手续和收费。

（三）农地流转中的问题与障碍

1. 农业规模化经营机制不够灵活

尽管仅2007年1—9月全市新增农地流转面积达到了57.4万亩，但是耕地流转的比重和集中成片千亩以上的规模经营的比重仍然偏少，耕地流转难、大规模经营难的问题依然比较突出。主要原因在于：一是受现有土地承包经营制度的约束；二是受土地价值提升、投入成本增加的影响；三是部分区（市）县推进力度不够；四是激励机制有待完善。目前，全市土地流转仍然以租赁经营为主，形式比较单一。通过土地承包经营权入股等新的机制进行大规模流转面临着农民认识不足和政策上的障碍等问题。

2. 农地流转中存在与法律法规冲突的现象

一些地区的农地流转出现了违法违规现象，有的企业借农地流转之名，行将农用地转为建设用地之实。一些公司作为基层政府的招商引资对象，以业主身份进入农业，却违规操作，不务农业，修建乡村酒店、农家乐、小产权房、仓库、水泥制品厂和招待所等。这类项目尽管在短期内能为农民提供较为可观的租金收入，但是相对于其土地的非农化增值数额来说还远远不够；更为严重的是，这些项目直接与农用地不能用作建设用地的法律规定相冲突，对粮食生产和耕地保护产生了深远的负面影响。而少数基层政府为了眼前利益可能对该类行为提供方便，使其具有一定的隐蔽性。

3. 农民在农地流转中的参与度较低

成都市农地流转中，农民自发流转的比例较低，各地政府为了推进“三个集中”，在引导土地向规模经营集中的过程中出现了主导性太强的问题。一些地方将推进土地流转当作政治任务来抓，以行政方式介入流转过程，越过农民直接让村组集体与龙头公司进行谈判和签订租地合同。农民往往只能被动地接受合作的条件。这至少造成两个方面的不利影响：一是农民利益难以得到长期有效保护。由村组集体、基层政府代理农民与企业进行农地流转，可能使设阻、寻租、相互勾结等风险加大，由于缺乏对该行为有效监督的机制，普通农户无法参与监督过程。二是加深了少数农民与基层干部的矛盾。为了实现规模化流转，基层组织通常以村组为单位进行整片流转，通过“少数服从多数”的方式，对少数不愿流转土地的农民的承包经营权造成事实上的侵害。

4. 土地流转用途和期限受到较多限制

我国实行土地用途管制制度，农地流转只能局限在农业用途。成都市为了鼓励业主流转土地，出台政策允许在农用地修建直接用于种养业生产和管理、服务的非永久性固定建筑物。然而，从现代农业发展的要求来看，需要在更大程度上解除农用地用途上的限制。现代农业是高度设施化的农业形态，除了直接用于种养业生产和管理、服务的非永久性固定建筑物之外，还需要建设疫病防控设施、饲料储藏用房、硬化道路等附属设施。现代农业也是高度产业化的农业形态，一些与农业紧密关联的农副产品加工业对农业发展贡献巨大，却不能占用农用地修建厂房。另外，土地流转的期限同样受到限制，成都市委、市政府在《关于推进农村土地承包经营权流转的意见》中明确指出“流转期限不得超过承包期剩余期限”。而目前《中华人民共和国土地承包法》（以下简称《土地承包法》）规定土地承包期为30年，也就是说土地流转期限最长不得超过30年。对业主而言，不得不面临着最长30年后的经营风险，这可能使他们不仅不敢大面积流转土地，而且不愿对流转的土地进行太多的长期性基础设施投资。农地用途受到的限制使得农用地流转的价值大打折扣，阻碍了农地资源由低边际收益用途向高边际收益用途配置。

（四）推进农地流转的对策建议

1. 进一步明确界定农民土地承包权的物权性质

稳定家庭承包制，关键还要明确界定农民土地承包权的内容和性质。农户土地产权的残缺即处分权的缺位是推进农村土地流转的最大障碍。为了加速土地流转、推进农业现代化，必须把处分权有条件地赋予农民。处分权的内容应当包括对承包经营权的出卖、出租、入股、抵押等。有了完整的承包经营权，才能真正形成土地使用权流转的市场机制，从而提高农村土地的利用效率，最终不仅有利于实现农业适度规模经营，而且也达到了集约使用耕地的目的。

2. 以经济利益为纽带共推农地流转

促进农地流转时除了要发挥政府的财政引导作用之外，还应充分调动各方利益主体的积极性，形成共推农地流转之势。以农产品生产基地项目为载体，以利益为纽带，聚合农产品加工企业、原料供应企业、农户、金融机构、担保机构、保险机构等利益主体，使其紧密联结起来，共同促进农地流转和规模化、集约化、标准化经营，形成多方共赢的良性循环。

3. 发展和完善农村土地股份制

农村土地实行股份合作是近年来基层农民在实践中大胆探索的成果，是一种诱致性制度变迁，虽然具有很强的活力但也有些不规范。成都市应当借助“试验区”建设的有利机遇，主动发展和完善农村土地股份制，创造一系列配套制度条件使之上升为政府主导的强制性制度变迁模式。成都市各区县应结合自身实际，主要发展两种模式：①农民土地股份合作社模式。以村或组为单位，将农民承包地、集体未分配土地、集体建设土地和村集体经营性资产折股量化，组建农民土地股份合作社，明确每个社员的股份，对入股土地实行统一规划、开发和经营，经营收益按股分红。合作社股份按农业人口无偿配给，但不能抵押、买卖，经社员代表大会同意可以在本社区范围转让。②农民土地参股模式。农民以集体土地、承包土地、资金以及农业设施的全部或部分折价向产业化龙头企业参股，成为企业股东，定期从企业获取分红。为保证农民的利益和调动农民的积极性，在发展初期可以由企业向农民支付保底分红。

4. 建立并完善城乡一体化社保体系

土地在农民心目中一直扮演着经济生产和生活保障两大重要的传统角色。声势浩大的“民工潮”使土地的传统功能有所弱化，但国家实施的承包土地长期不变和不再缴纳农业税费的政策，在事实上将土地界定为农民“准私有”资产，促使农民为子孙后代坚守土地的心理显著上升，土地流转和征收受到一些限制。因而，尤其需要制定城乡一体化社保体系来替代土地传统保障功能，让农民放心地流转乃至放弃土地承包经营权。

当前城乡社保体制改革的关键在于能够建立起覆盖纯农户、兼业农户和被征地农户这三种农民群体，并且能适应他们流动的城乡一体化的社会保障制度体系。这一制度体系的建立与完善，绝不能再将农村和城市截然割裂开来，就农村论农村，必须在城乡统筹的视角下进行。总体思路是：第一，从适应城镇化需要和吸收进城农民工的角度，对现行的城市社会保障制度进行改革、完善与整合；第二，加快农村社会养老保险制度创新，完善新型合作医疗制度，加大工伤保险执法力度，健全农村社会保险制度体系，争取覆盖所有农村居民；第三，完善农村社会救助体系，特别是建立农村社会医疗救助制度；第四，基于农民分化、流动、转移的特点，社会保险制度在缴费方式、资金筹集渠道及保障标准等方面的设计，要考虑与城镇衔接。

5. 扩展农地流转的范围和用途

在流转客体、渠道和范围上放开限制，允许农地的跨区域流转，进一步开放当地农用地市场。成都市目前的农地流转还仍然以耕地为主，林地、园地等其他非耕地流转较少。在加快耕地流转的同时，也应制定一系列的优惠政策和措施促进林地等非耕地资源的流转。

6. 合理确定农地流转中政府与市场的关系

在推进农地流转过程中，必须要防止政府干预过多、坚决杜绝不尊重农民的意愿、强制收回农民承包地的情况发生，切实避免政府行政性的经营部署，降低农地的经营效率，打击农民积极性。同时，又要将政府的职能由直接干预转向间接提供服务，充分发挥政府的作用，克服"市场失灵"现象。因此，在促进农地流转时，关键在于正确处理政府或集体组织与市场机制的关系。

成都市在加快农地流转时，应当以发挥市场机制的土地资源配置功能为基础，政府或集体组织只能扮演服务者和监督者的角色。让农户和企业根据市场需求和生产成本来选择农地流转规模和时间，既要防止政府以行政力量来人为推动农地流转，也要尽量避免政府过分运用财政补贴来扭曲价格信号从而促进农地流转。与此同时，要充分发挥政府组织在降低农地流转的交易成本，实现农地集中连片、专业化规模经营等方面的作用。以政府组织为主体开展农地整理，改善农业生产条件和生态环境，提供流转信息和场所，通过规范管理促进耕地流转的规范化，从而保护耕地不流失和农民利益不受损失。

第四节

做实农民土地的村民小组集体所有权①

土地制度，是任何一个社会的基本制度，涉及所有社会集团的基本经济利益和主要政治诉求。中国的现代化进程起自20世纪50年代初的土地改革；中国的改革开放进程起自80年代初的农村土地农民家庭承包，90年代前半期作为改革提速的标志性举措之一是国有土地有偿使用；及至新世纪战略性转折关头，围绕土地制度改革，几乎集中了城乡经济社会的所有重要矛盾和冲突，成为宏观调控及经济、政治、社会、生态各领域可持续发展的关键。

一、村民小组集体土地产权

首先，以两组调查数据直观显现村民小组集体土地所有权的社会认知程度，进而揭示出这种基本产权几乎被所有人忽视的严酷现实，突显农民土地权益受侵害的所有权症结。

数据1：笔者曾经在长达两年的时间内，整理分析了17个班的714份课堂调查数据。

该调查所提的问题是："我国目前农村大多数地方的承包农户，所承包土地的承包经营权是家庭的，所承包土地的所有权是谁的？"并给出6个选项：（1）国家所有；（2）乡镇集体所有；（3）行政村集体所有；（4）村民小组集体所有；（5）农民家庭所有；（6）含混不清或不知道。

① 本节内容选自农业部软科学课题"保障农民土地权益长效机制研究"（课题编号：200723），课题主持人：程漱兰。

调查对象的基本情况和其对土地所有权的认知情况如表1－30、表1－31和图1－13所示。

表1－30　　农民集体土地所有权认知度调查对象的基本情况

序号	时间	班　级	人员主要构成
1	2006/07/13	山东潍坊农技推广硕士班	市县乡干部
2	2006/09/20	河北涉县党政领导干部公共管理高级研修班	县乡干部
3	2006/09/23	辽宁沈阳农业技术推广硕士班	省市农科教人员
4	2006/11/14	北京农业技术推广硕士班	市区县乡干部
5	2007/01/21	福建福州农业技术推广硕士班	市县乡干部
6	2007/01/24	福建建阳农业技术推广硕士班	市县乡干部
7	2006/12/28	中国人民大学校内研究生课堂	在校研究生
8	2007/01/07	中国人民大学技术经济专业研究生课程进修班	企业管理者
9	2007/09/16	北京中国农科院研究生院农技推广硕士生	中央部委、北京市与其他地方政府人员
10	2007/10/03	潍坊中国农科院研究生院农技推广硕士班	市县乡干部
11	2007/10/08	北京梁漱溟乡村建设中心中国人民大学乡村建设中心非盈利机构交流与培训	非政府组织和志愿者
12	2007/10/30	中国人民大学培训学院重庆市城乡统筹法治保障班	市区干部
13	2008/01/07	北京农家女实用技能培训学校市场经营班	农民及乡村干部
14	2008/01/26	山东烟台中国农科院研究生院农技推广硕士班	市县乡干部
15	2008/03/22	北京农家女实用技能培训学校市场经营班	19省妇联选拔妇女
16	2008/03/24	中国人民大学校内硕士研究生课堂	在校研究生
17	2008/03/24	中国人民大学校内本科生课堂	在校本科生

表 1－30　　农民集体土地所有权的认知情况（人）

序号	国家所有	乡镇集体所有	行政村集体所有	村民小组集体所有	农民家庭所有	含混不清/不知道	小计
1	23	0	50	0	0	8	81
2	8	0	13	4	0	0	25
3	4	6	7	1	0	0	18
4	52	6	16	1	1	1	77
5	33	0	3	6	1	0	43
6	10	0	10	5	2	1	28
7	17	2	9	5	0	2	35
8	27	11	4	1	0	3	46
9	24	1	36	3	0	1	65
10	2	1	57	0	0	0	60
11	18	0	5	2	1	0	26
12	14	4	19	0	0	0	37
13	3	0	7	9	0	0	19
14	3	3	19	1	0	0	26
15	47	7	0	0	0	0	54
16	7	3	17	6	0	1	34
17	12	4	12	10	1	1	40
合计	304	48	284	54	6	18	714

这次调查主要是以问卷调查的形式展开，召集山东农业大学经济管理学院的100位同学作为调查员深入农村了解当地情况。在对农户所作的随机调查中，有这样一个问题：“您认为您所承包的耕地属于谁所有?”并且给出了8个选项：①国家所有；②农民集体所有，这个集体指乡镇；③农民集体所有，这个集体指行政村；④农民集体所有，这个集体指村民小组；⑤国家和集体共有的；⑥农民家庭所有；⑦其他；⑧不清楚或不知道。

调查对象目前的职业分布情况及其对土地所有权的认知情

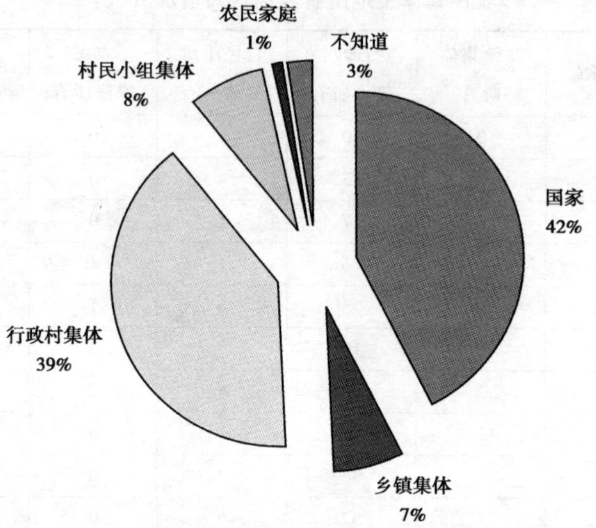

图 1－13　农村集体土地所有权认知情况分布图

数据 2：2007 年底至 2008 年初，课题组成员赴山东做了一次小规模的土地权属状况调查。

况如表 1－31 和图 1－14 所示。其中，有 79% 的人都是普通村民（包括务农为主的普通村民、在本地务工经商为主的普通村民和县以外务工经商村民），有 14% 的人是村干部（包括村支书等有固定补贴的行政村干部和村民小组组长），另有 7% 的人是乡镇党政干部和其他人员。

表 1－31　　调查对象目前的职业分布情况

目前的职业	人数（人）
务农为主的普通村民	48
在本地务工经商为主的普通村民	18
村民小组组长	3
村支书等有固定补贴的行政村干部	10
乡镇党政干部	1
外出（指县以外）务工经商村民	10
其他	6
合计	96

调查结果显示，在96个有效样本中，选择“国家所有”的有40人，选择“乡镇集体所有”的有16人，选择“行政村集体所有”的有26人，选择“村民小组集体所有”的有4人，选择“国家和集体共有”的有5人，选择“农民家庭所有”的有3人，选择“其他”和“不清楚或不知道”分别只有1人。

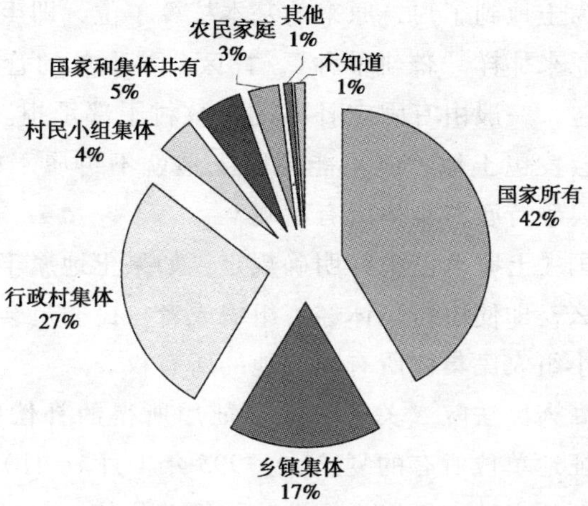

图1-14　农村集体土地所有权认知情况分布图

我国《宪法》第十条规定：“城市的土地属于国家所有。农村和城市郊区的土地，除由法律规定属于国家所有的以外，属于集体所有；宅基地和自留地、自留山，也属于集体所有。”如此明确的规定，却有高达42%的回答者认为村民小组集体土地所有权是国家的。

我国《农村土地承包法》第十二条规定：“农民集体所有的土地依法属于村农民集体所有的，由村集体经济组织或者村民委员会发包；已经分别属于村内两个以上农村集体经济组织的农民集体所有的，由村内各该农村集体经济组织或者村民小组发包。村集体经济组织或者村民委员会发包的，不得改变村内各集体经济组织农民集体所有的土地的所有权。”这一段非常重要，说的是我国农村的“集体土地”的所有者，到底指哪一级“集体”。

众所周知，人民公社时期的土地产权制度是“三级所有、队为基础”。

现在的“以家庭承包经营为基础、统分结合的双层经营体制”，原来的公社成了乡镇，大队成了行政村，生产队成了村民小组。80年代初开始土地家庭承包经营时，通常是在生产队范围内，也就是现在的村民小组范围内按人口平均分配的土地。

因为土地到了户，原来的基本核算单位，即生产队的干部，不必再像原来那样“催耕催种”，社区公共事务的管理和服务，包括土地发包，一般由有固定补贴的行政村干部承担。现在的问题是，由村委会发包土地，能不能说明土地就不再属于村民小组集体所有，而属于行政村集体所有了呢？

我国《土地承包法》明确规定，如果土地属于村民小组集体所有，那么，即使由村集体经济组织或者村民委员会发包，也不得改变村民小组农民集体所有的土地的所有权。

最高人民法院《关于土地被征用所得的补偿费和安置补助费应归被征地单位所有的复函》（1995年1月16日）规定：“农村和城市郊区的土地，原以生产队为核算单位的，归村民小组农民集体所有，由村民小组农业集体经济组织或村民小组经营、管理；土地被征用所得的补偿费、安置补助费归被征地单位所有，由被征地单位集中管理，列专户储存……土地补偿费和安置补助费应归村民小组农民集体所有……”

国土资源部2001年11月9日《关于依法加快集体土地所有权登记发证工作的通知》第二条：“严格按照《中华人民共和国土地管理法》的规定，确定集体土地所有权主体。具体确权要求如下：（一）凡是土地家庭联产承包中未打破村民小组（原生产队）界线，不论是以村的名义还是以组的名义与农户签订承包合同，土地应确认给村民小组农民集体所有。”该文件针对的正是“当前我国农村土地产权制度建设相对滞后，农民对自身的权利不清、义务模糊，不能从自身利益出发，主动抵制乱占滥用耕地等违法行为”。

1995年3月28日国务院在批转农业部《关于稳定和完善土地

承包关系意见的通知》中明确指出：“严禁强行改变土地权属关系，不得将已经属于组级集体经济组织（原生产队）所有的土地收归村有，在全村范围内平均承包”。

1997 年 8 月 27 日中共中央办公厅、国务院办公厅在《关于进一步稳定和完善农村土地承包关系的通知》中明确指出：“土地承包期再延长 30 年，是在第一轮土地承包的基础上进行的。开展延长土地承包期工作，要使绝大多数农户原有的承包土地继续保持稳定。不能将原来的承包地打乱重新发包，更不能随意打破原生产队土地所有权的界限，在全村范围内平均承包。”

事实上，我国大部分地区农村的情况就是这样。图 1－15 给出了 1982 年全国公社、大队、生产队基本核算单位构成数据：全国每 1 万个人民公社中只有 5 个以公社为基本核算单位，每 100 个大队中只有 5 个以大队为基本核算单位，而每 100 个生产队中就有 99 个以生产队为基本核算单位。

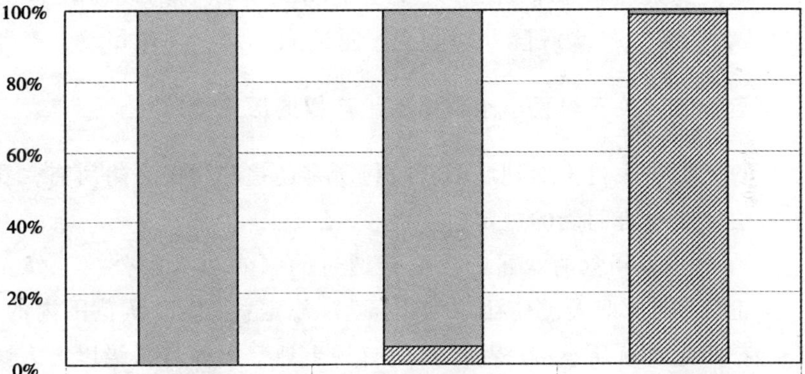

	公社核算	大队核算	生产队核算
否	99.95	95.14	1.29
是	0.05	4.86	98.71

图 1－15　1982 年全国公社、大队、生产队基本核算单位构成

资料来源：《中国农业统计年鉴 1983》，农业出版社 1983 年版。

也就是说，凡是存在村民小组建制的地方，只有 1% 的可能性土地不属于村民小组集体所有。

农村改革以后，土地承包经营权从原来的生产队到了农民家庭，难道土地的所有权反而从村民小组（原生产队）上升到了行政村（原来的大队）？这既缺乏法律依据，也不符合历史和逻辑。

我们所跟踪的山东省北谷里村和内蒙古公格营子村村民展示的土地承包经营权证上，村民小组内部的人均耕地面积是一样的，而村民小组之间的人均耕地面积相差很大。这有力证明土地所有权在村民小组，而不在行政村一级。

如果还有什么不明白的，只要做一个小测验：如果一个行政村内的不同村民小组之间人均承包地面积不一样，你能不能让他们多的和少的平均一下，大家都按照一个标准承包土地？做不到的话，那就很清楚，土地的所有权就属于村民小组集体所有，而不属于行政村所有，更不属于乡镇所有，当然更不属于国家所有了。

随着乡镇合并和行政村合并，这个问题不清楚的话，必将引发极大的混乱。我们不能允许在市场经济体制的现阶段，出现比“大锅饭”、“大呼隆”时代更严重的农民财产剥夺和“共产”。

二、关于村民小组集体土地产权的历史经验

关于农村土地到底归行政村所有还是归村民小组所有，我国的法律法规有明确的规定。

1962 年党的八届十中全会通过的《农村人民公社工作条例修正草案》（即人民公社“六十条”）规定：“生产队范围内的土地，都归生产队所有……生产队所有的土地，不经过县级以上人民委员会的审查和批准，任何单位和个人不得占用。”从此，确立了集体土地“三级所有，队为基础”的制度格局。

饥荒的重要原因，是生产粮食的农业基本核算单位规模瞬间提升了一个数量级——1958 年，全国由 74 万个合作社改组成了 2.6 万个人民公社，每社平均由高级社的 170 户跃增到 5000 来户。其中，作为人民公社运动先声的河南省遂平县嵖岈山卫星社，由 27

个小社合并成一个大社，共 9369 户。① 成千上万户组成的公社，经济上统一核算、生活上实行供给制，在经济水平低下的当时，即"一平二调"：生活资料实行平均主义分配、生产资料实行无偿调拨，立即引起了极大的混乱。共产风、浮夸风、瞎指挥风、特殊化作风、强迫命令风和贪污、浪费、官僚主义这"五风三害"迅速蔓延，农民生产积极性急剧下降。在共产风的掩护下，在政治、经济、生活高度大一统条件下，基层干部的特殊化、多吃多占、贪污腐化大大盛行起来。粮食、工资、超产奖金、农业投资、副业收入、存款、利息、贷款、救济款、购粮款、伙食费、过节费等，都成为侵占对象。据当时经毛泽东批转全国的湖北省麻城市材料，"生产队（即后来的生产大队）一级干部，贪污多占的现象极其严重，绝大多数人手脚不干净，在混水中摸了不少鱼"，他们"比二鬼子还厉害"，是"一批特权人物"，"将来是修正主义的基础"。当时，毛泽东对干部这个问题的估计是"百分之三四十的贪污面，百分之七八十的手脚不干净"。邓子恢当时调查，干部的补贴工分"超过全体社员总劳动工数的 14%"，"有些大队干部一年补贴工分达 600 个劳动日之多"。邓子恢将他们比作"保长"、"鞑子"。邓子恢的结论是："一般来说农民出身的干部，开始不贪污，慢慢得一些便宜，看没有什么，胆子慢慢大了，变成了贪污，由小贪污变成了大贪污"。②

20 世纪 60 年代初，我国农业生产倒退了 10 年。粮食总产量 1959 年、1960 年连续两年减产 15%，1960 年、1961 年均在 14500 万吨水平，甚至低于 1951 年、1952 年 15000 万吨的水平。所有农产品收购量都降到了比统购统销前一年（1952 年）更低得多的水

① 中华人民共和国国家农业委员会办公厅编：《农业集体化重要文件汇编（1958—1981）》，中共中央党校出版社 1981 年版，第 15、94、110 页。薄一波：《若干重大决策与事件的回顾》（下卷），中共中央党校出版社 1991 年版，第 729 页。

② 中华人民共和国国家农业委员会办公厅编：《农业集体化重要文件汇编（1958—1981）》，中共中央党校出版社 1981 年版，第 179、571、584 页。董边、镡德山、曾自：《毛泽东和他的秘书田家英》，中央文献出版社 1989 年版，第 46 页。

平。其中，粮食降低17%（贸易粮，1962年），同时，由1952年的净出口150万吨变为连续数年净进口四五百万吨；棉花降低42%（1962年），食油降低47%（1962年），肥猪降低77%（1961年），其他经济作物降低更多。①

在全国性的“小社并大社”近一年后，1959年2月毛泽东明确从所有制揭示了人民公社“相当严重的矛盾”。他认为，“目前我们跟农民的关系在一些事情上存在着一种相当紧张的状态，突出的现象是在1958年农业大丰收以后，粮食棉花油料等农产品的收购至今还有一部分没有完成任务。再则全国（除少数灾区外），几乎普遍地发生瞒产私分，大闹粮食、油料、猪肉、蔬菜‘不足’的风潮，其规模之大，较之1953年和1955年那两次粮食风潮都有过之无不及。我们应当透过这种现象看出问题的本质即主要矛盾在什么地方。这里有几方面的原因，但是笔者以为，主要的应当从我们对农村人民公社所有制的认识和我们所采取的政策方面去寻找答案”。

具体的，毛泽东指出了“共产风”的所有制政策根源是，“现在有许多人还不认识公社所有制必须有一个发展过程，在公社内，由队的小集体所有制到社的大集体所有制，需要有一个过程，他们误认为人民公社一成立，各生产队的生产资料、人力、产品就都可以由公社领导机关直接支配。他们误认社会主义为共产主义，误认按劳分配为按需分配，误认集体所有制为全民所有制。他们在许多地方否认价值法则，否认等价交换。因此，他们在公社范围内实行贫富拉平，平均分配；对生产队的某些财产无代价地上调；银行方面，也把许多农村中的贷款一律收回。一平、二调、三收款引起广大农民的很大恐慌。这就是我们目前同农民关系中的一个最根本的问题。”

庐山会议以批判“右倾”结束，自1958秋冬开始的批“左”

① 农牧渔业部计划司：《农业经济资料（1949—1983）》，第434页。农业部计划司：《中国农村经济统计大全（1949—1986）》，农业出版社1989年版，第400—406页。

进程当然终止了。会后，原先已经在纠正的“共产风”，如退赔“平调”的财物，降低过高的指标，等等，都变成“右倾”的具体表现；而原先就没有纠偏的地方，就更顺着“五风三害”一路下滑。

以1960年7月和8月间的中共中央北戴河工作会议决定“全党动员，大办农业，大办粮食”为开端，以1960年11月中共中央《关于农村人民公社当前政策问题的紧急指示信》（十二条）为标志，公社化以来的农业政策有了重大调整，庐山会议以来一度中断了的反“左”真正在全国范围坚定不移地全面铺开。

由毛泽东于1961年初组织领导实地调查后制定的《农村人民公社工作条例修正草案》，于1962年秋经党的八届十中全会正式通过。从此，我国农村集体经济体制最终被规范化为“三级所有，队为基础”，经营规模实际退到每队二三十户的初级社规模。1962年全国平均每个生产队24.9户。

须加说明的是，以生产队为基本核算单位，是毛泽东坚持的。对于原方案的以上百户、几百户的生产大队（相当于原先的高级社规模，现行政村）为基本核算单位，毛泽东在调查研究、掌握第一手资料基础上，明确反对。他直接以农民的意见为依据，就是生产权在小队，分配权在大队。这个问题不解决，农、林、牧、副、渔的大发展就仍然受到束缚，群众的积极性仍然要受到影响。他表示，“三级所有，队为基础”，即基本核算单位是队而不是大队。他甚至从公社化前的高级社反思起，认为：“在这个问题上，我们过去过了6年之久的糊涂日子（从1956年高级社成立时起），第7年应该清醒过来了吧。”①

随后的中央文件更明确：以生产队为基本核算单位，不是困难时期的一项临时性措施、一种权宜之计，而是在一个长时期内，例如至少30年，实行的根本制度；一经确定，就要稳定下来，不能

① 毛泽东：《给中央常委的信》，载《毛泽东文集》第八卷，人民出版社1999年版，第284—285页。

任意变动。[1] 这一至关重要的变动，可以说，是农村经济调整的最主要成果。

自此起仅数月时间，局面根本扭转；至1963年，农业生产迅速恢复到扩社并队前的正常状态。

此后，以生产队、现村民小组为集体土地的基本产权单位的所有制形式被固定下来了。我国目前的集体土地登记，仍然依据的是1962年的“四固定”。之后，分别在20世纪60年代末一些地方有过即刻被制止的“扩社并队”；70年代末“农业学大寨”尾声时中央部署过“向大队核算过渡”，要求在1977年全国当时5.39万个（7%）大队核算的基础上，一个冬春再过渡10%，但是1979年大队核算数反降到了5.18万个。

三、现行法律对村民小组集体土地所有权的不同表述

（一）《民法通则》、《土地管理法》和《土地承包法》对农村集体土地所有权的四种不同表述

1986年4月12日第六届全国人民代表大会第四次会议通过，1987年1月1日实施的《中华人民共和国民法通则》（以下简称《民法通则》）第七十四条第二款：“集体所有的土地依照法律属于村农民集体所有，由村农业生产合作社等农业集体经济组织或者村民委员会经营、管理。已经属于乡（镇）农民集体经济组织所有的，可以属于乡（镇）农民集体所有。”在这个表述中，完全没有提及我国绝大多数地方真正的基本核算单位、产权主体——村民小组。

两个月后的1986年6月25日第六届全国人民代表大会常务委员会第十六次会议通过、1987年1月1日起施行的《中华人民共和国土地管理法》（以下简称《土地管理法》）第八条第一款和第二款分别是：“集体所有的土地依照法律属于村农民集体所有，由村农业生产合作社等农业集体经济组织或者村民委员会经营、管

① 薄一波：《若干重大决策与事件的回顾》（下卷），中共中央党校出版社1991年版，第939—943页。

理。已经属于乡（镇）农民集体经济组织所有的，可以属于乡（镇）农民集体所有。”“村农民集体所有的土地已经分别属于村内两个以上农业集体经济组织所有的，可以属于各该农业集体经济组织的农民集体所有。”与《民法通则》不同的是加上了第二款。但是仍然不伦不类：“已经分别属于……”套用的是前文“已经属于乡（镇）……”的句式，殊不知，《民法通则》的这一“已经属于乡（镇）……”的提法，是基于人民公社时期，一些地方将基本核算单位从生产队、生产大队，“提升”到了公社（乡镇），出于承认现状避免动荡的一般理念，用了“已经属于乡（镇）……可以……”的句式；而“村内两个以上农业集体经济组织所有的”，就不是“已经”，而是“一向”。这种表述，尽管比《民法通则》根本不承认村民小组的集体土地所有权进步了些，但是，仍然将行政村一级作为集体土地的基本产权主体，而将村民小组集体所有排列于乡镇集体所有后面，作为一种例外，仅仅是“已经……的，可以……”

1998 年 8 月 29 日第九届全国人民代表大会常务委员会第四次会议修订的《中华人民共和国土地管理法》（以下简称《土地管理法》）第十条是：“农民集体所有的土地依法属于村农民集体所有的，由村集体经济组织或者村民委员会经营、管理；已经分别属于村内两个以上农村集体经济组织的农民集体所有的，由村内各该农村集体经济组织或者村民小组经营、管理；已经属于乡（镇）农民集体所有的，由乡（镇）农村集体经济组织经营、管理。”这里仅仅将例外中的两类即村民小组与乡镇的位置对调了一下，以行政村为主体产权的提法没有变化。

2002 年 8 月 29 日第九届全国人民代表大会常务委员会第二十九次会议通过、2003 年 3 月 1 日起施行的《中华人民共和国农村土地承包法》（以下简称《农村土地承包法》）第十二条第一款是：“农民集体所有的土地依法属于村农民集体所有的，由村集体经济组织或者村民委员会发包；已经分别属于村内两个以上农村集体经济组织的农民集体所有的，由村内各该农村集体经济组织或者村民小组发包。村集体经济组织或者村民委员会发包的，不得改变村内各集体经济组织农民集体所有的土地的所有权。”与1998年《土地管理法》相比，去除了“乡镇农民集体所有”这个几乎不存在的集体土地产权形式，加上了“村集体经济组织或者村民委员会发包的，不得改变村内各集体经济组织农民集体所有的土地的所有权”，从而阻断了那些以“村民小组已经不存在了，土地既然是行政村发包，即归行政村所有”的论调。但是，前面的“已经分别属于……”的句式没有改变，其内涵的历史扭曲未予正视。

（二）国土资源部红头文件否认村民小组拥有土地产权的解释

我们跟踪的北谷里村征地案例中，征地方在法庭上援引国家土地管理局（1992）国土（法规）字第17号关于对《土地管理法》有关问题请示的答复：“二、关于〔1992〕鲁土监字第2号文请示《土地管理法》第八条第二款中‘农业集体经济组织’的理解和‘村民小组是否拥有土地所有权’的问题”称：“同意你局在该文中提出的对‘农业集体经济组织’的理解，即：‘农业集体经济组织’必须有一定组织机构、管理人员、资金，具有一定的民事权利能力和民事行为能力，能够以自己的名义独立承担民事责任。《土地管理法》第八条规定‘村农民集体所有的土地已经分别属于村内两个以上农业集体经济组织所有的，可以属于各该农业集体经济组织的农民集体所有’，根据上述规定，在生产队解体改为村民小组后，原生产队所有的土地，可以属于该村民小组相应的农业集体经济组织的农民集体所有，不应理解为村民小组拥有土地所有权。”法庭认可了这种违法解释，以此驳回了农民主张。

国土资源部尽管后来有位阶更高的正确解释，但是没见废除这份红头文件，并纠正因此引发的司法不公。

（三）《物权法》重新模糊了已经被《农村土地承包法》明确的东西

经过8次审议的《中华人民共和国物权法》（以下简称《物权

法》）对村民小组集体土地所有权的提法，相对于《农村土地承包法》则属倒退了。《物权法》第六十条的表述（“对于集体所有的土地和森林、山岭、草原、荒地、滩涂等，依照下列规定行使所有权：（一）属于村农民集体所有的，由村集体经济组织或者村民委员会代表集体行使所有权；（二）分别属于村内两个以上农民集体所有的，由村内各该集体经济组织或者村民小组代表集体行使所有权；（三）属于乡镇农民集体所有的，由乡镇集体经济组织代表集体行使所有权。”）恢复到了1998年的将行政村、村民小组和乡镇且以行政村为首的农村集体土地所有权的表述。

《物权法》的这种表述，几乎没有引起人们的任何注意，该法引起的诸多争议中，农村2亿农业居民8000万公顷耕地、2000万公顷有林地和2000万公顷牧草地（1996年第一次全国农业普查数据）的所有权，远不如大城市居民小区停车位权属“热闹”。最多有一些农村宅基地的处置权、农地承包权的抵押权等的讨论。

不仅如此，该法将农户土地承包经营权与国有建设用地使用权等量齐观，并列于使用他人所有财产的“用益物权”类，而未区分：前者系个别的自己使用集合的自己所有的土地，是一种“共有”产权，故此并无土地有偿使用的“地租”范畴；而后者除少数例外，必须为此“用益物权”向所有权人——国家，支付“地租”对价。创下全国人大立法史上单部法律草案审议次数之最的《物权法》尚且如此表述，无怪乎现实中人们普遍将农户土地误认为“国家所有”了！

不仅如此，该法关于农民集体土地所有权的表述与《宪法》存在实质性不同之处。《宪法》中，“农村和城市郊区的土地”，以农民集体所有的为原则，以国家所有的为例外。《物权法》中，对农村和城市郊区一般而言属于农民集体所有、而非国家所有的“土地”，与《宪法》规定仅例外地属于集体所有的“森林和山岭、草原、荒地、滩涂”并列。

《宪法》的表述，反映的是中华民族数千年农耕文明的历史、新中国土地改革以来的历史和中国长时期以来的现状。而《物权法》的表述，抹杀了农村和城市郊区土地农民集体所有权的“一般”与国家所有权的“例外”之分；而保留了“森林和山岭、草原、荒地、滩涂”的农民所有的“例外”。

法理上，“原则”或者“一般”，与“例外”有着实质性的不同。在产权管理的实际操作中，农村和城市郊区的土地，按照《宪法》精神，只要没有明确的法定标准和法定程序证明属于国有，那么，就属于农民集体所有。而《物权法》的提法，将农村和城市郊区土地本属于“例外”的国有产权“普遍化”了，而将本属于“原则”或者“一般”的农民集体产权“非原则化”、“非一般化”了。该草案毫无依据地抛弃了《宪法》关于农村和城市郊区土地所有权制度这一我国基本经济制度的正确表述。这种没有法源依据的修改，如果说必要，如果说反映了什么现实的话，那就是反映了当下在农村和城市郊区并不少见的，以“国家征收”为名对农民集体土地产权的随意性侵犯。缺乏“公共利益”依据、不给足额补偿的违法违规征地者，正是以“土地是国家的，农民必须服从”作为理由。

村民小组集体土地产权能够有效避免更大范围集体产权的“委托—代理”关系中代理人的背信风险，就有效降低了土地私有化的压力。这样，不仅在农民之间保留了协同劳作的制度空间，为子孙后代可持续的“耕者有其田”提供可能，也为真正的国家和地方的公益性事业预留了空间。这种最小范围的集体产权，是非农民集团正当利益与农民利益保护的最大交集，是当代人利益与后代利益的最大交集。

四、启示

自2005年起，研究团队开始了对农民土地权益问题的“参与式研究”。秉承“做出经验比总结经验更令人愉快”的理念，我们跟踪了山东、内蒙古、山西等中国北方省区若干宗土地征收和土地承包违法违规案件，并实际推动了山东省新泰市谷里镇北谷里村77.74亩基本农田被企业违法征占案，山东省沾化县下洼镇张王三村外出农民土地承包权被村干部剥夺案，内蒙古赤峰市元宝山区美丽河镇公格营子村 1267.21 亩水浇地被工业园区“以租代征”、500 余亩耕地被私营煤矿毁损塌陷和占压、国营大矿对 804.88 亩塌陷耕地补偿款被村委会截留这三个案件的解决，从中得到了丰富而深刻的启示：

一是脱离了农村和城市郊区集体土地所有权这个根本，仅仅强调在集体内部保护农民的土地承包经营权，不足以保障农民土地权益。

二是足以保障农民土地权益的集体土地所有权制度，其合理内涵应该是“合有”，而不是“总有”。

三是农民土地权益受侵害场合的集体土地所有权的实际行使，往往是“总有”：将所有权主体理解为“法人”化的村委会，并实际运作成不受真正的产权主体——每个成员掌控的、异化的、独立的权力——这成为集体土地产权“虚置”被诟病，因此需要明晰、甚至干脆私有的最常见理由。

四是土地合有，即一定社区范围内的所有生存成员（直接耕作者）均等的、永不分割的对本社区范围内的所有土地享有的联合所有权。每个成员享有等额土地权益的前提是保持其成员（直接耕作者）身份；相应的，死亡成员名下土地的继承权仅限于同是拥有本社区成员权的继承人；在不影响长期投资激励的前提下，要定期调整土地以适应成员构成变动而维持生存成员均等享有土地所有权，让“耕者有其田”这个公平与效率高度统一的理想土地制度可持续。

五是这种含义的土地合有，优于“共同共有”或者“按份共有”的地方，在于避免了共有人请求分割处分，包括死亡继承，馈赠于非成员、非直接耕作者。在流动性强的现代社会，经过若干世代变动，“耕者有其田”的制度将演变为所有者与直接耕作者分离的租赁制度，从而让土地所有权在经济上实现的“地租”范畴“独立”出来。这种“地租”，不是由直接耕作者额外承担（在流动性不足的社会），就是由全社会农产品消费者额外承受（在流动性强的社会）。在经济全球化的当今世界，合有土地制度让中国的农产品成本永远不包含“地租”成分——在土地资源稀缺、较优土地有限及由此引起的经营上的垄断将很难阻挡“地租”上升趋势。这将有效保持中国农产品的低成本，保持农产品所有下游产品和终极消费者生产、生活成本的低廉，从而保持中国农业和所有产业的国际竞争力。

六是在绝大多数情况下，合有产权组成范围是村民小组。我国农村和城市郊区土地的村民小组合有产权制度，体现了我国《宪法》和法律的法理精神。

七是自上而下行政约束侵害农民土地产权的强势集团的同时，更要有自下而上的来自农民的土地产权抗衡。需要“做实”土地的村民小组合有产权制度，构建农民土地权益保障长效机制。

第五节

关于土地永包制的探讨[①]

土地家庭承包制度已经运行了30年。我们建议：把土地有限期承包即30年承包完善发展成为永久承包（以下简称土地永包制）。土地承包与永包只有一字之差，却是两种体制机制。实行土地永包制可以解决目前承包制反映出来的某些矛盾，实现下述3个目标：可以稳定土地家庭经营这一基本经营制度，实现农业长治久安；可以进一步启动土地流转，开启现代农业发展的闸门；可以激励农民种地养地，建立起农民作主体的土地利用与保护和生态建设的长效机制。同时，土地永包

① 本节内容选自农业部软科学课题“关于土地永包制可行性研究”（课题编号：Z200827），课题主持人：刘福海。

制在实施中和实施后都没有风险和后遗症，可以做到安全、稳定、有效、低成本。

一、实行土地永包制可以“治乱”

实行土地永包制可以稳定土地家庭经营基本经营制度，实现农业长治久安。

多年来，我们在稳定土地家庭经营基本经营制度上多次强调，土地家庭经营“长期不变”。而事实上不少地方则是“短期而不稳定”，是想稳也稳不下来的被动又无奈的局面。改革开放以来，全国土地没有调整与调整过的比例大体是三七开。三成没有调整过，七成不同程度调整过。土地调整无论以什么名义做都是对承包“长期不变”公信力的一种侵蚀，造成认识上和操作上的混乱。这个问题如不解决，家庭承包将永无宁日，“长期不变”会成为空话。这种状况，究其根源不是基层工作问题，而是制度的内生现象，是还没有找到“长期不变”的有效实现形式所致。土地集体所有就决定了土地应该是人人有份。土地人人均等就成了大家都认可的公平和潜规则。然而现实生活中有若干个“变数”在不断改变这种人人均等，主要是家庭人口的增减和国家征地。要实现土地人人均等，调整土地就成了必然选择（因为制度本身没有这些“变数”的调节机制）。土地无穷尽地调整下去必然调出乱子来，影响农业基本经营制度的稳定。土地永包制有了这些“变数”的调节机制，从制度上根治了“乱源”。如土地使用权的永久继承权会调解家庭人口增减的矛盾；配套手段新的征地补偿办法会切断国家征地与土地调整的联系等等。总之，一个“永”字加上配套措施找到了“长期不变”的有效实现形式，确立了农民与土地永久的关系和地位。它会消除诸多悬念、诱因和不确定因素，有效制止土地调整；承包中各种不规范的做法和不全面的理解也会统一到永包制的要求上来。从而使土地家庭经营这一基本制度有条件长期“稳”下来，从而获得长治久安的效果。

另外，一些第二、第三产业比较发达、劳动力已大部分转移到非农业的地区，土地超小规模经营和现代农业需要规模经营的矛盾日益突出，出现了以各种名义收回农民承包地改变土地家庭经营，由村集体或合作社，或社会上公司办经济实体直接经营种植业的现象。他们的初衷是好的，试图通过土地流转和集中，走出一条靠非家庭做经营主体实现现代农业的路子来。这种做法，在产权模糊和非家庭做经营主体上和改革开放前没有大的区别，可以说是改革开放三十年来第二次重塑产权模糊的体制（第一次是乡、村出资办第二、第三产业即乡镇企业）。这说明，农村产权改革理论上还不彻底，认识上还不到位。因此一有诱因就走老路。长此下去会动摇基本经营制度。它的结果会同乡镇企业相似，以不得不改制而告终。实行土地永包制，土地规模经营和农产品生产的经营主体都是农民家庭，非家庭做主体几乎没有形成的条件。从这个角度说实行土地永包制也可以保持家庭经营这一基本经营制度的长期稳定。

二、实行土地永包制可以进一步启动土地流转，开启现代农业发展的闸门

多年来，土地流转市场早已开放并受到鼓励，但一直处于冷冷清清“有场无市”的状态，形成了三种基本事实：①土地家庭承包形成的“均田制”和土地超小规模经营的状况三十年没有多少改变；②即使是第二、第三产业较发达，劳动力转移已有七、八成的地区，也是“只见农民去做工，看不到土地流转和集中”；③饲养业家庭农场早已遍布各地，现代化已见端倪而对土地有高度依赖性的种植业家庭农场还不见踪影，种植业农户呈现萎缩、解体和消失的趋势。这三种基本事实概括起来就是：土地规模经营难以形成、家庭农场难以生成，现代农业难以建成；土地流转闸门的关闭状态正在成为种植业现代化进程的瓶颈。

（一）土地流转缓慢的制度原因

土地流转缓慢的原因，除去劳动力转移等非制度性因素外，主要是农民没有完整永久而有保障的土地承包经营权即使用权。一是使用权的内容还不够完整；二是承包时间短。三十年前农民为了吃饭给农民春种秋收一年的承包期就满意。现在农民追求的是富裕，需要规模效益多经营土地办家庭农场。30年承包期对于子承父业家庭农场的两代人来说并不长，不足以吸引农民在家庭农场上寻求发展。因为农用土地的积累很慢，家庭农场的成长周期很长并且风险很大。30年承包期对于土地可以永续利用的独特性和要长期坚持的家庭经营基本经营制度来说，就显得更短了。当前土地承包期短是土地使用权不完整的主要表现。它使土地成了不完整的资产，缺乏市场交换的产权条件。其价值大打折扣，交换双方都没有积极性。这就是多年来土地使用权市场“有场无市”的制度原因之一。

（二）土地永包制这种权利设置形式可以破解土地流转的难题

在土地有限期承包制条件下，土地流转已被多年实践证明是个难题。土地永包制这种对集体和农民权利的合理设置可以破解这个难题。

1. 集体有土地最终所有权

它的主要权能是土地继承、转让中集体作为所有者行使土地处分权，具体说是集体经济组织或村委会依法行使“三个不准”的权利。土地永包制中有“三个不准”的规定：①土地不准由非农民继承和转让给非农民；②土地已经达到法律规定最高限额的农民不准再购进土地；③土地已经达到法律规定最低限额又没有稳定收入的农民不准再出让土地。这“三个不准”的具体执行者是村集体经济组织或村委会，法律赋予了他们这种权利。

2. 农民有完整、永久而有保障的承包经营权

由六项具体权利组成，即土地经营权、收益权、转让权、入股权、出租权、继承权。这六项权利农民现在已经有了。土地永包制只是将这六项权利的行使时间从30年变成永久。使权利的完整性主要体现在权利行使时间的永久性上。这几乎使农民有了土地用于农业用途的全部权利。随着法律制度的完善和社会保障制度的健全，农民的土地权利可以成为完整的资产和独立的商品，具备市场交换的产权条件。它的含金量已和土地所有权大体相当，实质是土地的准所有权。因为土地所有权是由各种具体权利组成的，农民上述六种权利已经构成土地所有权的主体。只要通过立法使它确有保障，农民会把土地看成是自己的，是可以进一步启动土地流转的。

集体和农民上述两种土地权利的设置是土地集体所有更科学的实现形式。理由之一：它使农民的土地使用权最大化了，但并没有改变集体是所有者的法律地位。集体的权利和现在比较不是少了而是多了，不是虚了而是实了。它既坚持了土地集体所有的性质，又使农民成为土地事实上的主人。从强化集体的所有者地位和农民的经营者地位上说，永包制变得更科学了。理由之二：这两种土地权利配置合理并不冲突。集体的权利在“最终”，是土地继承、转让和被征占中的处分权，是在农民进行土地继承、转让和被征占时，也就是即将不使用土地的时候，才浮出水面的。农民的权利发生在土地使用“过程”中。集体的权利适用，农民的权利实用。理由之三：它更能体现土地属于“农民集体所有”的内涵。土地属于“农民集体所有”的最初实现形式是改革前的生产统一经营、收益统一分配，俗称“大拨轰”和“大锅饭”；改革后变成两权分离双层经营；永包制变成集体有土地最终所有权，农民有准所有权即完整永久而有保障的土地使用权。从这个角度说永包制也变得更科学了。

（三）土地永包制进一步启动了土地流转即开启了现代农业发展的闸门

总揽发达国家现代农业产业链的发展过程，有它固有的规律并形成举世公认的“路线图”，这就是：土地市场流转——土地规模经营——家庭农场——农产品合作社——农产品深加工现代股份公司。从这个“路线图”可以看出，现代农业产业链的源头和原动力都是土地的市场流转。启动了市场流转的闸门，就是开启了现代农业发展的闸门。土地永包制一旦确立起来，就好比启动了土地流转的闸门，伴随生产力的发展会连锁生成家庭农场、合作社和股份公司等现代农业的载体。它是现代农业的根和种子，是摇篮和孵化器。实行了土地永包制就意味着已为现代农业的大厦奠基。三十年前，土地承包制在世人心目中留下的是“拯救传统农业”的丰碑；今天的土地永包制留下的将是“建设现代农业”的丰碑。

三、实行土地永包制可以建立起以农民作为主体的土地利用与保护的长效机制

实行土地永包制可以激励农民种地养地，建立起农民作主体的土地利用与保护和生态建设的长效机制。

农用土地具有生态涵养功能。尤其是全国 60 亿亩草原和占国土面积 2/3 的山区、半山区形成的大地植被，是清洁空气和水的来源，人们称作“生态源”。长期以来，危害土地生态涵养功能的草原过度放牧、耕地过度施用化肥农药、森林过度砍伐、水面过度捕捞等行为，其产生的，根源是土地生态涵养功能形成周期的长期性与土地承包期短的矛盾。农民不会舍近求远，舍己为公。种地不养地掠夺性经营的危害是渐进的、隐蔽的，而且是受益在先危害在后，没有酿成问题时形势“大好”，一旦问题显现往往就是灾难性的，很难恢复。北方的草原沙化，“风吹草低见老鼠”，南方的长江变“黄河”，就是这

种危害的渐进性、隐蔽性酿成灾难性后果的典型例证。土地承包期的永久化会使这种矛盾统一起来。农民为了自身的长远利益会自发调节当前利益与长远利益土地利用与保护的矛盾，形成土地利用与保护和生态建设的长效机制，为草原建设、山区开发和粮田改造注入动力。

同时，实行土地永包制后，农民在观念上会反客为主，把土地看成是自己的，使农民成为土地的“保护神”，会有效扼制土地浪费。

四、实行土地永包制可以作到安全、稳定、有效、低成本

实行土地永包制没有风险和后遗症，与其他制度相比，具有安全、稳定、有效、低成本的特点或优势。第一，土地永包制规定，土地流转在农地农用的框架内进行，不准转让给非农民。土地流转不会造成农地流失和非农民占有农村有限的土地。第二，土地永包制规定要制定农民拥有土地最高限额，已经达到最高限额的农民不准再购进土地。这种有条件的土地流转，虽然会影响效率，但不会造成土地过度兼并和农民土地占有量过于悬殊。目前利多弊少比较稳妥。第三，土地永包制规定，要制定农民拥有土地的最低限额，已经低到“口粮田”面积标准又没有稳定收入的农民不准再转让土地。可以防止农民失地确保口粮。第四，土地永包制保留了承包制的基本框架，坚持了“四个不变”，即土地集体所有不变、家庭经营不变、土地承包关系不变、农用土地使用用途不变，不会造成农村不稳。第五，土地永包制中国家的土地权利没有变，国家仍然掌握着土地规划利用和改变使用性质进行征用的权利，不会造成土地利用失控。第六，集体有土地最终所有权，有土地继承转让的处分权。这样既发挥了基层组织的作用又确保了土地流转依法有序进行。第七，土地永包制是在公地制度框架内的深化改革，不存在公与私的争论，不会影响社会稳定。总之土地永包制对它可能产生的负面影响，通过制度设计进行了防范；它虽然改革步子很大，但是操作简便，可以作到安全、稳定、有效、低成本。

综上所述，实行土地永包制可以破解三十年来土地家庭承包出现的三个主要难题。可以说这是一举三得，切重要害。我们建议把土地永包制作为新农村建设头号新政和软件工程加以实施。它的威力不会亚于承包制，它的综合效益和长远效益会因胜过承包制而载入史册。

第二章

农民专业合作组织

第一节

农民专业合作经济组织的类型与功能[①]

一、关于农民专业合作经济组织的界定

农民专业合作经济组织是在家庭承包经营制度条件下，农民为发展商品生产而自愿联合起来的互助性经济组织，已成为农业产业化经营不可或缺的力量。关于农民专业合作经济组织的称谓，曾有过多种，如农民专业技术协会、新型合作经济组

① 本节内容选自农业部软科学课题“农民专业合作经济组织的组织类型与管理模式研究”（课题编号：200424—1），课题主持人：郑有贵。

织等。近年来，农民专业合作经济组织这一概念得到普遍认同，并写进了《中华人民共和国农业法》。之所以认同这一称谓，一方面最初有回避合作社这一称谓的因素，因为20世纪50年代我国农业生产合作化运动给了人们太多的负面影响，至今仍是“谈合色变”；另一方面，农民专业合作经济组织这一概念有较大的包容性，不仅包括农民专业合作社，还包括遵循合作社原则的其他农民专业合作经济组织。

根据农民专业合作经济组织的基本特征，本书将其界定为：农民专业合作经济组织是从事同类生产经营业务的农民自愿联合、民主选举、民主决策、民主管理、民主监督、利益共享、风险共担的互助性经济组织。

二、农民专业合作经济组织的组织类型

（一）农民专业合作经济组织的分类依据

关于农民专业合作经济组织类型的划分方法很多，如依据功能进行分类，将农民专业合作经济组织分为农产品销售型、农业生产资料供应型、产加销一体化经营型、技术服务型①。依据合作经济组织的组建有无依托进行分类，分为存在依托的农民专业合作经济组织和不存在依托的农民专业合作经济组织②。曾有一段时间将农民专业合作经济组织分为邯郸模式、莱阳模式、宁津模式、安岳模式、江山模式，也得到认同③。

① 缪建平：《中国农业专业合作经济组织发展的特点及其必然趋势》，《合作经济与农业产业化》，中国农业出版社2002年版。

② 黄祖辉、徐旭初、冯冠胜：“农民专业合作组织发展的影响因素分析——对浙江省农民专业合作组织发展现状的探讨”，《中国农村经济》，2002年第3期。

③ 邯郸模式，其特点是“官民结合”，由政府及有关涉农的技术经济部门选派少量骨干，与农民一起共同组织“农业服务协会”。莱阳模式，其特点是根据农业生产发展及农产品加工出口企业的需要，组织农民建立专业合作社。宁津模式，其特点是在培育农民组建比较规范的专业合作社上实行两步走的步骤，即：先以“农民合作协会”形式组织起来，作为初级阶段，经过一定时期的发展，再建立比较规范的专业合作社。安岳模式，其特点是以一种农产品为纽带，成立股份合作制的农村专业技术协会，实现劳动者的劳动联合和劳动者的资本联合。江山模式，其特点是农民联合起来办专业合作社，再由若干合作社联合起来办“龙头”加工企业，形成“农户+合作社+公司”的格局。

还有依据产业分类，将合作经济组织分为专业性合作经济组织和社区性合作经济组织①。这些分类依据的确定，都有一定的政策或举措含义，但其缺陷是没有从治理结构和运行机制上进行分类，因而缺乏对农民专业合作经济组织立法和管理提供依据的意义。

我们认为，对于农民专业合作经济组织的组织类型的划分，应根据其治理结构和运行机制进行分类，即以产权制度及其相应的治理结构与分配制度为依据。具体分类依据有 3 项：①农民专业合作经济组织的资本构成，即成员是缴纳会费还是缴纳股金及成员股金结构；②农民专业合作经济组织是经营性组织还是非经营性组织，即农民专业合作经济组织是否是经济实体、是否与成员发生交易关系；③分配制度。

（二）农民专业合作经济组织的类型划分

根据上述分类依据，农民专业合作经济组织可分为协会和合作社两类。

1. 协会

其特征是：属于社团组织，不是经济实体，协会与成员之间不发生交易关系；成员入会时缴纳会费而不是股金；无盈余，因而也不对成员进行二次分配，组织与成员之间利益关系比较松散。

2. 合作社

其特征是：属于特殊企业，合作社与成员之间发生交易关系；社员入会时出资或缴纳股金；盈余部分，对社员实行按交易额二次返还，合作社与成员之间利益关系比较紧密。

---

① 专业合作社是按不同的专业组建的，多分布在人少地多的国家。西欧、北美许多国家 80% 以上的农场主参加了不同类型的专业合作社。社区合作社是按地域组建的，多分布在人多地少的国家，如日本农业协同组织（简称农协），就属于这类合作社。

如果再细分，合作社还可以分为一人一股合作社和股份合作社。最开始合作社实行一人一股制度。随着合作社经济的发展，合作社需要筹集更多的资金，有的合作社将一人一股制度，改为成员至少一人一股（资格股），允许成员和非成员对合作社入股投资（投资股）。如此，根据合作社股金结构，合作社又可分为成员平均持股的一人一股合作社、成员和投资者非平均持股合作社两种，后一种被称为股份合作社。股份合作社是社员占有与股东占有结合，但不允许少数人控股，在分配上实行按交易额分配与按股金分配相结合。换言之，股份合作社只是在不影响合作社根本原则——民管、民受益原则的前提下，有限度地增加了股金在分配和管理上的权益。据农业部统计，截至2003年年底，全国农民专业股份合作社数量占农民专业合作社总数的50%。据笔者的调查，一人一股的合作社极少，绝大多数是非平均持股合作社，它已成为合作社的主要组织模式。鉴此，不必将一人一股合作社和股份合作社分别加以探讨，在立法时也不必单独制定股份合作社法，只需要充分考虑合作社存在股金不平均这一因素即可，使合作社原则更具灵活性，进而给合作社留下更大的发展空间。

需要指出的是，各地出现的各种农民专业协会，是在合作社法没有出台的前提下，工商部门不予登记，不得已而在民政、科技、农业等部门登记为协会的。调查中发现，很多协会都与成员之间发生了交易活动，有的是产品购销交易，有的是生产资料购销交易，有的是商标使用权交易，等等。从这些特征分析，很多协会具有合作社的特征。另外，对于入股的形式存在不同认识，即只承认现金形式的入股，而不承认交易形式的入股。笔者认为，成员资格股可以是现金形式入股，也可以是交易形式入股，因为合作社是一种交易联合。据此判断，现实中的很多农民专业协会实质上是合作社；现实中的协会有两种，一种是本书界定的协会，另一种是名义叫协会而实为本报告界定的合作社。

（三）农民专业合作经济组织的演变及其机理

农民专业合作经济组织，将按照一定的路径而演变，其趋势如图 2－1 所示。

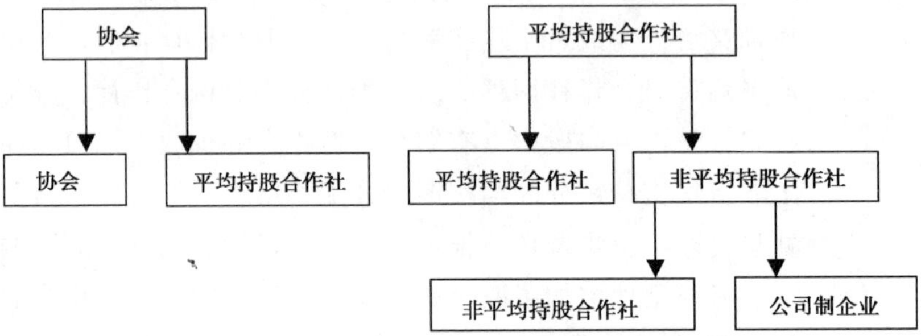

图 2－1　农民专业合作经济组织演变路径

协会将朝着两个路径演变，一是保持为协会，不断完善和发展；二是由协会向合作社转型。农民专业合作经济组织以专业协会为主，这一现状正是我国农民专业合作经济起步阶段的表现。协会是合作社发展的重要基础，即通过协会培育农民民主管理意识和对经济利益的表达能力，再根据需要逐步发展为合作社。协会向合作社演进的机理是：协会是松散型的，在技术、信息等服务需求的基础上，农民逐步有交易联合的需求，并对“利益共享、风险共担”的合作社的认识逐步提高，因而对演进的要求渐强。

合作社朝着两个路径演变，一是保持为一人一股合作社，不断完善和发展；二是由一人一股合作社发展为非平均持股合作社（现在很多合作社自兴办之日起即为非平均持股合作社）。一人一股合作社向非平均持股合作社演变的机理是：一人一票和资本报酬限制原则将制约其筹集资本的能力，一人一股合作社面对这一挑战而发展为非平均持股合作社，以筹集到更多的股金，这正是合作制在新的条件下的创新。有的非平均持股合作社还会向公司制企业转变。对于农业而言，农业的弱质性和农民群体的弱势性，决定了合作社具有广阔的生存空间和发展潜力。

笔者几年前提出了上述演变趋势①。令人欣慰的是，2004年9月笔者对湖南省农民专业合作经济组织的调查，证实了这一演变路径。从发展趋势分析，农民专业合作经济组织规模逐步扩大，合作内容日益增加，有条件的协会向合作社转变。表2－1中的4个合作社，有3个是从协会转型而成的。桃花江竹制品生产合作社的前身是1997年成立的协会。浏阳市友华养殖专业合作社前身是有168个会员的协会，到2004年社员为1056户。白沙乡蛋鸭养殖专业合作社也是由协会转型而成。

表2－1　6个农民专业合作经济组织发展状况　单位：万元

名称	所在地	成立时间	社（会）员数	股金	固定资产	备注
桃花江竹制品生产合作社	桃江县	1999年8月	345户，跨4个乡镇	188	468	1997年为协会
友华养殖专业合作社	浏阳市	2003年6月	1056户（305户入股），跨6个乡镇	156	25	2001年为协会
白沙乡蛋鸭养殖专业合作社	沅江市	2004年初	1123人	20	800	1997年为协会
九洲蔬菜产销专业合作社	南县	2002年5月	近5000户（34户入股），跨14个乡镇、2个农场	107	—	—
响水乡青竹村牲猪产业发展协会	湘潭县	2002年3月	538户，跨11个村	—	—	交会费
甘溪镇瘦肉型猪养殖协会	澧县	2002年8月	25个村的养猪大户	—	—	交会费

注："—"缺数据。

合作社的联合与合并也是发展趋势之一。以丹麦养猪业为例，自第一个合作社建立至第二次世界大战前不足50年的时间里，丹麦屠宰合作社发展到61个，遍布全国各地。第二次

① 郑有贵："农村合作经济组织研究"，《古今农业》2003年第1期。

世界大战后屠宰合作社在数量上没有太大变化。20世纪60年代中后期，为适应日益激烈的市场竞争的需要，屠宰合作社开始了大规模的合并。不断的联合与合并，使丹麦屠宰合作社的数量不断减少，而规模不断扩大：1970年，丹麦有50个屠宰合作社；1980年减少为18个；1990年减少到5个；2000年仅有3个；2001年年底，占国内市场份额75%的“丹麦皇冠”与占国内市场份额15.7%的“斯帝夫—郝伯格”合并后，使丹麦屠宰合作社仅存两家。数量上的减少，规模化程度的提高，形成了生猪屠宰市场事实上的合作社垄断格局。2001年底，“丹麦皇冠”合作社与瑞典拉奥合作社实现了跨国合并。这是丹麦合作社在世界经济一体化形势下发生的最大变化。尽管有人反对合作社合并，并对其发展前景表示怀疑，但跨国界的合作社合并，无疑是一个创举。

三、对农民专业合作经济组织在农业产业化经营中功能的重新认识

20世纪80年代后期兴起的农业产业化经营，成为破解市场经济条件下千千万万分散经营的农户如何进入大市场难题的具体途径。农业产业化经营离不开组织载体，与之相应的组织模式也在实践中逐步探索完善，初期以“公司+农户”模式为主，逐步演变成“公司+农户”、“公司+农民专业合作经济组织+会员（社员）”、“合作社+社员”、“合作社+公司+社员”等多种模式共同发展的格局。值得重视的现象是，农民专业合作经济组织已成为农业产业化经营不可或缺的方面军，其在农业产业化经营中的功能正发生着积极的演变，不再是单纯的中介功能，龙头带动功能日益增强。

1. “公司+农户”向“公司+农民专业合作经济组织+会员（社员）”演变，是农业产业化经营组织模式的自我完善，其动力首先来自公司

在农业产业化经营的初始模式“公司+农户”中，公司

凭借其拥有资本优势将农业产业链诸环节整合起来而形成产供销、种养加、贸工农一体化经营，一经出现，便引起了各界的高度重视，并顺应历史发展的需要而在全国迅速发展，为解决当时遇到的小农户难以进入大市场问题做出了不可磨灭的历史贡献。在“公司+农户”模式中，随着公司市场拓展能力的提升，其辐射带动农户的覆盖半径也相应增大，公司与农户之间缺少一种承担生产组织和利益协调的中介，一些公司所需的较大数量的优质农产品原料得不到稳定供给，往往是在市场销路好时有的农民不把产品卖给签约公司，在市场不景气时有的公司不兑现对农民的合同收购，其结果是使公司因原料数量和质量波动而缺乏竞争力，公司不仅难以提高其产品的市场占有率，有的甚至丧失已占有的市场。有资料显示，在农业产业化经营中，与龙头组织有订单合同关系的农户较少，履约率极低。“公司+农户”模式遇到的这一问题，除了诚信和法制建设方面的因素外，是缘于在信息不对称和农民的谈判地位弱的情况下，作为不同利益主体的公司与农户两者之间形成“利益共享、风险共担”机制较为困难，农民得到农业产业链中平均利润的理论预期在实践中难以实现，在双方的博弈中，公司与农户之间的合作不尽如人意便成自然之事。

“公司+农户”向“公司+农民专业合作经济组织+会员（成员）”演变，是农业产业化经营组织模式的自我完善，其动力首先来自公司。随着公司市场开拓能力的增强，需要更多的农户为其生产统一技术规格的优质农产品原料，进而需要一种中介组织对农户生产进行组织和对利益进行协调，而引入农民专业合作经济组织则是最佳选择。农民专业合作经济组织的引入，使农业产业链中各利益主体形成“利益共享、风险共担”机制更为容易：农民专业合作经济组织增强了农民的谈判地位，农民获得农业产业链中平均利润的可能性增强，特别是合作社盈余按交易额返还社员的预期则吸引社员在合作社内进行交易合作，公司因此而避免与社会争资源而保障原料的稳定供给，从而保障原料的质量和数量，为其产品质量和市场占有率的提高提供保障，进而为公司提高其竞争力奠定基础，实现可持续发展。由于引入农民专业合作经济组织能促进公司和农户双赢格局的形成，这使得农民专业合作经济组织成为农业产业化经营中的重要力量。据农业部统计，目前在全国9.4万个各类农业产业化经营组织中，以农民专业合作经济组织为主体的中介组织带动型达到3.2万个，占34%，年销售收入达到2809亿元。

"公司+农户"向"公司+农民专业合作经济组织+会员(成员)"转型，由于公司与农户之间更容易形成"利益共享、风险共担"机制而吸引更多农户加入其团队，有利于根据市场需求实现优质农产品供应基地的扩张，进而促进优势产业带的形成。以湖南省湘潭市为例，全市拥有伟鸿、港越、先锋、三旺、金锣等生猪加工企业13家，年加工能力170万头。全市龙头企业创办了74个养猪协会，占全市养猪协会总数的59%。其中，仅伟鸿食品有限公司创办的养猪协会就有40个，拥有会员3000余户，建立了年产优质安全生猪近80万头的供应基地。响水乡青竹村牲猪产业发展协会就是其中之一。2001年该协会成立前，全村仅养800多头猪，其中瘦肉型猪仅450头，良种猪200多头，土杂猪100多头。协会成立于2002年初，仅2年时间，到2003年底，除本村272户养猪户入会外，还吸引了周边9个村的800多户加入协会。2003年协会出栏生猪3.8万头，预计2004年出栏5万头。"公司+农户"向"公司+协会+会员"的转型，实现了公司与农户的双赢：青竹村农民人均纯收入大幅增加，由2000年协会成立前的1930元，增加到2003年的3680元，增长90.7%，其中养猪收入由380元增加到1130元，增长1.97倍；2003年，伟鸿食品有限公司出口创汇850万美元，2004年上半年出口创汇逾750万美元，预计全年可创汇近2000万美元。"公司+协会+会员"模式的兴起，为湘潭市养猪业成为优势产业提供了组织基础。

2003年，全市出栏生猪457万头，按农业人口计算，人均出栏2.24头；规模养猪户增多，其中年出栏5000头以上的专业大户有32家。全市以养猪为主的养殖业产值占农业总产值的比重达55.3%，比全省平均水平高出8个百分点。

2. 农民专业合作经济组织的龙头带动功能日益增强

农民专业合作社不仅具有中介功能，其龙头带动功能更是日益增强。①在众多的“公司+农民专业合作经济组织+会员（成员）”的模式中，随着农民对合作需要的增加和经济实力的增强，有的协会转型为合作社，合作社在发挥公司与农户之间的中介功能的同时，不断拓展经营业务，兴办自己的加工厂，开拓与龙头公司合作以外的营销业务，不少协会、合作社拥有自己的品牌和注册商标，逐渐成为新的龙头组织。②在日益兴起的“合作社+成员”模式中，合作社独立兴办加工厂、开展市场营销业务，成为独立的产业化龙头组织。浏阳市友华养殖专业合作社成立于2002年，自产自销，滚动发展，合作社养殖户由成立初期的168户发展到现在的1056户，2003年出栏销售商品鸡189万羽、商品猪1.5万头，实现销售总收入3500万元，合作社的积累达70万元，其中固定资产25万元，流动资金45万元。③在“合作社+公司+成员”模式中，合作社兴办自己的公司。桃江县桃花江竹制品生产合作社，前身是1997年成立的协会；随着合作事项的增加，1999年将协会改为合作社，开展经营业务；随着经济实力的增强，2000年合作社兴办桃江县竹制品有限公司，合作社成为农业产业化龙头组织。合作社、桃江县竹制品有限公司两者之间是出资人与被出资人的关系。合作社对桃江县竹制品有限公司实行承包经营制，桃江县竹制品有限公司向合作社交纳承包费，承包人和承包费数量由社员大会确定。由于合作社（主要通过成员大会及理事会、监事会）对所属公司的生产经营活动进行有效监督，防止了委托代理中的机会主义行为，实现了合作社与公司的共同发展。到2003年，合作社资产由成员原始股金188

万元增值到468万元，年可创产值2000余万元，年可实现利润200余万元，成员还培育了丰产竹林7000亩，对成员的分红总额达到192万元，并按章程规定留了公积金、公益金10万元，5年交纳各种税费500余万元。桃花江竹制品生产合作社的快速发展证明，“合作社+公司+成员”的农业产业化经营组织模式是成功的，其发展历程展示了农民专业合作经济组织由中介组织向龙头组织发展的前景。

农民专业合作经济组织的发展，不仅促进农村经济的发展，增加农民收入，同时对农村社会的稳定和进步起到了积极的作用。从调查情况看，凡是农民专业合作经济组织发育较好的地方，农民就业问题得到很好解决，社会稳定，基本上没有赌博现象。以湖南省湘潭市响水乡青竹村牲猪产业发展协会为例，协会成立前青竹村外出打工人员400余人，现在只有50人。这也反映了另一个问题，即农业内部劳动力转移的潜力巨大。

第二节

农村土地股份合作制问题研究[①]

农村土地股份合作制自20世纪80年代中期出现以来，备受理论和实践两方面的关注。本书通过对现有农村土地股份合作组织实践的梳理，归纳总结出农村土地股份合作制“自愿入股、一人一票、以土地承包权股为主体、分享剩余”四大特征和农村土地股份合作制的内涵，并探讨了农村土地股份合

① 本节内容选自农业部软科学课题“农村土地股份合作制问题研究”（课题编号：Z200805），课题主持人：任大鹏。

作制产生背景和客观动因，指出以土地承包经营权入股和用集体其他资产（承包土地以外的土地和其他资产）量化的股权有本质差别，并从股权形成的权利上诠释了这种差别的法理基础。最后紧紧围绕农村土地股份合作制构建和发展中如何保护农民利益的核心命题，针对土地承包经营权入股可能造成的侵害，提出指导实践的具体法律政策建议，即一人一票备查制、财务会计托管制、土地承包经营权股优先制、出台示范章程、严格限制对土地承包经营权股利益稀释的土地资产评估、关联交易披露、政府资助职业经理人到农村土地股份合作组织任职等。

一、农村土地股份合作制模式

通过对土地股份合作制实践做法特点的分析，我们认为农村土地股份合作制，是指在坚持土地集体所有的前提下，在乡（镇）、行政村、自然村的一个区域范围（或打破乡镇、行政村、自然村界限），将集体全部资产作价入股，或以土地承包经营权作价或者不作价入股，把集体土地集中规划、管理和经营，所得收益按照股份分红的一种经济组织形式。其实质是将集体资产量化到人，将土地承包经营权以实物形态转化为价值形态，通过股权实现社区农民对集体资产的民主管理和利益分享。

其本质特征表现为：一是自愿入股；二是以土地承包经营权股为主体；三是股东表决权实行一人一票制；四是以重点保护土地承包经营权股利益和盈余全部返还为基本原则，按股分配。

实践中土地股份合作制与国际上通行的合作制有许多相似之处，但也存在较大差别：一是在产权构造上，典型的合作制其产权归属是明确的，归合作组织成员私人所有。而土地股份合作组织在将集体产权界定给其成员或以土地承包权入股时，只是将其看作分红、参与管理的依据，其仍属于社区集体组织所有。二是在分配制度上，合作制奉行资本报酬适度原则，现金股金一般只获股息，不能分得红利，即使分红也受到一定限制。土地股份合作组织按股分红，资本报酬适度原则被突破。三是在股权流动上，合作制中的股东可以退股，但是不能转让，而土地股份合作组织一般限制股权转让，也限制退股。

从土地股份合作制各地具体做法上看，尽管做法不一，但主要区别在股权设置和股利分配上，而导致其差异的根本原因在于入股或折股要素的不同。所以以入股或折股要素为标准对农村土地股份合作制进行分类，即抓住了土地股份合作制的核心，同时也有利于今后的管理和指导。因此，农村土地股份合作制可以分为两大模式：即以承包土地入股或折股量化型农村土地股份合作制和以承包土地加集体经营性资产入股或折股量化型农村土地股份合作制。两大模式在入股或入社自愿和开放性上、组织机构设置和民主管理（股东大会实行一人一票制）上基本相同，区别主要表现在股权设置和股利分红上。

以承包土地入股或折股量化型农村土地股份合作制。在股权设置上，一般只设置土地承包权股（或称土地资源股）和现金股（现金股的配股对象只限于本社的新增人员，有的在建社初期为募集资金而设立，一般具有优先股性质或债权性质），在有现金股时，土地承包权股折价，反之不折价（一亩一股或一人一股），在股权分配上，实行人均分配。在股利分红上，有两种情况，一是如果现金股是基于新增人员而设置的，股利分红是同股同利，按股分红；二是如果现金股不是基于新增人员而设置的，土地承包权股优先分红。

以承包土地加集体经营性资产入股或折股量化型农村土地股份合作制。在股权设置上，一般设置土地承包权股（资源股）、年龄贡献股（物业股）和现金股（现金股的配股对象只限于本社的新增人员），土地和集体经营性资产全部折价量化折成股份后，按一定标准分配股权。土地承包权股（资源股）实行人均分配，年龄贡献股（物业股）按年龄差异分配。在股利分红上，一般是同股同利，按股分红。

二、农村土地股份合作制产生的原因

从土地股份合作制产生的地域上看，不难发现，它主要发生在经济发达地区及大城市近郊，如广东省珠江三角洲地区。这一特点说明，土地股份合作制的产生，是该地区经济发展的客观产物，是由农村发展中一系列现实矛盾引发的。

1. 巨大的集体经济收益尤其是农地收益引发的“二次分配”矛盾

20 世纪 80 年代末以来，珠江三角洲地区和大城市郊区部分农村集体经济收益迅速膨胀，其收益主要来源于：村办、合资、合作企业的经营收入；土地出租收入；征用土地的补偿费等。特别是土地补偿费，数量巨大而集中，如深圳某城郊镇，共收到土地补偿费 5.47 亿元。[①] 如何进行“二次分配”，处理好集体和农民的利益关系，成为非常棘手的问题。在“二次分配”中，有侵害农民利益的倾向。有资料显示，土地用途转变增值的利益分配中，地方政府约占 60%—70%，村集体占 25%—30%，失地农民占 5%—10%。据粗略估算，改革开放以来至少有 8 万亿元的土地级差收益从农民流向了其他社会集团或个人。[②]

2. 土地家庭承包制与农村经济迅速发展的矛盾

土地家庭承包制本身存在着固有矛盾，即按农户均田分包造成耕地的分割与分散，这种矛盾在农村经济全面发展的情况下转化为两大矛盾。其一是同农业现代化的矛盾，户均耕地过少同农业规模经营发生矛盾，小生产与大市场发生矛盾。例如南海人均耕地 6 分，一户承包耕地仅 2.9 亩。在粮食生产较大的县，如沈阳市辽中县，人均耕地也只有 3 亩。[③] 其二是同土

---

① 史金善：“社区型土地股份合作制：回顾与展望”，《中国农村经济》，2000 年第 1 期。

② 刘学侠：“土地股份制：中国农村土地制度改革的方向”，《农业经济问题》，2007 年 7 期。

③ 方天坤：“深化农地使用制度改革，促进土地资源合理配置”，《农业经济》，2001 年第 7 期。

地合理规划开发的矛盾。土地分散承包，人地合一，难于进行统一规划、合理划分基本农田保护区、工业开发区和商业贸易区。说明现行的家庭承包制有需要进一步完善的内在要求。

3. 土地功能的转化与规模经营、劳动力转移的矛盾

从理论上讲，当农村第二、第三产业高度发达，多数农业劳动力从事第二、第三产业后，必然会发生农业劳动力转移，一部分农民会自动退出农业，转让或出租自己的承包权。然而事实上并非如此，特别是在经济高度发达的农村，在土地的生产功能、社会保障功能上更叠加了资产功能，因而农民更加眷恋土地。与承包初期相比，农民更不愿意放弃土地（土地功能转变带来的巨大土地增值收益）。其结果是，土地的经营规模越来越细小、分散，农业劳动力即使转移也不放弃土地，规模经营难以形成。

如何解决上述矛盾？如何在不改变家庭承包责任制的前提下，既保护农民土地承包经营权，又能使土地流转和集中；既保护农民土地承包经营权，又使农民愿意放弃耕地，把农村劳动力解放出来从事第二、第三产业。在不断探索中，土地股份合作制应运而生。实践为什么选择了这种制度，也许最初搞试点的南海市罗村镇下柏村管理区书记的话能说明问题：“土地股份合作制好就好在能解决当前农业和农村经济面临的许多新矛盾……土地分散在各家各户的状况，成了阻碍经济发展的制约因素，不适应农业和农村建设的需要怎么办……经过不断探索，我们借鉴20世纪50年代初合作社实行土地入股的成功经验，通过土地承包权入股，用股权的形式确认农民对土地的长期占有权。”

三、土地股份合作制对土地承包经营权的完善

土地股份合作制完善了土地承包经营权，表现在：

1. 土地股份合作制实现了土地承包经营权的流转，克服了土地承包责任制造成的土地分割零散的弊病

土地承包经营权以股份的形式投入到股份合作经济社中，土地的使用权和经营权由“新的集体”统一经营（被分割的土地又集中起来），这种经营不再是只代表少部分村干部的意志，而是由享有土地承包经营权的股东按照“三会体系，一人一票的决策制度”① 经营和管理，使股东意志和集体意志很好的结合起来。

2. 土地股份合作制，是土地承包经营权的物权属性的具体表现，并且使其进一步得以显现

实行土地股份制后，尽管农地使用权的主体发生转移，“新的集体”成为其主体，承包权人获得股份的分红权，这正是法律赋予农民的土地承包经营权处分的结果，由土地承包经营权换取的股权，不仅承认土地在做农用时农民对土地的收益权，还承认土地改为非农用以后农民对土地级差增值的收益权。所以，土地承包经营权变换成股权后，同土地承包权强化物权性质是一脉相承的，从而将土地承包经营权中隐含的物权性进一步显现出来。土地承包经营权股权是土地承包经营权在农村城市化、工业化、现代化进程中新的实现形式。

3. 土地股份合作制，解决了土地家庭承包制无法解决的因“人地矛盾”带来的“天赋”承包权与“事实”承包权的矛盾

人口不断增加土地数量不变或减少，必然带来新增社区成员没有承包地的现象。土地承包法，一方面强调作为农村集体经济组织成员有权依法承包由本集体经济组织发包的农村土地；另一方面为使土地承包权长期稳定，又作出“承包期内，发包方不得调整承包地”的规定②。这种制度安排的无奈，通过土地股份合作制得到了圆满解决。土地承包权入股后，由实

① “三会”指股东代表大会、董事会、监事会。

② 《农村土地承包法》第五条、第二十七条。

物形态变成了价值形态，通过设置“现金股”，（不管是依据土地承包经营权股，还是依据物业股，实质都是为解决新增人口获得“权利”问题）允许新增人员用现金（与承包土地相同价格）购买，同股同利，使所有本村社员都有权并实质上获得“土地承包经营权”。

四、农村土地股份合作制几个重要问题的讨论

建立和完善土地股份合作制，核心命题之一就是保护农民利益。因此围绕保护农民利益的制度安排设计非常必要，其关键点是：

1. 如何界定农村土地股份合作制

完善农村土地股份合作制，在农村土地股份合作制中保护农民合法权益，首当其冲就是如何界定农村土地股份合作制。

第一，农村土地股份合作制四大特征中，最核心的特征是“股东表决权实行一人一票制”。股东代表大会股东表决权实行“一人一票”制，是由农村集体所有权性质决定的，农村集体成员应当以民主的方式参与集体财产的经营与管理，“民主方式”的最好体现就是“一人一票”制。因此，在法律政策规定中，必须强制规定，并细化到“重大问题必须由社员代表大会讨论并在决议中由代表签字，且签字记录由政府授权部门备查”的规定，唯此，才能将保护农民民主权利落到实处。

第二，以土地承包经营权股为主体。以土地承包经营权股为主体就是在农村土地股份合作制中必须有以“土地承包经营权”的入股，如果没有“土地承包经营权”的入股，比如只以集体其他资产（包括非承包土地）入股就不纳入土地股份合作制范畴。

第三，保护土地承包经营权股利益和盈余返还特征。保护土地承包经营权股利益，主要表现在红利分配和限制其股份稀释上。在有土地承包经营权股和其他资产量化股时，土地承包

经营权股的收益权“大于”或“优先于”其他资产量化股，因此，法律政策安排中可以考虑“鼓励（或强制规定）土地承包经营权股不低于入股前土地收益或在保底基础上的分红”。也可以规定“用一定的比例限制其他资产量化股的分红”。特别注意，随着土地股份合作制的进一步发展，有可能将土地承包经营权股与社员增量资金，甚至社会资本进行对接。在这种情况下，法律政策必须规定要对量化的集体资产（尤其是对土地承包经营权）进行评估，甚至是必须“由专门的资产评估机构进行评估”。除此之外，应当限制社会资本所占股份比例。否则，有可能稀释土地承包经营权股价值，侵害农民利益。关于盈余返还问题，主要体现在集体股设置或法定公积金提取及处分上。盈余返还是合作制的本质规定性之一，因此，在股权设置上，没有必要保留集体股。集体股（量化后留出一部分归集体或原集体资产没有量化部分）存在产权主体模糊问题，现实中既设集体股又提取公积金，从道理上讲不通，且不易透明。因此，在法律政策上应规定鼓励取消集体股，用统一的法定公积金和定比管理费的方式，维持土地股份合作组织的高效运行。如果仍保留集体股，则土地股份合作组织的财务会计必须托管给社会专门机构（会计师事务所等），所需费用由政府给予补贴。唯此，才能建立起一个既廉洁，又能够低成本运行的土地股份合作经济组织。

第四，自愿入股。农民是否以土地承包权入股，应当由农民自己决定。因此，在法律政策规定上应当强调“与每个土地承包权人签订入股协议”，而不能被村民代表大会讨论决定代之。关于退股问题，应当区分两种情况：一是一般退股，即股东在具有本社区社员身份情况下的退股。为保证农村土地股份合作组织经营的稳定性，以不允许退股为宜。二是特殊退股，即失去本社区社员身份情况下的退股。由于农村土地股份合作组织直接从集体经济演化而来，其股权由土地承包经营权投资或由集体资产量化到个人而获得。土地承包经营权因本社区社员身份的丧失而丧失[①]，本社区社员身份消失，自然也失去平等获得本社区集体财产收益的权利。因此，后者实质上不存在“退”的问题，而是“失”的问题。前者，在退股时应当给予适当的补偿。[②] 关于什么情况下“失股”和补偿多少的问题，应在章程中自行明确规定。

2. 在股权设置上必须将土地承包经营权股和其他股区别开

土地承包经营权股权和以其他资产量化的股权本质差别表现在：

第一，取得的权利基础不同。土地承包经营权股权以土地承包经营权为基础获得，土地承包经营权作为用益物权，依法可以以转包、出租、互换、转让或其他方式流转。土地承包经营权入股到农村土地股份合作组织中，本质上发生了土地承包经营权的转让，所获得的股权，不仅仅具有组织生产、决定分配和福利等经济功能，更具有投资功能。以其他资产量化的股权，是以社员权为基础获得，根据农村集体所有权的性质，农村集体成员可以平等的分享集体财产所生利益，因此其股权仅具有组织生产、决定分配和福利等经济功能，不具有投资功能。

第二，股权流转上的不同。由于两种股权获得的权利基础不同，因此，土地承包经营权股权，应当具有开放性，可以不受社区的限制，在法律政策规定上，应当允许依法进行转让、赠与和继承，在转让时，同等条件下本社区农民有优先购买权（根据《农村土地承包法》关于土地承包经营权流转基本原则）。以其他资产量化的股权，具有封闭性，可以限制社区外的流动，但是应当允许在本区范围内进行转让、赠与和继承。

---

① 《农村土地承包法》第二十六条规定：“承包期内，承包方全家迁入小城镇落户的，应当按照承包方的意愿，保留其土地承包经营权或允许其依法进行土地承包经营权流转。承包期内，承包方全家迁入设区的市，转为非农业户口的，应当将承包的耕地和草地交回发包方。承包方不交的，发包方可以收回承包地耕地和草地。”

② 《农村土地承包法》第二十六条规定：“……承包期内，承包方交回承包地或者发包方依法收回承包地时，承包方对其在承包地上投入而提高土地生产能力的，有权获得相应的补偿。”

第三，红利分配上的不同。虽然作为农村社区成员具有平等分享集体财产所生利益的权利，但是土地承包经营权无论在法律规定上，还是在中央政策规定上，都作为农民一项重要权利给予强制保护，因此，在红利分配上应当给予倾斜。

除上述重要问题外，还应当注意以下问题：

1. 关联交易问题

关联交易是指公司或是附属公司与在本公司直接或间接占有权益、存在利害关系的关联方之间所进行的交易。

在现存的农村土地股份合作组织与外部主体的经济交往中，出现了村干部既是土地股份合作组织成员，又是外部主体（如公司）的股东或实际控制人现象。这样在土地股份合作组织与外部主体谈判中（包括合资、合作、土地租赁、承包等经济活动中）有可能出现“非公允价格”，形成利益输送，损害土地股份合作组织成员的利益。所以，法律政策应规定，凡构成关联交易行为，土地股份合作经济组织负责人必须依法披露，不披露或迟披露、不完全或不真实披露均构成违法；如果依法披露，关联交易中的关联方必须回避。

2. 完善土地股份合作制章程

农村土地股份合作组织章程是农村土地股份合作组织的“宪法”，不仅要求内容规范，而且要有严格的制订与修改程序。章程内容一般包括：①农村土地股份合作经济组织的名称及住所；②股金总额及每股金额；③股东资格及权利义务；④股份种类设置办法；⑤股东代表大会的组建、职权和议事规则；⑥董事会及监事会的选举产生、人数、任期、职权和议事规则；⑦法定代表人和经理的任免及职权；⑧财务管理及利润分配办法；⑨股份流通及退股；⑩章程的制定与修改；⑪股东代表大会认为必要的事项。建议政府出台示范章程，以指导农村土地股份合作经济组织章程的制定。

3. 建立健全组织机构

这是农村土地股份合作组织正常运行的基本保证。首先建立股东大会（或股东代表大会）制度，作为该组织的最高权力机构。然后由股东大会（或股东代表大会）选举产生董事会和监事会。为防止该组织形同虚设，应当作如下规定：①董事长和总经理任职不能在章程中明确指认。如“董事长原则上由村书记担任”，或“总经理原则上由村长担任”等。在法律政策中，应当鼓励土地股份合作组织选用“职业经理人”，政府财政适当给予补贴。②建立和健全各种会议记录和签名制度。

第三节

印度农村合作社的发展及启示[①]

众所周知的一个问题是，欧美以及亚洲的发达国家，其合作社的发展历史悠久，其合作社存续的市场经济环境也绵延日久，将这些国家的合作社经验，介绍到中国来，就明显要有一个中国化的适应性过程。相比较而言，与我国同属发展中大国、人口大国，农业人口比重很高的印度，发展农村合作社的经验将会更有借鉴的可能和价值。

一、印度农村合作社的发展

印度的农村合作社是在高利贷盛行的背景之下成立的。在20世纪初，由于没有以农村普通农民为服务对象的金融机构，地主、商人和其他高利贷者纷纷肆无忌惮地向普通农民高息借贷。农村资金持续短缺，农民始终无法摆脱贫困状态，民怨沸

① 本节内容选自农业部软科学课题“中印农民合作组织发展比较研究”（课题编号：Z200515），课题主持人：辛贤、周章跃。

腾，农村地区多次发生骚乱，大量农民卷入了反政府的浪潮之中。为了解决这些问题，当时的殖民地政府（1904 年）颁布了《信贷合作社法》（Cooperative Credit Societies Act），开始用组建合作社的办法平息民怨，缓解局势紧张和资金短缺。《信贷合作社法》规定，城乡可以建立多种信贷社，并且信贷社可以得到政府的多种扶持。印度农村合作社从此开始建立起来，2004 年，为了纪念《信贷合作社法》颁布一百年，印度各地还举行了各种形式的纪念活动。

第一部法律颁布之后，为了克服信贷合作社的局限，1912 年又颁布了《合作社法》（Cooperative Societies Act），规定城乡不仅可以建立信贷合作社，还可以建立包括生产、消费、销售、保险和住宅建设等其他类型的合作社，在法律框架下把合作社扩展到非信贷领域。差不多同时，殖民地政府还成立了合作社的中央机构——联邦合作社总社。

1914 年，殖民地政府指派麦克莱根（Maclagan）组织了一个专门委员会，负责对合作社运动的检查和规划。根据该委员会的建议，政府又规定，非官方人士和机构也可以参加合作社的发展事宜；合作社的范围也进一步扩展，销售合作社、耕牛保险合作社等类型也进一步出现。1919 年又制定新的法令，将合作社的发展等事宜移交给各邦政府办理。

1929—1933 年的世界经济危机，也严重地影响了合作社的发展，不少合作社生产停滞，许多合作社不能归还政府的贷款，很多合作社停止了活动甚至倒闭。但是第二次世界大战期间，由于农产品价格的抬升，农民收入增加，合作社也不仅能够归还政府的贷款，还得到了较大的恢复和发展。在生活必需品匮乏、黑市猖獗的状况下，消费合作社和销售合作社获得了长足的发展，合作社也得以进入初级农产品加工和小型工业领域，并占据了一定的市场份额。就在印度独立的前两年，另一个合作社规划委员会通过建议，使得村级合作社的行为具体化和多样化，大量的果树栽培、荒地开发、畜牧、养鱼、销售、加工和小型工业事业在合作社内部纷纷建立起来，既丰富了合作社的业务，也充实了合作社的内部组织机构。

1950年是印度制定和实施第一个五年计划的头一年。印度政府采取了一系列措施，使印度农村合作社的发展继续保持了二战时期的较快发展势头。根据合作计划委员会1946年、全印度农村债务委员会1954年、麦赫达委员会1960年的建议，印度政府通过了一系列重大决策，鼓励并支持在农业、小工业、手工业、金融和商业等部门尽量多地建立合作社，把合作社作为实施社会经济发展计划的基础。同时合作社的计划也进一步具体化。1954年全印度农村债务委员会针对信贷合作社的发展，提出了一系列详细的建议和要求：国家给予各级合作社足够的重视；贷款的重点是对作物提供短期信贷，对生产提供长期信贷；通过建立较大的合作社信贷机构，加强合作社在农业信贷中的基础地位；将信贷与销售、加工结合起来；扩大农业合作社的储藏和仓库设备；建立分支机构可以扩大到广大农村的印度国家银行，并同合作社内部的存贷机构建立有机的联系；建立为各级合作社培养人才的机构；建立以下国家基金，为合作社提供资金支持：

在印度储备银行一级，建立全国农业信贷基金，向各邦政府提供信贷，并参与到合作社的股份中去；向农业提供中期贷款；向合作社农业和农村发展银行提供资金，支持其债券发行；向各邦合作社提供中期贷款，以帮助合作社在社员遇到自然灾害时，将社员的短期贷款转为长期贷款。在印度政府一级，建立全国合作社发展基金、全国仓储设备发展基金、农业救济和保障基金，帮助农民提供农产品的储备能力，抵御风险。

在这些建议的推动下，政府不断加大对合作社的拨款，在第一至第六个五年计划中，分别拨款3.4亿卢比、7.7亿卢比、6.4亿卢比、25.8亿卢比、37.6亿卢比和58.4亿卢比用于发展合作社。合作社也有了明显的发展（见表2-2）。

表 2-2　　20 世纪 50—80 年代印度合作社的发展

年度	合作社数（十万）	初级社社员数（十万）	股金（千万卢比）	流动资金（千万卢比）
1950—1951	1.8	137	45	276
1960—1961	3.3	352	222	1312
1970—1971	3.2	644	851	6810
1975—1976	3.1	848	1529	12432
1980—1981	3.0	1062	2088	20021
1981—1982	2.9	1149	2100	21000

资料来源：《印度年鉴》1979 年第 262 页，1985 年第 354 页；印度《计划》（半月刊），1987 年 2 月 16—28 日，第 23 页。

合作社也逐渐形成功能较为齐全、结构比较完整的网络体系。这个网络包括信贷合作社系统、生产合作社系统、销售合作社系统、供应合作社系统、加工合作社系统和支持农业的工业合作社系统，形成了明显的专业化分工。但是综合型合作社也不少。在所有的合作社中，80% 的合作社与农业有关。

20 世纪 80 年代以来，印度依然有 60%—70% 的人口从事农业生产，依然是一个农业大国，但是印度也在从“市场 + 计划”体制逐渐向市场体制转变，对合作社的保护伞也在一点点地揭开。印度的合作社也在原有的系统基础上，出现了一些变化和调整，呈现出如下几个特点：

第一，从合作社的种类来看，生产合作社已经渐渐地从人们的视野中淡出，而加工合作社的发展越来越引人注目。就拿合作糖厂来说，持续的发展已经使它成为印度农村经济增长的重要引擎。因为印度是世界产糖大国，在印度的农产品加工业中，糖业仅次于纺织业，有 2000 万农民从事甘蔗的生产，糖业对农村地区的就业、收入和税收都有明显的影响。而在糖业生产加工过程中，合作社生产的糖制品产量，1992 年占到了全国糖业总产量的 62.5%，1998 年占 60%。至今，合作糖厂的产量还占全国糖业总产量的60%。①

合作糖厂的数量也在不断增加。从表（表2－3）中可以看出，在20世纪80—90年代，印度的合作糖厂有了明显的增长，不仅比前期增长明显，就是比起私人和集体糖厂来，增长速度也要快得多。

表2－3　　不同时期不同组织形式的糖厂数量　　单位：家

年份	合作糖厂	私人和集体糖厂	总计
1951	2	137	139
1956	5	137	142
1961	30	144	174
1966	52	148	200
1974	84	145	229
1979	136	163	299
1990	214	171	377
1992	211	195	392
1995	240		435

资料来源：《印度糖业年鉴》1995年。

另一个发展超群的合作社是销售合作社中的牛奶合作社。在20世纪80年代以前，牛奶合作社就已经呈现出了较强劲的发展势头。进入20世纪90年代和21世纪初，牛奶合作社更获得了长足的发展。牛奶合作社渗透到了几乎每一个村。1995年参加牛奶生产的生产者数量已经从1970年的18万个，增加到54万个，分布于950家合作社中；2000年，全国已经有900万个奶业生产者。合作社和农民之间建立了协议形式的产业化链接，合作社用比较低廉的价格，向农民提供奶用兼役用的水牛，农民将50%左右的牛奶用以自己消费外，15%的牛奶卖给合作社的收购站，6%左右卖给私营企业，其余部分则

① Dr. Rais Ahmad and Prof. Sami Uddin, 2005: *New Dimensions of Indian Sugar Co－operative Industry in The Era of Globalization*, http://www.ciriec.uqam.ca/actes/Ahmad.htm.

卖给包括合作社在内的牛奶加工厂。合作社和县级的牛奶合作中心只获取1%的利润，其余的利润则已经在收购和加工环节返还给了农民，这就不仅稳定了市场的价格，也稳定了自己的生产资料供应者和消费者。因此，合作社的发展也就通过制度的内在机理和制度的绩效凸现了出来。

到1996年，印度邦一级的牛奶合作中心已经发展到169家。这些中心不仅通过牛奶合作社网络从农户手中收集牛奶、进行牛奶和乳制品加工，还积极向城市出售鲜奶，并向合作社的社员提供技术培训和兽医等技术服务。合作中心的下面是为数众多的县合作社联合会，其上面则是全印度奶业发展局（NDDB）。它既是全国牛奶合作社的联合机构，也是政府实施合作社发展规划和项目的三个执行机构之一。其他两个机构分别是全国合作社发展公司（NCDC）和全国农业和农村发展银行（NABARD），都是半官方的机构。由此可见牛奶合作社在印度农村合作社中的突出地位。此外，牛奶合作社的发展还表现在牛奶产量的发展上。20世纪90年代末，印度已经成为世界第二大牛奶生产国家，仅次于美国，到21世纪初，印度已经成了世界第一大牛奶生产国家，每年的牛奶产量达到了8500万吨，不仅居民的牛奶供应不再短缺，在国际市场也占有了重要的地位。

还有专家通过案例研究指出，由于奶制品加工合作社的大量建立，农民收入发生了较大的改变。这份发表于印度全国合作社联盟主办的《合作社展望》杂志上的文章甚至说，根据他们从1982年到1989年的案例分析和调查研究，印度小农户和中等农户从牛奶加工合作社中得到的收入，已经超过了从其他农产品中得到的收入。①

第二，合作社主动进行市场化的调整，由此而成为了我们所说的产业化链条的核心。在印度经济的转型过程中，即在计

① 农业部编：《1993：亚太国家农村合作社》，中国农业出版社1994年版，第22页。

划经济逐渐退出的背景下，合作社越来越积极地投身于市场竞争中，并对来自企业和其他方面的竞争进行积极面对和自我调整。措施之一就是利用自己的发展基础和组织系统，积极从事农产品的生产、加工、销售的一体化经营，甚至有的合作社还将链条延伸到了产前的供应环节，向农户提供信贷、生产资料等，向产后则延伸到储藏、加工、运输、销售等领域，实现合作社自身的一体化经营。合作糖厂、牛奶加工合作社、纺织合作社、水果和蔬菜合作社就是由来已久的榜样。由于合作社努力实施一体化经营，原来关于合作社的那些分类也就很大程度上变得不再合适，虽然合作社各自所属的系统依然井然有序，但是已经很难再用原先的业务和职能去衡量现在的合作社了，原来属于专业性的合作社，综合性特色也越来越浓了。一个表现是专业性合作社要进行一体化经营，自然就很难再坚持仅仅经营同类农产品，合作社的业务范围势必扩大。

第三，合作社整体上又有了很大的发展。印度合作社百年纪念文章这样写道“合作社已经遍布整个国家，估计目前全国有2.3亿成员。合作社信贷系统已是全世界最大的网络，合作社为印度农业领域提供的贷款比商业银行还多。在化肥生产和供销中，印度农民化肥合作社（IFFCO）控制了35%的市场；在糖的生产方面，合作社的市场份额超过了58%；在棉花的买卖和供销中，合作社已经大约拥有了60%的份额；在手工纺织方面，合作社占有了55%的织布机；合作社加工、买卖和供销了50%的食用油；在全国奶业发展局的领导下，通过15个邦的合作社牛奶买卖联合，奶业合作社现已成为世界上最大的牛奶生产者，这依赖于一系列的奶业加工厂、收集站和一个全国牛奶运输网。”①

四是合作社开始积极地开展新业务，拓展新的服务领域。

① Sanjay Kumar Verma, Cooperative Centenary in India, National Cooperative Union of India, *New Sector Magazine*, Issue No 61, April/May 2004. http://www.caledonia.org.uk/verma.htm.

随着印度《保险法》的通过，合作社已被允许进入保险业务。保险业是一个合作社仍未涉入的具有巨大潜力的领域。印度农民化肥合作社最近和一日本公司合作，建立了一个合资企业，并已开始在印度开展综合保险业务。从各种迹象来看，由于政府对合作社重视有加，公共领域，甚至是国有和私有部门传送商品和服务不成功的地方，合作社都有可能进入，人们认为合作社在这些领域也是具有巨大潜力的。说明印度的合作社市场竞争的能力，并不比企业等其他经济组织弱，这当然也是合作社很久以来持续发展积淀的结果。

从 1950 年以来的发展历程上看，印度的农村合作社发展呈现出了在平稳增长中不断强大的态势，发展中没有受到严重的挫折和毁灭性的打击，是非常突出的特点。相反，中国农村的合作社则经历了太多的曲折，好不容易建立起了人民公社为主、供销社和信用社为辅的综合性合作社体系，却由于效率低下而在 1984 年被取消。于是，1984 年以后，合作社体系只有从头再建，平地再起。就是遗留下来的社区型合作经济组织、信用社和供销社，也必须要进行市场化的重新转型。于是，和印度相比较，中国最明显的差距，就是全国性的合作社网络体系远未建立起来。合作社的地位、作用、能力、规模、服务等等，都不可同日而语，处于不同的档次。

从类型上看，印度农村合作社的类型也在进行调整和替代，比如生产合作社的逐渐消失，加工和销售合作社渐渐领先，合作社的服务内容已经不再单一，专业性的合作社不少已经有了综合性的内涵，但是这种调整只是一种系统内部的微调，是一种适应性的变化。而中国的合作社类型，则过于单一和集中，1984 年以前生产型合作社最为突出，1984 年以后，则是专业性合作社发展最快。这样做的弊端是，一种合作社不可能包打天下，虽然有利于政府去规范它，但却不能适应农村经济发展和广大农民的多种需求，也不利于合作社发挥整体优势。在这一点上，印度同样走在我们前面，由于合作社已经伸展到了供应、加工、储藏、运输、销售等环节，在每一个环节都通过自己的合作社发挥作用，其内部经济效果已经呈现出来，合作社才能在与企业的竞争中不处于劣势。而中国单一的专业合作，明显不具有这样的能力，由合作社主导的产加销一体化也才刚刚起步。

从政府的作用上看，印度政府对合作社主要采取了目标规划、资金扶持和法律政策引导的做法。而中国合作社在 1984 年以前受到了国家太多的干预，基本上是国家包办的产物；1984 年以后则一直自己摸索成长的道路，最近才受到国家的重视。

二、1950 年以来印度农村合作社的内部制度

按照制度经济学的定义，制度主要包括产权和委托代理机制以及剩余的分配制度。印度农村合作社的产权制度中，共有权是一种主要形式。除了某些种类的农业生产合作社取消了农民的私有财产外，绝大多数时期，大多数合作社是在不触动农民私有产权基础上的劳动和资产的联合。在印度的农村合作社中，农民入社都要入股，股金都要登记，而且退社时可以退出股份。股权的集中和联合就是共有权的具体表现。共有产权是比公有产权更有效率的一种制度，因为产权的归属明确，产权与收益的关系也比较对称，所以激励是相容的。

印度的合作社委托代理机构比较简单，合作社的成员委托自己（或者自己代表）选出的管理委员会进行合作社的日常事务管理，管理委员会作为社员的代理人，向社员大会或社员代表大会负责，社员民主选举的监事会代表社员对管理委员会的业务进行监督。有研究表明，合作社和企业相比较，内部的管理成本明显要小一些。[①] 原因在于，自我委托代理，也就社

① Dr. Rais Ahmad and Prof. Sami Uddin, 2005: *New Dimensions of Indian Sugar Co - operative Industry in The Era of Globalization*, http: // www. ciriec. uqam. ca / actes/ Ahmad. htm.

员自己寻找代理人代理自己的业务的做法，由于利益的一致性，比起企业的股东委托企业家进行治理，监督费用就会减少很多。不同的是，有些合作社通过管理委员会或者社员大会（社员代表大会）聘请具有业务和管理优势的职业经理，进行日常事务的管理。他们有的代替了管理委员会的职能，有的则在管理委员会的领导下开展工作。由于职业经理的专业优势，合作社的管理水平不断提高。还有一个趋势是，合作社通过聘请外部董事的办法，来减少内部人控制的现象，加强对合作社管理委员会的监督和制约。外聘经理的做法，则是为了充分利用企业家的才能，当然会产生监督问题，而外部董事引入，则不仅可以加强对合作社领导层的监督，减少内部人控制，还可以减少监督外聘经理的费用。

印度合作社的分配制度则较具公平色彩。合作社以利润返还作为主要的分配制度，股金一般不参与分红，只给予一定的股息。以利润返还为主，这在既是农业大国又是人口大国的印度是可以理解的。合作社有很多来自国家和地方的项目、贷款和拨款，国家甚至以资金向合作社入股，所以合作社基本不用从农民手里和合作社以外筹措资金，资金的报酬问题自然也就退居二线，而合作社的业务主要依靠农民的支持，特别是合作社已经将业务拓展到加工、储藏、运输、销售等环节之后，更需要农民社员的密切支持和配合。经过百余年的合作之后，农民社员和合作社之间的关系就形成了固定的行为模式，规范这种行为的制度——分配制度也就一直相沿下来，成为人们自觉准循而不愿改变的传统。以利润返还为主，也是西方国家，特别是合作社历史悠久的国家的共同的最新选择。西班牙的蒙德拉贡，是20世纪50年代国际合作社的典范，不仅只实行利润返还，只支付股息，而且利润返还所得也只是记在个人资本账户上，平时不能兑现，只有到了退休和死亡时才可以领取。最近引人注目的美国新一代合作社，也采用了差不多的做法。比较起来，印度的做法还是较好地照顾了社员收益的。

三、1950 年以来印度农村合作社与政府的关系

印度农村合作社与政府的关系，很长时间内是国家计划与执行计划的微观组织之间的关系。印度第一个五年计划中讲道："政府赞成组建合作社，支持合作社从事的经济活动，特别是农业、销售、加工以及国内贸易等方面的合作，这些合作构成了社会经济发展的重要组成部分。作为民主计划、利益共享、社会发展的整体，合作是实施五年计划的基本特征。"以后的每个五年计划，都要强调合作社与五年计划的关系、合作社的重要性以及政府要支持合作社来实现农民利益等。

政府也确实是这样做的。政府的各项政策和做法，对合作社的发展起着举足轻重的推动作用。

第一，制定法律和政策，出台的《合作社法》，不仅规范合作社和社员行为，还给合作社提供优惠政策，如基层合作社的经营活动在印度一直就是免税的。包括五年计划在内的一些大大小小的支持政策，为合作社的发展营造了良好的环境。

第二，是提供资金和项目支持，为合作社的成长提供强劲助力。这些项目主要有：

加强农村信贷合作社体系建设的项目。项目的主要内容是：以债券的形式向合作社土地开发银行投资，用于农业信贷和合作社废旧机井的修复和利用；向农村信贷合作社提供资金支持；建立农村信贷合作社的信贷保障基金；建立作物保险基金；向基层农业合作社提供资金支持；向农民、无地耕作者提供救济等。其中所需的资金由中央政府拨到邦政府，邦政府再下拨给合作社。

支持合作社生产发展项目。为了实现一些农产品的自给，政府选择油菜籽和豆类作物向合作社提供资金和技术支持。信贷合作社系统从国家农业和农村发展银行得到了一笔特殊的贷款用以支持油菜籽的生产，国家奶制品发展局也对项目给予了支持，从而使油菜籽的生产、加工、销售体系得以建立起来。

生物化肥发展项目。印度全国销售合作社联盟和一些邦的合作社都得到这一项目的支持。

部分农产品价格支持与市场干预项目。国家给予一个保护价，邦政府在此基础上又制定一个额外的优惠价格，使农产品免受市场波动的影响。全国销售合作社联盟被指定执行油菜籽和豆类植物价格支持项目。市场干预项目则包括马铃薯、蘑菇以及水果，增加了对农民的激励。

发展农产品加工项目。糖类加工合作社（合作糖厂）、纺织合作社、油料加工合作社是这一项目的主要受惠者，全国合作社发展公司是这一项目的执行机构。

扩大合作社储藏能力项目。支持基层合作社和各级合作社的仓库和冷库设备建设，增加储藏能力，抵御风险，项目也由全国合作社发展公司执行。

加强生产资料流转体系建设项目。全国合作社发展公司向合作社提供资金支持，用于建设农民服务中心和加快农业生产资料（主要是化肥）的流转。

印度全国合作社联盟项目。用于改善联盟的设施，提高其地位。

妇女参与合作社项目。第八个五年计划期间在全国实施，帮助妇女参加并在合作社中发挥更大的作用。

人才资源开发项目。政府向全国合作社联盟提供资金，由其执行实施合作社的教育和培训项目。

第三，成立专门的机构，以便实施政府的合作社政策和发展规划及项目。这些机构主要有全国合作社发展公司、全国农业和农村发展银行、全国奶制品发展局。由于主要服务对象是合作社，它们甚至被看成是合作社在中央的执行机构。全国合作社发展公司由印度农业部农业和合作局直接领导，通过规划、资金扶持，促进合作社的生产、储藏、加工、销售，同时向合作社提供部分消费品和农产品加工设备。全国合作社发展公司不仅落实政府的项目，自己还组织实施了不少项目。中央政府项目包括：在不发达邦，帮助合作社加工、储藏和销售农产品，执行国际援助合作社的项目，以股份形式参与合作糖厂、纺织合作社，对临近破产的合作社提供资金，向全国合作社联盟和销售合作社联盟提供帮助，传播水果和蔬菜加工技术。自己的项目包括：向资金不足邦的合作社提供帮助，加强基层销售合作社的资金实力，促进合作糖厂加工技术的现代化，向纺织合作社提供帮助，帮助合作社加强储藏和冷藏能力，帮助合作社建立农民服务中心等。所有这些项目在1993年获得的支持资金达到229.86亿卢比，其中119.02亿卢比是给合作社的补贴。

全国农业和农村发展银行成立于1982年，印度储备银行和政府各占50%的股份，主要通过信贷合作社向农业提供资金支持。实施项目的内容包括：向信贷合作社体系提供资金支持；向合作社从事非农活动提供优惠信贷；加强合作社信贷流转体系建设；向各邦政府提供资金，使他们向合作社入股投资；为合作社的人员培训提供资金支持。

全国奶制品发展局的职责是促进奶制品加工业的发展，规划和促进整个农产品加工业的发展。①

由此可见，印度政府与合作社的关系过于亲近，“你中有我，我中有你”，甚至都分不出彼此了。这带来的第一个问题是，政府对合作社过分干预。政府要使合作社实施国家计划，并且不断给予很大的资金支持，自然就不能不经常过问合作社的事务，甚至是不应属于政府管辖的事务，比如中央政府就直接指定全国合作社联盟的主席和副主席。中央政府和各级政府甚至向合作社入股，有的高达总股本的20%。虽然现在已经有很多专家呼吁政府撤股，但是政府却并没有迈出很大的步伐。带来的第二个问题是，《合作社法》和政策对合作社的管束过严，削弱了合作社的民主和自主度，一段时期内甚至使合

① 农业部：《1993：亚太国家农村合作社经济》，中国农业出版社1994年版。

作社成了政府控制农村的工具。比如，《合作社法》规定，负责登记的机构可以强迫合作社修改章程，有权指导合作社的事务，有权要求合作社合并等；合作社管理委员会主席由政府指定；政府可以中止和取代合作社的管理委员会和信贷管理委员会。合作社也就一直在政府的怀抱中步履蹒跚，甚至也成了政党争取选票的对象。

20 世纪末以来，印度政府指导合作社的整体思路正在发生变化，对于合作社的保护、各种优惠政策，包括资金扶持、项目帮助等手段，都在逐渐地减少和弱化，政府希望合作社能够依靠自己，在越来越市场化的经济中占据一席之地。不过，如政府撤资等问题不解决，对合作社的优惠和保护剧减，也是不现实的。只有实现合作社与政府的完全剥离，合作社才能成为真正的市场主体。

在合作社与政府的关系上，印度和中国呈现出了殊途同归的趋势，不管以前的路径多么的不同，却都走向了一个共同的选择——让合作社成为独立的市场主体。不同的是，印度政府是在逐渐松开双手，撤去保护伞，使已经很强壮的合作社凭借自己的实力去遨游市场；中国政府则要在包办控制——许可接受之后，进一步调整对合作社的态度，加大对合作社的支持力度。但是支持的边界是清晰的，就是不能再回到过去的包办控制之中。

可以说，在政府与合作社的关系上，印度的历史经验教给中国的更多，更深刻。

四、借鉴印度经验发展中国的农村合作经济组织

与中国农村合作经济组织存在较多的问题相比较，印度合作社完全从政府的怀抱中独立出来，并在保持组织制度效率的基础上进一步提升合作组织的服务效率。明显地，中国向印度的农村合作社学习，是一种必然的理性选择。

印度合作社对中国的启示主要有：

形成完整的网络体系。印度的合作社经过百余年的发展，已经形成了包括中央支持机构、全国总社、邦合作联社、县合作联社和基层合作社等层级，包括金融、销售、加工等多种职能，拥有全国2.3亿农民的庞大合作网络体系，这就使合作社在与企业的竞争并不处于劣势，实现农民收益的效能也就相当强大。道理就在于，它通过合作社体系内部的分工合作，实施一体化经营，形成了较高的效率；又通过统一的组织体系建设，减少了组织成本，这是印度学者已经从实证研究中得出的结论。[①] 用经济学语言来解释，就是在合作社内部，形成了范围经济。而中国的农村合作社不仅没有形成全国统一的网络体系，而且大多数活动范围很小，基本上属于散兵游勇，加上国家在合作社经济组织方面的法律尚未出台，优惠政策还不到位，合作社的竞争能力，甚至市场议价能力都很不尽如人意。为了实现中国农民的利益，我们必须要想方设法促进合作社的成长，形成一个能够更好荫庇更多弱势农民的网络体系。

让合作社的经营覆盖农产品生产的所有领域，自身形成一体化经营。印度经验最重要的一条是：合作社涉及农产品的每一个领域，从产前的供应，产中的生产，产后的加工、储藏、运输、销售，合作社无不涉猎，并且占有较多的市场份额。比如合作糖厂的产量就基本稳定在制糖业总产量的60%，合作社也就在很大程度上实现了对农产品的垄断经营。无疑，这种垄断经营带来的收益自然是个体小农无法比拟的。而中国的合作社主要是经营同类农产品的专业合作社，分散在产加销等领域而不是合作社自己伸展到所有这些领域，也就不像印度那些专业合作社有着综合性合作社的功能。所以，中国合作社的发展，必须要朝着合作社自身形成一体化经营的方向推进，必须从专业合作社向综合性合作社演进，使农民也能够从生产以外

① Dr. Rais Ahmad and Prof. Sami Uddin, 2005: *New Dimensions of Indian Sugar Co – operative Industry in The Era of Globalization*, http://www.ciriec.uqam.ca/actes/Ahmad.htm.

的环节获得收益。

通过信贷、加工、销售等类型的合作社体系建设，形成强劲的市场竞争能力。就像上文所说，印度合作社能够形成较强的市场竞争能力，主要是靠架构完整，功能齐全，涉及信贷、加工、销售等领域的合作社体系的建立和完善来实现的。正是借助了这个体系，在国家优惠的政策环境里，通过合作社不断拓展业务、深化服务而形成的。合作社强调服务，因此利润返还也就成了主要的分配制度，股金分红并没有在印度起到增强对社员和非社员的激励，融通更多资金，进而扩展合作社业务的作用。由此，中国的合作社建设中是否要强调股金分红的作用，就值得探讨。在政府资金扶持不到位的情况下，在农村又普遍存在资金短缺的条件下，使股金分红在分配制度中占据一席之地，可以理解。但是，倚重股金分红就有可能依靠拥有较多资金的人，这些人不可能完全是农民，他们投资合作社主要是为了得到回报，甚至是最大化的回报，于是合作社是否还属于农民的经济组织，怎样保证合作社始终是农民的经济组织，就成了问题。要像考虑企业家报酬不能封顶一样，考虑股金分红的负面效果。

在既定的路径上不断积累经验并及时进行适应性调整。印度的经验还有一个突出的特点，就是合作社制度变迁的路径形成之后，就在既定的路径上演进，没有发生打破旧的路径的情况。由于总是在既往形成的路径上不断积累经验并进行适应性创新，制度变迁的渐进性、补充性而非突发性、全局性特征，就使制度变革的成本要小得多，渐进过程中不断积累的收益还能化解和减少后续制度创新的成本。所以，印度的渐进性合作制度演进，是一个成本节约型的制度变迁过程。相比较而言，1950—1984 年中国农村的合作制度变迁则具有明显的国家强制供给性、全局性、突发性（一步到位）等特征，由于逐渐地完全脱离了农民的小生产传统，制度变革的阻力较大，造成了制度变迁成本较高的状态。改革开放以后，合作社的制度变迁格局，又演变成了明显的自发诱致性。尚且不说诱致性制度变迁带来的制度短缺问题，仅仅看看两种制度变迁方式替代的过程中，我们失去了多少制度资源？合作医疗要重新建立，困难重重，而原来的人民公社中一直有合作医疗制度存在；现实中对综合性合作经济组织的需求，尤其是对从事农业一体化经营的专业合作社和综合型合作社的需求，更是一个制度变迁过程断裂带来的遗憾，因为人民公社就是一个综合性合作社，我们却把它不加分辨选择的一概抛弃了；属于人民公社的社队企业也变成了乡镇企业，并逐渐地离农了，致使农产品加工业现在大多控制在与农民对立竞争的民营企业手里，合作社的农产品加工，只有在失去了先发优势的环境里艰难生长，竞争图存；供销社和信用社的改革虽然在不断推进，但是远远没有成为农民的合作经济组织，农民的合作社也只有自己融通资金和展开销售，基本上得不到来自信用社和供销社的帮助。总之，制度变迁过程断裂，是中国农村合作社变迁中出现的最大遗憾之一。虽然这是由多种因素综合作用的结果，但今后合作社变革无疑应该特别慎重地避免和减少从头再来的现象，避免和减少由此带来的巨大损失。

政府加强法律政策、资金、技术、人才等支持，税收等优惠，使合作社自主发展成为市场主体。印度和中国的经验表明，政府既不能过分干预合作社的事务，也不能对合作社放任不管。因为强制性制度变迁容易导致政府引发的制度失败，而诱致性制度变迁容易导致制度供给不足，克服这一难题的办法就要使政府在自己的“市场经济守夜人”角色定位上，发挥应有的作用。政府应该积极地站在合作社之外，加强对合作社的法律政策、资金、技术、人才等支持，向合作社提供税收等优惠，为合作社的发展营造良好的环境。目前最急迫的事是，要通过正在进行的合作经济组织立法，肯定合作社的市场主体地位，给予合作社在所得税、营业税、销售税等方面的明令优惠，给予合作社从事农产品垄断经营的例外许可。

第四节

农民专业合作经济组织发展方向与对策①

目前，我国农民专业合作社的发展还处于起步阶段，各类农民专业合作社实力不强、运作不规范、经营机制不健全，在发展中受到各方面的压力，远远没有发挥出应有的组织优势，农户在社会化大生产中处于明显的弱势地位。而各国农民合作社发展的实践证明，合作社是引导农民参与社会化大生产、切实维护农民利益的有效组织形式。发展农民专业合作社是农民的需要，是提升产业化经营水平的需要，是农村改革发展的需要。

一、发展方向

基于我国农村合作经济组织发展的基本情况，结合今后环境条件的变化，我们对未来我国农村合作经济组织发展趋势和方向判断如下：

1. 农民专业合作社逐渐向“贸工农一体化、产加销一条龙”的产业化经营方向发展

农民专业合作社在发展过程中逐步认识到，农产品只有经过深加工才能进一步开拓市场，才能大幅度增值。目前，大部分有实力的农民专业合作社已经开始创办农产品加工企业，暂时没有条件的就与农产品加工企业联合，出现“公司 + 农民专业合作社 + 农户”或“农户 + 农民专业合作社 + 公司”等

① 本节内容选自农业部软科学课题“规范和壮大农民专业合作社发展研究”（课题编号：Z200809），课题主持人：夏英。

形式，将企业与农民连成一体，使农民能够享受到加工销售环节的利润，增加收入。有些农民专业合作社不仅与龙头企业挂钩，还与农产品批发市场、超市挂钩，形成生产、加工、销售完整的链条。

2. 农民专业合作社通过增强服务功能，逐步由松散联合走向紧密联合、由劳动联合走向劳动与资本的双重联合，成为股份合作制的实体化经济组织

农民专业合作社兴办初期，一般是以技术、信息、服务为主的简单联合，随着生产发展，逐步走向生产、加工、销售等各个环节的全面合作，形成生产经营实体。在此基础上，有些农民专业合作社以劳动、资金、土地经营权等参股原有龙头企业或是新组建股份合作制龙头企业，由劳动合作向产权明晰、权责明确、管理科学、充满活力的资本合作过渡。

3. 农民专业合作社经营范围日益成为推进农业区域化布局、专业化生产、规模化经营的重要载体和做好“三农”工作的主要抓手

可以预见，农民专业合作社将逐步突破行政区划、所有制界限，把从事同类生产的农户联结起来，使一家一户的小生产走向规模种植、规模养殖、批量生产，实现产加销一体化经营，进而形成各具特色和竞争优势的产业带或产业群。农民专业合作社采用先进的生产技术和设备，实行集约化经营，使农业在家庭承包经营的基础上形成生产的专业化、社会化。

4. 农民专业合作社日益成为联系政府和服务农民的桥梁与纽带，经济与社会影响力持续扩大

随着农村市场经济的不断发展，农民专业合作社的中介作用日益突出，其组织农民、培训农民、带领农民发展经济的作用不断体现出来，已经在农民和企业、市场之间发挥了重要的纽带作用。随着它的不断发展，作为农民利益的代言人，必将成为农民和政府之间联系的重要渠道，弥补当前农村行政管理方面的薄弱环节，促进农业产业政策的落实，推动乡镇涉农机

构的转型，特别是目前一些经济技术部门牵头领办的农民专业合作社，将成为促进政府职能转变的重要力量。

5. 农民专业合作社占主导地位，合作社间联合将逐步显现

与小农分散独自进入市场相比，合作社有着明显的优越性，但是，与其他市场主体例如大公司相比，合作社的竞争力量仍然有限。随着外部市场竞争的不断加剧和合作社业务的不断扩大，合作社之间存在着联合起来、进一步提升市场竞争力、降低经营成本的内在动力。合作社联合社的出现，不仅可以通过横向一体化实现规模经济、范围经济，并最大限度地降低合作社的交易成本，提高议价能力，改善为社员的服务，解决合作社依靠自身力量无法解决的问题，而且可以促进纵向一体化经营，向农产品深加工领域延伸，扩大合作社的业务范围，巩固和增强合作社的市场地位。《农民专业合作社法》颁布后，随着农民专业合作社的数量、规模呈现加速增长的态势，合作社联合组织的发展势头已经显现。例如浙江省衢县，全县十几家柑桔专业合作社自愿成立了联合社，统一经营，代理各专业社的产品，避免了合作社之间的自相残杀。又如，2006 年来自北京市密云县最大养殖小区李各庄奶牛合作社的理事张玉良提出建立奶牛合作社联合社，并取得了其他部分理事的同意，密云县政府也积极支持。他们联合本县境内所有的奶牛合作社，并吸纳了几家规模奶牛养殖场，成立了奶牛合作联社，目前其鲜奶生产规模占到了全县总产量的 70% 以上。

合作社联合社是合作社发展到一定阶段的产物。从联合组织的性质看，既有社团性质的，对内开展基层社的业务指导、对外代表基层社维权；也有企业性质的，开展经营业务。可将联合社分专业性和综合性两种类型：一类是同类农产品的再合作与再联合组织，属于专业类型，应实行工商注册登记，按照经济实体的要求运作；另一类是不同类的农产品专业合作社的再合作与再联合组织，属于综合类型，应实行民政登记，按协

会形式运作。这两种类型的联合社均有独立的法人地位。从现实出发，县及县以下应多发展同类农产品的专业社联合社，县以上应多发展综合性的专业社联合社。

二、对策建议

在当前和今后一个时期，我国农业面临农业国际化新趋势和能源农业不断扩张的新形势，加之发展现代农业和巩固农业基础地位的要求，我国发展农民专业合作社的基本思路是：在稳定农村基本经营制度的基础上，遵循市场经济规律，尊重基层的创造，以增加农民收入为目标，坚持民主自愿开放、互利互惠共赢、发展规范并重，通过指导方式创新、管理体制创新、发展环境创新，依靠政府推动、能人牵动、典型带动，充分调动农民、龙头企业、基层专业经济技术部门和村级组织发展农民专业合作社的积极性，逐步构筑起以专业合作社为主体，以专业协会、行业协会、股份农民专业合作社为补充的服务综合化、经营实体化、运行规范化、组织网络化的农民专业合作经济组织体系，形成以家庭经营为基础、专业合作为纽带、产业化经营为导向、社会化服务为支撑的现代农业经营方式。

（一）加大舆论宣传，提高思想认识，营造良好环境

农民专业合作社是一种特殊类型的经济组织，有着独特的使命、价值观、行为准则和制度。只有全社会尤其是广大农民了解和接受农民专业合作社的价值的原则，充分认识农民专业合作社在市场经济发展中的功能作用，才能唤醒农民的合作意识，调动社会各方面的力量，自觉为农民专业合作社的发展创造条件，农民专业合作社的发展也才能走上持续健康的道路。

要充分利用各种新闻媒体，加大宣传力度。要利用各用农民喜闻乐见的形式，广泛而深入地宣传发展农民专业合作社的意义，有重点、有步骤地宣传农民专业合作社的原则和价值，

使广大农民充分认识到大力发展农民专业合作社是农村市场经济的客观要求和必然趋势，为农民专业合作社的发展创造良好的社会氛围。

要加快普及合作知识，全面提高农民专业合作社成员的素质和开拓市场的能力。要努力使农民群众认识到，这种新型农民专业合作社，建立在农民自愿的基础之上；对农民专业合作社的管理以经济和法律的手段为主，贯彻“入社自愿、退社自由”和“民办、民管、民受益”的原则，实行民主管理，由农民自己控制。它的出现顺应市场经济发展的客观规律，是农业生产力发展的要求和结果，是农民自愿、自助、自我服务的产物。与过去那种建立在计划经济体制基础之上的，实行高度集中的计划管理的合作社、人民公社是完全不同的。要努力使广大农民走出认识上的误区，从而调动起他们参与农民专业合作社的主动性和积极性。

要抓好试点示范，总结推广成功经验。扶持农民专业合作社健康发展的最有效途径就是先抓典型，开展试点示范，然后在巩固试点成果和总结经验的基础上，再逐步推开，稳步地一批批地办好农民专业合作社。通过典型示范、总结推广，既使广大农民亲自体验或亲自看到参加农民专业合作社的好处，从而调动更多的农民参与的积极性，也使政府部门在实践中掌握了如何指导农民专业合作社发展的经验，然后再去指导实践。

要努力提高广大干部特别是基层农村干部对农民专业合作社的认识。要不断提高他们对农民专业合作社内涵、性质、地位、作用的认识，搞清楚农民专业合作社在社会主义市场经济新体制中的重要地位和作用，努力消除他们对农民专业合作社的误解和对既有管理职能和地位被取代的担心，提高其对发展农民专业合作社的必要性和紧迫性的认识。引导他们从农村改革发展的全局和社会主义新农村建设的高度去认识和对待农民专业合作社这一事物，进一步增强工作的主动性和创造性。

（二）建立健全合作社内部治理机制，摆脱内部人控制，规范发展农民专业合作社

发展壮大农民专业合作社，必须大力完善管理制度、加快创新组织形式、努力提升服务水平。政府的外部扶持终究是外因。农民专业合作社要扩大规模、壮大实力，关键还要依靠自身的努力。从农民专业合作社发展水平较高的国家或地区可以清楚看到，随着国际市场一体化程度的提高和市场竞争的加剧，农民专业合作社必须在以下三个方面加强自身建设。

1. 建立健全组织机构和规章制度

要积极引导农民专业合作社加快建章立制、规范运作，不断健全法人治理结构，建立健全成员（代表）大会、理事会、监事会等组织机构，完善会计、审计、公开、财务管理、风险防范等制度，逐步建立与国际接轨的质量管理全程控制体系，努力提高整体管理水平，保证农民专业合作社规范运行。特别是对于刚刚创办的或官办特征明显的，要积极引导建立健全现代管理机制、市场经营机制、有效激励机制、合理分配机制等现代化运作机制，促进农民专业合作社持续稳定发展。

2. 构建“能人”治社与民主管理相协调的运行机制

我国农民专业合作社中的相当一部分是通过农村中的“能人”和大户建立起来的，甚至有些合作社具有一定的家族特色，与龙头企业有着密切的关系。如何处理好“能人”治社与民主管理的关系直接关系到合作社能否持续发展。“能人”治社与民主管理不能偏废。一方面，农村“能人”、大户，懂经营，善管理，拥有广泛的人际关系，了解农村和农民，很有影响力和带动力，也比较容易接受新知识、新观念，所以，应当大张旗鼓地引导“能人”、大户领办合作社、管理合作社，充分发挥“能人”、大户的积极性和创造性；另一方面，必须完善民主管理制度，保证合作社“民办、民管、民受益”的方向。为此，应从四个方面构建“能人”治社与民主管理的运行机制：一是合作社成员大会选举和表决，实行一人一票制，根据《农民专业合作社法》的规定，对出资额或者与合作社交易量（额）大的成员给予总计不超过20%的附加表决权，以鼓励“能人”创社、治社的积极性；二是强化理事会的日常决策功能，合作社的业务决策无需都由社员（代表）大会表决，充分相信“能人”，提高“能人”治社的自主性；三是加强审计监督管理，健全约束机制，防范“内部人控制”，切实保护合作社的集体权益，防止合作社利润、资产流失，维护广大社员的经济利益；四是引入专业人才管理制度。专业人才不是社员，接受理事会的聘任，向合作社理事会负责，但对日常管理事务有决策权，对重大项目应实行可行性分析等科学决策制度。

3. 完善合作社的利益分配机制

首先要求建立财务核算机制。合作社应当按照国务院财政部门规定的财务会计制度进行会计核算，设立专门的财务机构。从目前调研到的涉农企业参与性合作社的运作情况看，专门的财务制度大部分还没有建立起来，这也是导致利益分配不规范的重要原因。其次，要构建有效的风险调节机制和自我发展机制。为了增强合作社抵抗市场风险和拓展业务的能力，合作社应当按照章程规定或者社员（代表）大会决议从当年盈余中提取公积金，以用于弥补亏损和扩大再生产。合作社在发展初期阶段，应适当增大公积金的计提比例。从涉农企业参与性合作社目前发展情况看，公积金的计提比例在70%左右。再次，要形成合理的盈余分配机制。涉农企业参与性合作社必须遵循我国《农民专业合作社法》的有关规定，按交易量（额）分配不得少于可分配盈余的60%。对于按股分红方案的确定，各地合作社可以根据实际情况，由社员（代表）大会投票决定，既可按股份比例分配剩余的可分配盈余，也可参照国外一些合作社的做法，按照银行的利率或适当高于银行的利率，作为出资的固定报酬。通过对各地涉农企业参与性合作社的调查发现，多数合作社分配以按股分配为主，这有悖于合作制基本原则，今后的实践中必须加以规范。最后，要构建激励和约束机制。合作社里往往还有一些成员既不能完全通过股份，也不能通过交易量（额）体现的，如高层管理者、有经验的营销人员等，可采取报酬与业绩挂钩的办法，以体现他们对合作社的价值和贡献。当然，对于不能完成既定的经营目标者，也要有相应的风险承担措施。

（三）实施横向、纵向联合，提高合作社市场竞争力和持续发展力

要创新外部组织形式。在农民专业合作社发展初期，“公司＋农户”或“公司＋合作社＋农户”的模式比较顺应生产力的发展要求。但公司与农户毕竟是不同的利益主体，两者之间脆弱的契约关系面临很大的市场风险，农民相对而言比较弱小，利益分成也总是处于不利地位。从发展农民专业合作社的本意出发，农户之间的联合、合作是农民必然的选择。要从各地自然、经济、社会等条件出发，鼓励农民创新，尊重农民创造，多形式发展真正意义上的农民自发合作组织，并把农民专业合作社办成利益共享、风险共担的组织，办成互助合作、共同致富的经济组织。

要提升为农服务水平。农民专业合作社的主要功能是通过自身的经济活动，为社员提供行之有效的综合服务。要加强业务指导，引导农民专业合作社健康发展。通过不断的发展与完善，充分发挥农民专业合作社的积极作用，努力突破单一的服务功能，扩大服务范围，延长服务链条，满足农民需求。要完善利益分配机制，不断增强农民专业合作社的带动力、影响力和辐射力，吸引更多的农民入社，建成效率更高、稳定性更强的农民专业合作社。

为实现规模经营，各个农民专业合作社之间必须实行横向或纵向联合。所谓横向联合，就是要打破地区界限，实现同一类型专业合作社的联合。区域界限的存在，使得农民专业合作社活动的空间和服务的内容都比较狭窄，由此限制了合作社的规模，合作社应有的功能得不到很好的发挥，这不符合农业发展对合作社的要求。在市场经济条件下，发展农民专业合作社应该根据农业经济发展的内在要求，广泛进行横向联合，要大力发展跨自然村、跨乡镇、跨县（市），甚至跨省区的专业合作社联合社和全国专业合作联合总社。所谓纵向联合，就是以农业产业链条上的某一环节为中心，向前、后延伸，将在同一产业链条上的各个农民专业合作社联合在一起，建立一体化组织。这样不仅可以较好地解决好农产品的产供销各个环节之间的衔接问题，而且将由农业生产所派生出来的供销等各环节所可能增加的利润都保留在农业产业范围之内。具体而言，首先在较小范围（如以乡镇为单位）内组建基层联合社，在此基础上以一定区域内（如县、市）的农民专业合作社组建基层专业合作社联合总社，再在此基础上组建更高一层次（如省级）的专业合作社联合总社，最后在全国范围内成立全国专业合作社联合总社。

农民专业合作社的联合，有助于壮大合作社的实力，拓宽合作社的服务领域，完善合作社的功能。但是，应该注意：无论是哪一种形式的联合，都必须遵循自愿的原则，反对行政命令；联合总社是各个农民专业合作社的协调机构，而非决策机构，各个农民专业合作社具有经营自主权，联合总社的主要任务是统一、协调各农民专业合作社之间的行为以及协调与政府间的关系，而非政府行政权力的延伸；各级联合社的组成要遵循农民专业合作社的原则，贯彻“一社一票”原则，坚持效益优先原则，联合总社的建立是为了能够带来规模效益和一定的社会利益，但层层组织的建立势必增加农民专业合作社的管理成本，因此，必须考虑到联合农民专业合作社的实际效益，确定合理的规模；此外，还要正确处理好农民专业合作社联合总社与各级政府及相关管理部门的关系，防止联合组织异化。

（四）加强政府对农民专业合作社的指导、服务和监督

长期以来，我国农民专业合作经济组织发育水平还不够发达，农民组织化程度较低，普遍存在着政策扶持不足、贷款困难、合作社独立性不够等问题，这些问题的存在，除了源于我国农民家庭经营过于分散、农民群体极度弱势、合作意识较淡薄等内因外，政府作用存在错位、越位、不到位也是不可忽视的重要外部因素。在当前我国《农民专业合作社法》及一系列相关法律政策体系建设逐步完善的有利环境下，结合出现的新问题，政府应着力在以下方面改进与完善相关政策与制度：

完善登记制度，简化登记手续。针对目前农民专业合作社在工商登记中存在的新问题，包括登记注册手续烦锁、有些经营项目尚不能登记、登记之外的相关收费标准不一或偏高等，建议对设立农民专业合作社的登记手续再进一步从简，并在农民身份界定和农业经营范围上从宽掌握。比如，从事农业生产的农牧场职工，已转为城市居民而仍然从事农业生产的原农村集体经济组织成员可作为农民身份组建专业合作社。农民从事手工编织、农家乐、乡村民俗游等经营项目也应给予经营许可。此外，按经济实体运作的联合社，需要工商注册登记，但现行的《农民专业合作社法》没有对此进行具体规定，实践发展中的农民专业合作社联合社已碰到这一问题，有的因此不得不登记为有限公司或仍然登记为社团。浙江省人民代表大会颁布的《浙江省农民专业合作社条例》，明确准予实体型农民专业合作社联合社在工商部门注册登记，各地方可以借鉴。

加大力度，持续开展合作社人才培训教育工作。在目前相关法律政策环境十分有利于农民专业合作社发展的形势下，人才队伍建设则是确保合作社规范发展与壮大的关键，是合作社制度有效供给的源泉，因此要在现有工作基础上，持续开展和加强农民专业合作组织人才队伍建设。依托院校建立合作社学

院，培养合作社经营管理专业人才，培养后续具有专业知识的指导人员队伍，保证合作社工作指导水平不断提高。要充分利用农业系统培训教育资源，特别是现代农业远程教育资源，对专业合作社理事、监事、技术人员、经营管理人员、财务会计人员开展培训工作，努力造就一支善经营、会管理、懂技术、有奉献精神的农民专业合作社经营管理人才队伍，提高农民专业合作社内部的经营管理绩效。

依法加强业务指导和服务工作。农业行政主管部门制定农民专业合作社建设与发展的业务指导操作规范，认真做好农民专业合作组织的指导和服务工作。特别是要以农民专业合作社示范社为中心任务，积极扎实推进农民专业合作社示范社建设。突出示范社工作，以制定章程和建立成员账户为重点，指导农民专业合作组织完善财务会计制度、民主管理制度和盈余分配制度。结合《农民专业合作社法》执法检查和农民负担检查工作，组织开展面向农民专业合作社的收费检查，清理取消不合理收费，制止乱收费现象。组织动员有条件的农民专业合作社参加有关农产品交易洽谈会、博览会、展销会等活动。加强信息服务，建设好“中国农民专业合作社网”。农业行政主管部门要做好农民专业合作社登记的前置辅导工作，依照《农民专业合作社法》和《农民专业合作社示范章程》的规定制定组织章程，建立民主的管理制度，做好农民专业合作社基本情况的统计工作。

明确金融扶持政策：①国家开发银行、农业发展银行等国家政策性金融机构，要为农民专业合作社提供多渠道的资金支持，放宽贷款用途；实行优惠利率，由政府政策性金融机构直接安排低息贷款等，并尽快研究制定支持农民专业合作社的实施方案和操作办法。②农村地区的农业银行、农村信用社等农村商业性金融机构，要采取多种形式为专业合作社提供金融服务。其方式包括：对农民专业合作社降低贷款条件，加大信贷投放力度，优先提供低息和中长期信贷支持，限定对合作社贷款特别是粮食等种养贷款的最高利率上限。实行“一站式”服务，在信贷审批、利率标准、信用额度、信贷种类等方面提供方便和优惠，不断提高满足贷款需求的能力。③健全贷款担保机制。由中央和省级财政支持建立合作社信用担保机制，组建专门的担保机构，或由财政补助社会其他担保机构为农民专业合作社获得金融支持提供担保。积极鼓励开展农村抵押贷款。要在现行法律框架下，积极开展存货、应收账款、生产订单和仓单抵（质）押贷款。凡法律法规不禁止、产权归属清晰、价值评估合理的各类农村资产，都可以作为贷款的抵（质）押物，如林权抵押、依法可流转交易的水域权抵押、草场抵押等。④探索农民专业合作社农业保险方式。把农民专业合作社及其成员纳入农业政策性保险试点范围。开展农民专业合作社保险保费补助试点和互助保险试点。保费补助由中央和省级财政提供。

第五节

农民专业合作社法的探讨①

一、立法滞后是农民专业合作经济组织发育不充分、功能难以充分发挥的根本原因

我国农民专业合作经济组织发育滞缓，还很不充分，原因是多方面的，诸如：由于改革开放前合作化运动（实质是集体化而非合作化）的失误而“谈合色变”；一些地方政府对农

① 本节内容选自农业部软科学课题“农民专业合作经济组织的组织类型与管理模式研究”（课题编号：200424—1），课题主持人：郑有贵。

民专业合作经济组织没有实质性扶持政策，甚至采取歧视政策等。这些因素都客观存在，但非根本因素。农民专业合作经济组织发育不充分、功能难以充分发挥的根本原因是由于立法滞后而法人地位没有明确。

第一，合作社由于其法人地位不明确，亦即合作社制度未得到法律的认可，发展合作社只是一种号召，仍不能在工商部门登记，因而合作社还不是法律允许的特殊企业，也不能开展经营业务，这制约其进一步发展。更为严重的是，还使得一些只需办合作社，但却不得不先办公司，即“公司 + 农户”的产业化经营模式，然后再转型为“公司 + 合作社（协会）+ 社员（会员）”的农业产业化经营模式。笔者主张农业产业化经营发展模式多元化，认为“公司 + 农户”向“公司 + 合作社（协会）+ 社员（会员）”模式转型有利于实现公司与农民的双赢，但不可否认也造成组织重叠设置而带来一些矛盾，并有可能导致部分合作社（协会）成为公司对农民进行控制甚至进行剥夺的工具。

第二，合作社由于其法人地位不明确，贷款难而制约其进一步发展。例如，湖南省有一个合作社，2003 年被农业部命名为先进合作社，但由于不能在银行得到其所需要的贷款规模，难以实现其扩大经营规模的要求，2004 年初不得已改成了有限责任公司。合作社得不到较大规模贷款，其社员也只能申请到小额贷款，这也不能满足社员经营规模日益扩大的需求。

第三，合作社由于其法人地位不明确，导致在经济交往中难以给人稳定的预期，这使得许多企业只愿与县乡政府签订合同而不是与合作社签订协议，即合作社不能以独立经济实体开展各项经营活动，其正常的权益得不到保障。同时，也是由于合作社法人地位没有确立，不能参与诉讼和应诉，必然在反倾销中处于不利地位而不能保障其合法权益。

总之，农民专业合作社得不到充分发展，其功能得不到充分发挥，分散经营的农户与各国的大公司、大合作社的竞争将处于不利地位。

二、给农民专业合作经济组织构建一个发展壮大的法律制度平台

农民专业合作经济组织是农民自己的事业，所需启动资金量不大，起步快，合作事项可根据需要由少到多逐步增加，滚雪球式发展，带动面广，能够真正起到“建一个组织、兴一项产业、活一地经济、富一方百姓”的作用。笔者所知，浙江省、山东省莱阳市、湖南省益阳市及广西壮族自治区的部分地方另辟蹊径，允许农民专业合作社以合伙企业等形式在工商部门登记。尽管按合伙企业登记与其合作社性质不符合，但由于合作社按合伙企业登记后，一方面取得了合法的经营权，另一方面其正常的经营活动和合法权益能够得到保障，因而这些地方的合作社获得长足发展。山东省莱阳市的各类专业合作社达 400 多个，拥有社员 17 万户，占全市 22 万总农户数的 77%。可以预测，合作社法人地位一旦得以明确，即确立其属于特殊企业，合作社即可获得一个可以发展壮大的制度平台，形成“合作社 + 社员”的产业化经营模式，合作社还有可能兴办自己的公司而发展成“合作社 + 公司 + 社员”的农业产业化经营模式。换言之，“合作社 + 社员”、“合作社 + 公司 + 社员”将日益成为农业产业化经营的重要模式。如此，农业产业化经营发展的进程将加快。因此，应加快农民专业合作经济组织立法进程，以明确合作社法人地位，给农民专业合作经济组织构建一个发展壮大的制度平台，并建立一个旨在使合作社得以尽可能迅速、简化、负担得起和高效率地进行注册的制度，已迫在眉睫。

农民专业合作经济组织立法，主要解决三方面问题：①确立农民专业合作经济组织的法人地位；②通过对农民专业合作经济组织基本制度的规范而形成适应市场经济要求的、能够实

现持续发展的合作社机制，③确立对农民专业合作经济组织支持的政策框架。

关于农民专业合作经济组织立法，建议制定农民专业合作社法，理由如下：①如果制定农民专业合作经济组织法，调整对象宽泛，这是有利的一面；同时也有不利的一面，即农民专业合作经济组织的外延很难界定，使得法律制定后其实施难度也较大，且容易形成“合作经济组织是个框，什么都往里面装”的局面，导致农民专业合作经济组织的泛化和混乱，有可能导致没有承担民事责任能力的合作经济组织甚至是假合作经济组织也予以其合作社法人，这不利于农民专业合作经济组织的健康发展。②如果制定农民专业合作社法，其调整对象较为清楚，既有利于农民专业合作经济组织的健康发展，又有利于法律的实施；很多现在叫协会的组织，由于已开展经营活动，包括组织与成员进行产品交易、生产资料交易或商标使用权交易等，很多协会都具备了合作社的特征。换言之，这些协会可发展转型为合作社，有的经营业务开展较好而盈利能力较强的协会可直接改称合作社，即农民专业合作社法对现行有经营活动的协会也可以进行调整；那些单纯从事技术推广、交流的农民合作经济组织，由于不从事经营活动，不具备承担相关民事责任的能力，列为农民专业合作经济组织法调整对象没有必要。③不同类型的农民专业合作经济组织用不同的法律加以调整。笔者主张，农民专业合作经济组织的组织模式应当多元化，包括专业合作社和专业协会都应当获得充分发展，但专业合作社和专业协会由于法人属性不同，应用不同法律加以调整，即：协会属于社团法人，应由社团法加以调整，在民政部门登记；合作社属于合作社法人，应制定农民专业合作社法加以调整，在工商部门登记。换言之，农民专业协会法人地位已明确，只需要制定示范章程即可，而农民专业合作社法人地位不明确，故需要制定农民专业合作社法。这也是目前农民专业协会发展较多而农民专业合作社发展较少的重要因素。

制定农民专业合作社法，应当处理好以下二方面的关系：

第一，处理好规范性与灵活性的关系。立法的目的是保障和促进农民专业合作经济组织的发展。如果脱离实际照搬理论或国际经验而只强调规范性，很可能抑制农民专业合作经济组织的发展。对处于起步阶段的我国农民专业合作经济组织，在立法中应处理好规范性与灵活性的关系，给农民专业合作经济组织的发展留下空间。

第二，处理好立足现实与前瞻性的关系。立足现实，就是要充分考虑我国农民专业合作经济组织处于起步阶段和规模较小这两个特点。这就要求登记门槛要低；组织机构设置应从简，如成员少时，只设执行理事而不设理事会，只设执行监事而不设监事会，以降低组织成本；等等。具有前瞻性，一方面，要正视合作社的规模将日益扩大并成为农业产业化经营龙头组织的趋势。随着农民专业合作经济组织的发展壮大，会有很多非社员的专职雇员，包括经理、部门负责人及一般工作人员，为调动他们的积极性，应当允许他们参加民主管理，即应当允许雇员参加社员（代表）大会、理事会。另一方面，要正视在市场经济条件下资本对合作社原则构成的挑战，充分考虑股金权益，处理好股金结构与治理结构、分配政策的关系。

三、立法中关于合作社的原则与制度安排

合作社机制是通过合作社制度的作用而形成的。合作社原则是合作社制度的表述形式，合作社的产权制度与治理结构、分配制度等制度是合作社原则的核心。换言之，对合作社原则与合作社制度安排应一并进行研究。据笔者调查，绝大多数农民专业合作经济组织都制定了自己的章程，但不少农民专业合作经济组织的章程是抄来的，只是改了组织的名称，千篇一律，在实践中完全按章程规定运作的较少，甚至有的章程形同虚设，或由部门、公司、大户控制，或由内部人控制。究其原因，除成员参与意识不强外，根本是由于其产权制度及与之相

应的治理结构、分配制度不符合实际所致。合作社制度是现代企业制度，它是适应市场经济要求而具有生命力的制度。如果合作社追求所谓的独特制度而不适应市场经济要求，那就会唯原则而原则，走向教条化。因此，立法应对合作社制度做出适应性安排。

1. 确立合作社原则需要考虑的因素

有人提出我国农民专业合作经济组织的原则是“民办、民管、民受益”，这充分强调了农民在合作经济组织中的主体地位，并反映了农民专业合作经济组织的实质，已被广泛接受。但是，“民办、民管、民受益”原则较为抽象，操作性没有体现出来。鉴此，本书以“民办、民管、民受益”原则为基础，对合作社原则做进一步探讨。

对我国农民专业合作社原则的探讨，应充分考虑以下三方面的因素：

一是国际通行的合作社原则对合作社特性的规定。1995年，国际合作社联盟百年庆典大会将合作社原则完善为7条。其中，社员的民主控制和社员经济参与这2项原则规定了合作社有别于其他企业的制度。1995年国际合作社联盟代表大会通过的《国际合作社联盟关于合作社定义、价值和原则的详细说明》对“社员的民主控制”原则的解释是：指社员管理合作社的民主形式，在基层合作社实行社员一人一票的投票权；其他层次的合作社也要实行民主管理，投票权由其章程规定。对“社员经济参与”原则的解释是：指社员要公平地入股，并民主管理合作社的资本；但是，入股只是作为社员身份的一个条件，分红要受到限制。换言之，社员必须向他们的合作社投资，但合作社的宗旨是为社员服务，合作社的资本从属于这个宗旨，入股只是取得社员资格、获得合作社的服务和享受社员优惠的条件，不是以获取股金分红为目的。因而，入股要采取公平的方式，如果实行股金分红，对分红也要有所限制。笔者认为，合作社原则不可否认应根据本国实际予以创新，否则合作社就会因不适合国情而被淘汰，但体现合作社特性的“社员的民主控制”和“社员经济参与”两项原则是根本性原则，不可或缺。

二是合作社的筹资能力。在利益最大化的驱动下，资本向公司制企业集中，股份制企业等资本导向型企业成为主流经济，如果合作社原则不加以完善，合作社缺乏资金的问题将日益突出。因此，合作社应对产权制度、治理结构、分配制度等制度进行适应性创新，以增强合作社的筹资能力。

三是历史教训。20 世纪 50 年代我国农业生产合作化运动中农民私有财产被无偿“归大堆”到合作社，农村人民公社的“人人有份”而“人人失权”的模糊的产权制度，都是对农民财产权的剥夺，教训十分深刻。因此，应当将农民专业合作社产权明晰化。

下面，针对上述三方面的因素，对农民专业合作社产权制度及与之相对应的治理结构、分配制度做进一步探讨，并在此基础上概括合作社原则。

2. 产权制度与股金结构

产权制度是经济组织的核心。在市场经济条件下，任何经济组织，其决定因素都是产权制度，它决定治理结构与分配关系，进而决定组织的生存与发展。农民专业合作社作为现代企业，必然要选择适合市场经济要求的产权制度。否则，合作必然是在强制性行政干预下的合作，是没有生命力的合作；或者搞假合作，部门、公司、大户等利用农民专业合作经济组织对农民进行控制或剥夺。因此，在农民专业合作经济组织立法时，必须对产权制度与股金结构、组织制度与治理结构、分配制度做出科学安排，使其形成适应市场经济要求的合作机制。

合作社产权制度安排，最主要的是通过产权清晰化而形成激励机制，具体包括以下四个方面的内容：

股金结构。这是事关合作社投票表决权的决定因素。合作社在发展壮大过程中，除自身积累滚雪球式发展外，还不能排除向成员和非成员筹资。如此，就发生农民专业合作经济组织“民有”性质是否会改变的问题。对此，有两种主张：①不限制投资股金数量，而只限制投资股金的投票权；②限制单个成员的持股额，特别是限制投资股金在总股金中不超过50%，以防止投资股的绝对控股现象的发生。之所以提出这一问题，是因为现实中，很多合作社是由部门、龙头企业或涉农组织、大户牵头举办的，其在农民专业合作社中往往拥有大部分的股份。笔者认为，应当采取第一种形式，这既有利于合作社筹资而实现更大的发展，又不损害合作社民主管理机制。成员或非成员可以根据合作社制度安排，进行投资收益比较或机会成本核算，做出投资或不投资的选择。换言之，合作社应当把投资的选择权交给投资者，而不能把成员或非成员向其投资的门给关了。

产权明晰化。合作社产权明晰，包括两个层次的问题：一是成员私有财产与农民专业合作社的财产应当分开，即农民专业合作社的财产应当独立于其成员的财产。二是对农民专业合作社的财产实行股份化联合所有的产权制度，以明晰农民专业合作社财产权。换言之，农民专业合作社的财产，全部股份化，资产增值部分（包括公共积累）部分，或者资产损失部分，都分摊到各成员及投资人所持股份。通过对农民专业合作社产权的明晰，成员既可以获得资产增值的收益，同时也要承担资产损失的责任，可以避免传统集体经济组织产权模糊导致的“人人有份，人人失权”问题，升值及损失都很清楚，可以调动成员积极性，也增强成员对农民专业合作社进行监督的主动性。同时，由于合作社产权清晰，有利于筹集到更多的投资股，进而有利于农民专业合作社的发展壮大。

社员股金主要用于合作社的购销、储运、加工等经营活动，不能用于支付工资、奖金和行政管理费用。

资产投资管理。农民专业合作社可以用自有资产独立举办企业，并对企业的出资承担有限责任；与其他投资主体共同举办企业，按照注册的企业类型依法承担责任；以自有资产对外投资，其投资额不得超过净资产总额的一定数量，如50%。农民专业合作社的投资，应经社员（代表）大会通过。

3. 组织制度与治理结构

合作社的治理结构，其特征明显，即是以成员一人一票为核心的“社员的民主控制”。合作社的组织制度与治理结构，既要防止部门、公司、大户或内部人控制，又把组织成本降低，真正形成农民的民主控制。农民专业合作经济组织的民主管理，包括民主选举、民主决策、民主管理、民主监督。为增强合作社的筹资能力，应当改进治理结构，主要是改进合作社民主管理的“一人一票”制度。合作社的民主管理原则规定“一人一票制”，即合作社对重大问题的表决，无论你持有股金多少，也不管你是普通社员还是理事长，一律实行一人一票制，这被认为是合作社区别于股份制企业的特征之一。但是，各国实践表明，“一人一票”不是合作社民主管理的唯一模式。在欧洲，表决权的一人多票已十分普遍，一人一票的公平原则被强调发展和承认个人能力差别的原则所取代，并由个人能力差别决定其在组织中的地位。许多国家增加了按交易额比例分配投票权的方法。有人提出资格股实行一人一股一票，投资股只有分红权而没有决策权。但是，只承担投资风险而没有决策权利缺乏可行性，因为投资方需要权利与义务的对等。我国农民专业合作社资本稀缺，从正规金融机构获得贷款较难，对资金的需求成为其突破“一人一票制”的客观动力。如果不改进一人一票制度，将制约合作社的筹资能力，甚至可能发生“投资大户”选择“以脚投票”而离开合作社。有鉴于此，在遵循一人一票原则的基础上，应当有限制地承认股金在决策中的权益，即允许根据持股量的多少增加其在表决中的权重，实行一人多票，但最多不得超过一定的票数，以确保出资权与决策权的相对应；同时，应保障成员在合作社的控制权，否则，就会演变成股份制企业。

农民专业合作经济组织的民主管理，是通过组织制度实现的。根据国际惯例和我国的实践经验，农民专业合作经济组织设成员大会（成员代表大会）、理事会、监事会三大机构。对于每个农民专业合作经济组织，其组织机构的设置应当根据实际情况而定。①对于规模较大的农民专业合作社，可借鉴公司治理结构模式，采取董事会（理事会）和经理层的营运模式，其优点是董事会与经理层分工明确，从而能对市场的变化迅速做出反应。但所带来的问题是社员对合作社的控制减弱，社员对合作社的向心力也会下降，对此，可通过诸如及时披露合作社的有关信息、鼓励社员参与合作社的决策过程等举措加以解决。②对于规模较小的合作社，实行通行的社员（代表）大会、理事会、监事会管理模式，既增加组织成本，也没有必要。我国农民专业合作经济组织还处于起步阶段，规模都较小，加之我国农村职业经理阶层尚未形成，采用公司治理结构还需时日。总之，在立法时应正视我国农民专业合作社的特点，对合作社治理结构和组织机构的相关规定应有一定的灵活性。

4. 分配制度

农民专业合作经济组织的盈余分配，由两部分组成，一是提留公积金和公益金，二是扣除公积金和公益金之后的可分配盈余。合作社的分配制度，既要有利于增加合作社对社员的凝聚力，又要有利于增加合作社筹集资金的能力。为此，应采取按交易额分配与按股金分配相结合，并实行“资本报酬有限原则”，以按交易额二次返还为主、按股金分红为辅。

5. 重大事项公开制度

农民专业合作经济组织的民主管理，除了相应的组织制度外，还应当实行重大事项公开制度，让成员有知情权和监督权，这是防止内部人控制的重要制度安排。重大事项除向成员（代表）大会报告外，还应当通过开辟重大事项公开专栏等渠道，让成员对重大事项进行经常性监督。

6. 合作社原则

综合上述分析，并从具有政策含义和可操作性考虑，我国农民专业合作社原则应包括以下内容：

（1）自愿加入和退出原则。

（2）财产按份联合所有原则。农民专业合作社的财产独立于其成员的财产，并为成员和投资者按份联合所有，资产增值或损失部分都按股平均分摊，但国家财政拨款形成的固定资产应平均分摊到每个成员。

（3）农民民主控制原则。包括民主选举、民主决策、民主管理、民主监督。应原则上实行一人一票制，并允许按持股量的多少增加其在表决中的权重，但最多不得超过一定的票数。

（4）按交易额分配为主与按股金分配为辅原则。

（5）对成员的非盈利服务原则。对成员不以盈利为主要目的，以服务为基本宗旨，亦即“非盈利原则”。特别需要强调的是，合作社对外必须以盈利为目的，否则，不可能实现持续发展。

以上原则，将“民办、民管、民受益”三大原则具体化，并增加了“民有”原则，有了更明晰的政策含义和可操作性。

四、立法中关于政府与农民专业合作经济组织的关系

1. 政府对农民专业合作经济组织的指导、服务和监督

我国农民专业合作经济组织是弱势群体组成的互助性经济组织，现还处于起步阶段，在发展过程中会遇到各种问题和困难。因此，对农民专业合作经济组织的管理应与企业组织实行的无主管部门有所区别，政府应对农民专业合作经济组织予以指导、服务和监督。笔者调查发现，即使是财政部、农业部的农民专业合作经济组织试点单位，仍发生一些混乱现象，这充分说明政府有关部门对农民专业合作经济组织的指导和监督是必要的。

政府有关部门对农民专业合作经济组织的指导，应依法进行，包括：通过示范章程引导农民专业合作经济组织建立健全民主管理制度；为农民专业合作经济组织的经营管理人员和成员提供相应的知识和技能培训；对合作社实行登记制和备案制管理，即先在农业部门备案，最后由工商部门登记。农业部门对合作社的备案管理，主要考察合作社运转是否遵循合作社原则和是否符合优势产业发展方向，并对其进行指导和监督。

政府对农民专业合作经济组织的指导，不能强迫，要尊重农民自愿原则，农民有选择合作的自由，也有不选择合作的自由，合作的程度及合作的规模完全由参加合作经济组织的农民自己决定。

政府还应保障农民专业合作经济组织及其成员的合法权益和财产，任何部门、个人不得以任何形式侵占、挪用、平调农民专业合作经济组织及其成员的财产。

政府有关部门应当为农民专业合作经济组织提供政策咨询、搜集和发布信息等服务。

政府有关部门应承担起对农民专业合作经济组织的监督职能。规模小的农民专业合作经济组织负担不起社会中介机构对其进行财务审计的费用。因此，政府有关部门对农民专业合作社的监督必不可少，尤其是在其规模小的起步阶段。

2. 对农民专业合作经济组织予以财政、税收、信贷扶持

农民专业合作经济组织其成员是处于弱势地位的农民，其生存和发展离不开政府的支持。建议立法时明确对农民专业合作经济组织的支持政策。

(1) 财政支持

从调查情况看，财政部、农业部进行的财政支持农民专业合作经济组织试点，不仅有必要，而且应当扩大规模，以促进“合作社 + 社员”、“合作社 + 公司 + 社员”、“公司 + 合作社(协会) + 社员(会员)”等模式的发展。

第一，财政支持农民专业合作经济组织的发展是必要的。政府对农民专业合作经济组织的财政支持，即把支持农民专业合作经济组织发展纳入公共财政覆盖农村的政策范围，可以达到特殊的公共政策效果，如促进就业，扶助弱势群体或经济发展不发达地区等。同时，在我国农业经济单位和农民家庭数量庞大且分散的情况下，政府难以面对一家一户，在财政上支持农民专业合作经济组织的发展，为国家财政支农提供了一个有效的载体和桥梁，将提高财政支农资金的有效性，对发挥政府在农村和农业领域提供公共服务的作用，能起到事半功倍的效果。

第二，应当加大财政对农民专业合作经济组织的支持力度。发展农民专业合作经济组织是扶持农业产业化的重要方面。应当更新观念，正视农民专业合作经济组织在农业产业化经营中的带动功能，把农民专业合作经济组织列为农业产业化经营发展的重要组织形式，支持其发展。在中介型的农民专业合作经济组织中，如“公司 + 合作社（协会） + 社员（会员）”的产业化经营组织模式中，农民专业合作经济组织发展空间有限，给予一定支持，就能使其更好地发挥作用。中西部地区农业产业化进程较慢，公司型龙头企业相对较少，这给“合作社 + 社员”、“合作社 + 公司 + 社员”的农业产业化经营模式的发展留下了很大的空间。换言之，现在进行的财政支持农民专业合作经济组织试点的支持力度，是不能满足合作社发展的需要的，应当区别对待，有选择地加大对龙头带动型农民专业合作社的扶持力度。

第三，财政支持农民专业合作组织的方式和重点。国家应通过财政补助、贴息、政策性信贷、政策性保险等手段，支持农民专业合作经济组织的发展。对于农民专业合作经济组织制定产品质量标准和生产技术规程、开展优质农产品认证、开拓营销市场等，国家可适当给予财政补助。各级财政扶持资金纳入合作社的公共积累，用于扩大再生产，不能用于社员分配；

所形成的资产，应平均量化到每一个成员。

（2）税收支持

对农民专业合作社为成员提供农业生产经营服务的，免征营业税；对农民专业合作社销售农产品的，实行优惠增值税。

（3）价格同盟豁免

对农民专业合作社实行价格同盟豁免，这既是国际惯例，也遵循特别法优于普通法原则。由于农产品质量差异较大，而不同地区的农产品其微量元素含量也不尽相同，因而对农民专业合作社实行价格同盟豁免，不会损害竞争。因此，应作出规定：农民专业合作社以统一价格联合销售农产品，不适用《中华人民共和国价格法》第十四条第一项和第四十条的规定。

（4）信贷支持

对农民专业合作社给予信贷支持，解决其生产经营中的资金短缺问题，是支持农民专业合作社的重要举措。国家应对农民专业合作社实行政策性信贷。同时，对于农民专业合作经济组织成员的信贷，可探索实行联保制度。

（5）产业政策

国家应当把农民专业合作社作为实施国家农业支持保护体系的重要途径，将国家农业综合开发建设、农产品优势区域和优势产业带建设、扶贫开发建设等工程项目，委托各类有条件的农民专业合作社加以实施；国家支持农民专业合作社建立农产品批发市场和集贸市场，开展农产品收购、批发、贮藏、运输、零售和中介活动，发展农产品加工和综合开发利用。

3. 允许条件成熟的农民专业合作社在内部从事信贷和保险业务

任何形式的经济组织的生成，都是为获得比个体更大的经济利益。换言之，要发育农民专业合作经济组织，必须给予农民专业合作经济组织利润生成空间。农民专业合作经济组织利润生成主要来自两方面：一是通过组织起来获得市场交易与组织内部交易成本之差。农民专业合作经济组织的兴起，主要是由于这方面的因素，驱动农民走向联合，发展合作经济。二是通过资源整合提高农民专业合作经济组织的盈利能力。应当说，在资源配置方面，促进农业产业链一体化的形成，在优化资源配置方面迈出了很大的一步。但是，目前还有金融、保险等领域的资源没有让农民来配置，这不利于农民专业合作经济组织的发育和壮大。国外经验证明，让农民专业合作经济组织参与金融、保险等涉农领域，是维系其发展的重要保障。在日本农业协会的盈余中，信贷收入占40%，保险收入占20%，购销收入占30%。因此，建议先允许条件成熟的农民专业合作社在内部从事信贷和保险业务。

第六节

农民合作经济组织法律制度研究①

一、建立符合国情的农民合作经济组织法律制度

建立农民合作经济组织法律制度，立法的导向性是关键。规范后的农民合作经济组织，是国际经典合作社形态？还是符合国情的合作经济组织形态？这事关我国农民合作经济组织今后的发展方向。我国农民合作经济组织立法，既要符合国际“合作社原则”的基本精神，又要符合国内实际，体现与时俱进的时代特征。

① 本节内容选自农业部软科学课题“农民合作经济组织法律地位问题研究”（课题编号：200529），课题主持人：刘振伟。

从国内实际出发，我们对国际合作社原则要有所突破：①要适度放宽对资本权利的限制，以利于吸引资金；②放宽对社员资格的限制，以利于吸引人才；③放开对营利性业务的限制，以利于提高合作经济组织的竞争力；④尽可能降低入社门槛，以利于有愿望而资金不足的农民加入到合作组织中来；⑤注意合作经济组织内部治理机制的包容性，允许合作经济组织的多样化。当然，这些放宽，前提是不能改变合作经济组织的性质，要把握好度，防止出现各种异质合作社，影响真正的农民合作经济组织的发展，影响对真正的农民合作经济组织的扶持。

把握好度，就是在法律规范中，将符合国情的农民合作经济组织的基本特征体现出来，这就是：在性质上，农民合作经济组织是互助性、人合性并由社员惠顾者控制的组织。在治理机制上，农民合作经济组织坚持以社员为主要服务对象，对社员服务不以营利为目的的原则；坚持开放社员资格，入社自愿、退社自由的原则；坚持一人一票、民主管理的原则；坚持适度限制资本权利、重视惠顾返还的原则。[①]

关于互助性组织。参加农民合作经济组织的社员，一般都是从事同类农产品生产、经营的农民，他们为了维护自身的经济利益，提高规模效益，在自愿互利的基础上，共同筹集资金、共同劳动、共同管理、共享劳动成果。这种互助性组织特点，决定了该组织以社员为主要服务对象，对社员服务不以营利为目的的原则；由于社员可以入社享受收益，也可退社不享受收益，又决定了该组织开放社员资格，实行入社自愿、退社自由的原则。

关于人合性组织。农民合作经济组织的合作主体是社员，社员虽然依照章程交纳一定的股金，但合作的基础是劳动。这

① 这里不包括没有生产要素的合作，没有形成经济实体，没有固定成员的松散型组织；也不包括只与农民发生交易而无利益连接机制的企业。

种劳动，不是指具体的劳动方式，如过去人民公社时期的集中劳动，而是指社员之间的劳动关系，这种劳动关系最终体现为农民合作经济组织与社员的惠顾关系。农民合作经济组织的人合性特点，决定了该组织实行适度限制资本权利、重视惠顾返还的原则，即盈余除提取积累和有限制的股金分红外，要按照与社员的惠顾额返还，这种返还，实质是按社员的劳动量返还。在现实中，一些农民合作经济组织按照与社员的惠顾额配置股份，这是为解决合作组织资金来源的现实选择，具有积极意义，不影响其人合性组织的特征。

关于社员惠顾者控制的组织。农民合作经济组织中的社员惠顾者是该组织的控制者，社员共同占有、使用合作社的财产，享有收益权和处分权。如果农民合作经济组织为解决资金不足问题，可以吸收非惠顾者社员，即投资性社员，但应将其权利限定在一定范围内，一般没有投票权，更不能有实际的控制权。否则，农民合作经济组织的性质就发生了变化。农民合作经济组织的这个特征，决定了该组织由社员按照民主程序实行民主管理、一人一票的原则。

二、农民合作经济组织的法人地位

我国《宪法》规定，“农村中的生产、供销、信用、消费等各种形式的合作经济，是社会主义劳动群众集体所有制经济”。《民法通则》规定，“集体所有制企业有符合国家规定的资金数额，有组织章程、组织机构和组织场所，能够独立承担民事责任，经主管机关核准登记，取得法人资格”。《农业法》规定，“农民专业合作经济组织可以有多种形式，依法成立、依法登记”。但在具体的法律、法规和部门规章中，目前还没有关于农民合作经济组织民事主体资格注册登记的规定，从而导致农民合作经济组织的注册登记很不规范，有的在工商部门登记为企业法人，有的在民政部门登记为社会团体法人，有的在农业部门备案，大部分则没有登记。据对 9 省市 11094 个农民合作经济组织的调查，在工商和民政部门登记的为2805个(其中工商1612个，民政1193个)，占25%，没有登记的农民合作经济组织占75%。农民合作经济组织不能规范地注册登记，对其健康发展带来巨大影响。在民政部门登记不能从事营利活动，在市场交易活动中没有资格。在工商部门登记，又没有相对应的组织类型，无法归类，要么登记为有限公司，要么登记为集体、私营等普通企业，一旦按公司或普通企业登记，注册费用、注册资本、各种税收等，使起步阶段的农民合作经济组织不堪重负。合作组织是互助性的合作经营，被迫按公司或普通企业运作，运营成本高，对农民的吸引力就会减弱。因此，确立农民合作经济组织的法人地位，规范注册登记，是建立农民合作经济组织法律制度的关键。

确立农民合作经济组织的法人地位，首先要分析农民合作经济组织是否具备法人资格。我国《民法通则》规定，“法人是具有民事权利能力和民事行为能力，依法独立享有民事权利和承担民事义务的组织”。法人应当具备四个条件：依法成立；有必要的财产或者经费；有自己的名称、组织机构和场所；能够独立承担民事责任。农民合作经济组织是否具备法人资格，要看其是否具备《民法通则》规定的条件：

第一条，关于“依法成立”的问题。这是法律规制的问题，农民合作经济组织的法律制度建立起来了，依法成立的问题就解决了。

第二条，关于“名称、组织机构和场所”的问题。比较规范的农民合作经济组织都有自己的名称、组织机构和场所，这一条是符合的。

第三条，关于“独立财产”的问题。农民合作经济组织作为独立的民事主体，最重要的是有独立的财产，没有独立的财产，拿什么去独立承担民事责任？那么，什么是独立的财产，是所有权意义上的独立，还是使用权意义上的独立，从学术的角度可以继续讨论，但建立法律制度，指导实践工作，要以中央的政策为依据。党的十四届三中全会通过的《中共中央关于建立社会主义市场经济体制若干问题的决定》，在企业制度改革上的一个突破就是引入了法人财产权的概念。法人财产权与财产所有权是两个概念，法人财产权既包括法人拥有所有权的财产，也包括法人不拥有所有权但可以使用和支配的财产。公司、企业等法人实体中的出资者所有权与法人财产权相分离，既解除了出资者对公司、企业承担的无限责任，又有利于增强法人实体筹集资金、分散风险和自主经营的能力。法人财产权理论，对农民合作经济组织同样是适用的。农民合作经济组织拥有包括社员入股、公共积累、国家扶持等方式形成的全部法人财产，这些财产是该组织独立使用和支配的。有人认为，农民合作经济组织的股金都记在社员个人名下，合作组织本身没有独立财产，这是误解，是把两个概念混淆了。

农民合作经济组织的法人财产有以下几个来源：

一是社员出资。各国的合作社法大都规定了社员的出资义务，只有认购股金，才能取得社员资格，对社员认购股金有最低和最高限额的规定。对股金最低限额的规定，是为了保证合作社在交易活动中有必要的资金。对股金最高限额的规定，是为了防止少数人控制合作社，保持合作社经营活动的稳定性。社员个人出资入股的财产是什么性质？各国的合作社法规定不一，有的规定为社员个人所有，有的规定为合作社所有。有的国家的合作社法规定：以出资的所有权入股的，社员承担有限责任；以出资的使用权入股的，社员承担无限责任。我国农村经济发展水平不平衡，农民合作经济组织对社员出资入股的要求，门槛不宜过高，可以灵活掌握。以现金、实物、技术、土地使用权等方式入股，都应允许。用现金入股，所有权是个人的，使用权是合作组织的。如果合作组织发展壮大了，用积累资金置换社员股金，也应该是允许的。社员退社，股金可以退出，合作组织如有负债，退社社员还要承担对应的负债责任。以土地使用权入股，不能改变土地用途。以不动产所有权入股，以后要办理过户登记手续，合作社章程可以依法做出具体规定。

二是积累资金。积累资金的性质是全体社员共有，在归属上具有独立性。国外的合作社法大多规定，积累资金不量化在社员个人名下，社员退社时也不能请求分割。我国农民合作经济组织的积累资金如何规定，目前有三种意见：可以量化在个人名下；不能量化在个人名下；部分可量化在个人名下，具体比例由合作经济组织确定。我们认为，为了合作经济组织的发展壮大，弥补亏损，为全体社员举办公共事业，积累资金不量化给个人为好，否则，提取积累资金就失去实际意义。当然，如果合作经济组织破产、解散，积累资产的处置可依法量化。

三是政府扶持资金。各级政府的扶持资金，只要不是以投资形式出现的，而是以补助形式出现的，就带有赠与性质，合作经济组织拥有其所有权。有的同志提出，在合作经济组织破产或解散清算时，这部分资金应退回政府或交给当地社区组织。我们认为，如果是破产，已经资不抵债，收回的理论依据不足。如果是非经营原因发生的解散，收归当地社区是必要的。

第四条，关于“独立承担民事责任”的问题。农民合作经济组织既然拥有独立的法人财产，那么独立承担民事责任就是不言而喻的。至于承担民事责任的形式，国外及我国台湾省的规定比较复杂，有无限责任、有限责任、保证责任、两合责任等。我国目前对经济组织责任形式的规定，只有无限责任和有限责任两种。我们又把有限责任与法人挂钩，如果是法人，就只承担有限责任。由于农民合作经济组织具有法人资格，依法注册登记后，就只承担有限责任。

总括以上，农民合作经济组织作为一类新的民事主体，其法人资格是具备的，现在就是如何在民法中给其应有的地位。一位法律专家说：“商事主体具有强烈的实践性，只要是适应社会经济发展的经济组织形式，不管法律是否明确，它都会顽强地存在，这就要求民法关于法人的规定应是开放性的，不应对法人成立规定过多甚至苛刻的条件，否则会减少人们对民事主体形式的运用，反而压抑了社会生活的生机。社会经济发展会促使人们创造出各种各样的组织体形式，实际每一种组织在被法律赋予主体地位之前，在实践中都早已被采用了，法律通常只是对这些实践经验的总结。”适应新形势发展的要求，保持法人制度的弹性，容纳不断出现的新的民事主体形态，是完善法人制度的内在要求和必然选择。

三、农民合作经济组织的法人类型

如果在农民合作经济组织的法人资格问题上取得共识，下一步的问题就是如何界定其法人类型。为了更好地理解这个问题，需要对法人制度做一些分析。

法人制度是调整和规范经济社会发展中各种利益关系的一种重要手段，是近现代经济社会生活发展与法律技术运用相结合的产物。民法对不同经济社会组织的组织结构和行为规则进行系统化抽象，将其区分为不同的法人类型，赋予不同的民事法律地位，顺应了近现代经济社会生活的特点和发展趋势。从法人制度建立和发展演变的历史看，法人制度因不同国家的法律制度不同而有较大差异。

（一）大陆法系（传统民法）的法人分类

传统民法一般将法人分为公法人和私法人，在私法人中又分为社团法人和财团法人，继而又将社团法人分为营利法人和公益法人。这种划分方式为大多数国家所接受。

公法人和私法人。一般解释是，公法人是为了满足公众需要和改善公共福利为目的而设立的法人，私法人是为其成员的财产利益或其他利益目的而设立的法人。对二者的划分标准，也有各种主张：有的认为以法人设立依据的法律为标准，凡依公法设立的法人为公法人，依私法设立的法人为私法人，民法为私法，故依民法设立的法人为私法人；有的认为以法人的设立者为标准，国家或公共团体是公法人，其他组织是私法人；有的认为以是否行使或分担国家权力为标准，行使或分担国家权力者是公法人，否则是私法人，等等。上述主张，尽管表述不同，其实质差异不大。现在，随着公法与私法的融合互动，上述划分在学理上的意义更大一些。

社团法人和财团法人。这是西方法律中最重要的法人分类。社团法人是人的集合体，是人们为了一定目的自愿地通过法定的方式，联合建立的长期存在并独立于各成员个人的团体。社团法人最重要的特征是由一定的成员组成，这些成员一方面在法律人格上独立于法人团体，另一方面在法人团体内部享有决定法人重大事务和取得收益的权利。社团法人多以营利为目的，也有从事公益事业的。在大陆法系的多数国家，公司、合作社、银行、商会、农会、工会及其他群众团体，都属于社团法人。财团法人是财产的集合体，是以设立人提供的财产为基础，为了实现一定的目的而成立的永久性团体。财团法人只有来源于受赠的财产和法人机关，没有组织成员，所有的法人事务均由其机关管理和执行，如各种慈善团体和基金会等。财团法人只能从事公益性活动。社团法人与财团法人在设立、管理、变更和解散等方面的规定都不同，社团法人主要受特别法调整，如公司、合作社都有专门的法律规定。财团法人一般只在民法中简要规定，管理活动由章程或设立人的意志决定。

营利法人和公益法人。法人的目的为了营利，或将其利润进行分配的，为营利法人。法人的目的不是为了营利，或对其利润不进行分配的，为公益法人。许多国家的法律规定，只要其收入用于公益目的并且不分配给其成员，就可以享受非营利组织的法律地位。在日本，将既不以营利为目的，又不符合公益性要素，依特别法被赋予法人资格的中间团体，叫做中间法人，如业界团体、体育团体、同学会、协同组合、劳动组合等。

（二）英美法系的法人分类

英美法系国家因为没有形式上的民法典，所以也就不存在一般意义上的法人概念和相关分类，但这不等于英美法对法人及其类型划分没有相关的理论和规则。英美法系国家所称的法人主要是指与自然人相对应的实体或组织，这些实体或组织，包含了大陆法系所区分的公法人、社团法人、财团法人以及其他法人类型[①]。按照中国大百科全书的解释，英美法系国家的法人分两类，一类指与自然人相对应的实体或组织，叫集体法人，集体法人指由多人组成可永久存在的组织。另一类指由一人经拟制享有法人资格的独任法人。

（三）我国现行民法的法人分类

我国未采用传统民法和英美法系的法人分类。我国于1987年实施的《民法通则》规定了四类法人：企业法人、机关法人、事业法人和社会团体法人。企业法人是我国的新创，系将“企业”概念与“法人”概念组合而成[②]。我国现行法人制度中的企业法人，又按照所有制性质，分为全民所有制企业法人、集体所有制企业法人、外资企业法人等。我国民法对企业法人的分类，在当时的历史条件下，突出了不同所有制的特殊性，将此作为唯一标准。在市场经济条件下，决定法人分类的标准不应是所有制成分，而应是法人的组织结构和运行机制。我国目前企业法人的范围，相当于传统民法分类中的营利性社团法人。

---

① 马俊驹：“法人制度的基本理论和立法问题探讨”，《法学评论》，2004年第4期。

② 梁慧星：“合作社的法人地位”，载《民商法论丛》第26卷，香港金桥文化出版公司2003年版。

我国现行法中的社会团体法人，与传统民法分类中的社团法人概念也不同。我国是将除国家机关、企业、事业单位以外的社会组织体统称为社会团体，登记为社会团体法人，包括属于财产集合体的各种基金会。我国民法的社会团体法人，相当于传统民法分类中的公益社团法人和财团法人。

（四）划分农民合作经济组织法人类型的思路

按照我国现行的法人分类，将农民合作经济组织归入何种法人类型更符合其特征并有利于发展，确实是需要认真研究的问题。从农民合作经济组织的制度特征和发展趋势看，如定义为社会团体法人，是不恰当的。将农民合作经济组织定义为合作社法人，比较符合实际，也符合国际惯例。鉴于我国 1986 年颁布的《民法通则》没有关于合作社法人的规定，可考虑两个方案来处理这个问题：

第一个方案，修改《民法通则》，设立合作社法人，从根本上解决问题。民法专家梁慧星认为，“正在起草中的中国民法典，虽然采取民商合一模式，但只是将民事生活的基本概念、基本原则、基本制度规定下来，而将民事生活的特殊领域、特殊市场、特殊关系的规则和制度，规定在各民事特别法。民法典只规定法人制度的基本规则，如法人一般条件和法人设立、法人机关、法人变更、法人解散和清算的规则等。公司法人的具体规则，由作为民事特别法的《公司法》加以规定，合作社法人的具体规定，则应由作为民事特别法的农民合作经济组织法加以规定。”这位法学专家的建议，值得认真研究。

这一方案可能耗时过长，为解迫切之需，可以考虑对《民法通则》进行法律解释，并在制定农民合作经济组织法时，直接明确农民合作经济组织为合作社法人。

第二个方案，在不突破现行法人分类的前提下，将农民合作经济组织作为一种特殊类型的企业对待，归入企业法人类型，在登记时界定为企业法人的特殊形态。企业是比较宽泛的经济组织形态，我国现行企业的注册类型中，包括24个小类，如果按照大类区分，可分为依法设立的普通企业（如个人独资企业、合伙企业、国有企业、集体企业、中外合资企业、外资企业、港澳台资企业、联营企业等）和公司（有限责任公司和股份有限公司）两大类。将农民合作经济组织归入企业类型后，则成为普通企业、公司和合作社三大类。公司是企业的典型形态，合作社是企业的特殊形态。农民合作经济组织在依法登记时，可登记为企业法人，但须注明是合作社（或合作制企业），以区别于普通企业和公司制企业。

（五）国际上可资借鉴的经验

在英美法系国家，公司的含义广泛，不仅包括以营利为目的并按公司法组建的经济组织，也包括不以营利为目的或不以营利为主要目的的经济组织，包括了按特别法成立的合作社，合作社的法人归类不存在法律空白。在美国，合作社作为公司的一种特殊类型，不按调整营利性公司的《示范公司法修正本》的规定登记，而是按照各州的合作社法登记，取得法人资格。英国的合作社，既可按公司法登记为公司法人，也可按民事法的特别法登记为合作社法人。按合作社法人登记，合作社的资产构成和经营范围受限制，但税收上有优惠。按照印度的法律习惯，法人分为机构法人和非机构法人。机构法人又分为私企法人、公司法人、合作社法人和非营利性法人。

在大陆法系国家，多数国家由于实行民商法分立主义，合作社是按民法调整，还是按商法调整，也有不同。德国法系的一些国家（德国、瑞士、瑞典、丹麦、挪威、意大利、韩国、日本等），有关合作社的规定，大多按照商事法的一般规定进行特别立法，确定合作社的法人地位。德国是民商法分立的国家，对于以经济为目的的联合体如股份公司、有限公司以及登记合作社，分别制定了特别法予以规范，如《德国股份公司法》、《德国有限责任公司法》和《德国合作社法》。在这三类联合体中，前两类属于资合公司，即取得成员地位是因为占有公司的一定股份；合作社属于人的联合体。《德国合作社法》规定："登记合作社是一种社员数目不限的人的联合体，其目的是通过共同经营，扩大盈利或改善社员的经济状况"。瑞士民法典实行民商合一模式，合作社与各类公司是并列的经济组织形式。《瑞士民法典》中的债务法编，对无限公司、两合公司、股份公司、股份两合公司、有限责任公司和合作社进行了规定。《意大利民法典》的第五篇包括劳动法、公司法、合作社法、知识产权法和竞争法等内容。该篇的第五章是对公司和合伙企业的规范，第六章是对合作社的规范。

法国法系的一些国家（法国、西班牙、比利时、葡萄牙、埃及、南美洲诸国），有关合作社的规定，或按商事法进行合作社特别立法，或按照民事法进行合作社特别立法，确定合作社的法人地位。法国是民商法分立的国家，根据所从事的活动的性质不同，把公司分为商事公司和民事公司两大类。商事公司包括合股公司、两合公司、有限责任公司、股份有限公司和股份两合公司五种，适用于 1996 年制定的《商事公司法》。民事公司适用于法国民法典的规定，经过注册登记，取得法人资格。针对不同类别的合作社，法国于 1947 年颁布了《合作社法》，其作用是协调并补充各种针对各类合作社的特别法。1972 年 9 月 26 日的法令，是专门针对农业合作社的，该法令规定："农业合作社和农业合作社联盟是区别于民用公司和商业公司的专门一类公司，享有法人资格并享受充分的权力"。

各国对合作社立法模式的不同，既受合作社发展实践、政府对合作社发展的态度等因素影响，也受立法传统、立法体系的影响。但无论哪种立法模式，有一点是共同的，就是都承认合作社的法人地位，都承认合作社是独立的经济组织形态。我们在立法时，既要注意借鉴先进的外国法律，又不盲目照搬。只要合作社的法人定位适合我国国情，有利于发展，就是好的，没有一个绝对的标准。

第七节

农业行业协会法律制度研究①

改革开放以来，我国农业行业协会发展较快，在提供政策咨询、加强行业自律、促进农业发展、维护企业合法权益等方面发挥了重要作用。但是，由于相关法律法规不健全，政策措施不配套，管理体制不完善，农业行业协会还存在着结构不合理、作用不突出、行为不规范等问题，从而制约了协会的进一步发展和作用的有效发挥。随着党和国家对治国理政规律的深入把握，党中央、国务院越来越重视行业协会的发展。党的十六届三中全会、六中全会以及十七大会议都提出要加快行业协会的发展。基于农业行业协会的现状及进一步发展的迫切需要，本课题通过对我国农业行业协会的现状及存在问题的分析，对农业行业协会的构建模式、法律地位与职能、内部架构与运行机制、与政府关系等方面问题进行了探讨，并从制度建设层面提出了意见和建议，希望能对我国农业行业协会的健康发展有所裨益。

一、农业行业协会发展存在的主要问题

（一）立法滞后

中国迄今尚未制定有关行业协会发展的专门法规。政府对行业协会的管理主要依据1998年国务院颁布的《社会团体登

① 本节内容选自农业部软科学课题“农业行业协会法律制度研究”（课题编号：Z200710），课题主持人：杨东霞。

记管理条例》。尽管原国家经济贸易委员会曾颁发过有关行业协会发展的文件[①]，一些地方政府也颁发了有关行业协会的管理条例[②]，但是，这些文件具有明显的部门性、过渡性和地域性特点，缺乏权威性和影响力，对行业协会“跨部门、跨地域、跨系统”的发展指导不力。此外，就《社会团体登记管理条例》来讲，其本身也有缺憾。行业协会是行业自律性组织，它不具有政治色彩，对既存秩序和主流意识形态不构成威胁。而目前的《社会团体登记管理条例》过于突出政治性，把经济类协会混同于一般社会团体，将行业协会纳入与一般社团组织相同的管理体系之中，未能考虑和反映行业协会的特殊性。由于将行业协会与一般社团混同管理，也就无法就行业协会的性质、职能定位、日常监管等问题做出实质性的规定。因此，仅仅一部覆盖所有社团的登记管理条例以及为数不多的部级和地方性文件，已经不能满足行业协会发展的需要。

（二）职能定位不明确

在《农业法》（修订）和近几年的中央文件中对于农业行业协会发展都有涉猎。然而对于它的职能并没有一个完整的规定。现实中的农业行业协会，或偏重于管理而服务不够，或偏重于服务却管理不到位。我国的农业行业协会多是伴随政府机构改革自上而下产生的，也有部分农产品行业协会是由企业根据自身需要自发组成，为会员服务，这符合农产品行业协会的发展方向。不可忽视的是，近年来，许多地方出现了政府部门“收编”工商联下属同业商会的做法，这反而是一种倒退。这种做法，既不符合农产品行业协会作为非政府组织的属性，也不符合我国政企分开的改革趋势，更不符合世界贸易组织的公

① 例如《关于选择若干城市进行行业协会试点的方案》（1997年）、《关于加快培育和发展工商领域行业协会的若干意见（试行）》（1999年）、《关于加强行业协会规范管理和培育发展工作的通知》（2003年）等。

② 例如《温州市行业协会管理办法》、《上海市促进行业协会发展规定》等。

平贸易原则。

（三）管理体制存在弊端

目前，政府对社团实行的是双重管理体制。所谓“双重管理”，是指社团要接受两个单位的管理：一个是登记管理机关，另一个是业务主管单位。社团在登记前应经其业务主管单位审查同意，在其存续期间也要接受这两个单位的监督管理。《社会团体登记管理条例》规定，民政部门是唯一的社团登记管理机关，国务院有关部门和县级以上地方各级政府有关部门及政府授权的组织是社团的业务主管单位。农业行业协会作为社团的组成部分，其登记管理机关仍然是民政部门，其业务主管单位一般是农业、林业、商业等负责农业及相关产业发展的部门及其授权组织。也就是说，政府对农业行业协会的管理主要是通过国家或地方的民政部门以及农业、林业、商业等涉及农业产业的政府部门来进行的。

从运作结果看，双重管理体制存在许多弊端。首先，双重管理体制赋予政府部门，尤其是业务主管部门过多的权力，协会的管理上存在着行政化倾向严重或者协会完全依赖政府等现象。这主要表现在协会的职能、机构、工作人员、财务等方面与政府及其部门、企事业单位都没有完全分开。例如，部分公务员还在行业协会兼任领导职务；行业协会使用的资产，产权归属不清楚；对行业协会提供的服务，政府也当然视为其应当享受的服务，而不支付相应的费用。这种泛行政化倾向的存在，在很大程度上制约了协会的发展，协会无法发挥其中介组织的作用，不能适应市场经济的发展，更别论其职能的实现了。其次，双重管理体制不利于开展行业管理。由于是依托部门办协会，许多协会的会员为原系统内的国有企业或集体企业，会员数量很少，致使行业覆盖面狭窄，从而不具有行业代表性。由于协会成立前都要经过业务主管部门这个“婆婆”的审查，这样，在某些行业，即使有众多企业要求成立协会，也要首先为自己找到一个“婆婆”。在有主管单位“接收”的情况下，该协会才能成立；如果找不到主管单位，协会的组建也就无从谈起。这也是目前中国民办农产品行业协会稀缺的原因之一。再次，双重管理体制在涉及多部门的合作和协调方面显得十分乏力。例如，中国食品土畜进出口商会是中国农产品进出口领域最大的行业组织，理应享有农业方面的专项扶持。但是，由于它归商务部（原对外贸易经济合作部）管理，而有关农业方面的扶持项目大多归属农业部。最后，双重管理体制也使企业左右为难，无所适从。由于一些单位将组办行业协会视作控制资源的手段，纷纷组建协会，重复建会、交叉建会的现象很普遍。而企业对哪个协会都不敢得罪，因为“哪个协会都有后台”，“哪座庙都要烧香”。据对浙江省一家较具规模的茶叶出口企业的调查，该企业加入了数家协会或学会，每年的会费达数万元，此外，还要疲于应付不同协会的各类会议和活动。重复建会不仅加重了企业负担，也使企业无所适从。①

（四）经费投入机制不健全

由于覆盖面过窄，且非主流会员企业缺乏动力，因此使在协会内部筹集资金变得十分困难。国家财政部门又缺乏对农业行业协会的投入机制，给协会多少财政资助，完全取决于政府职能部门对协会的重视程度。社会投入机制也不健全。会员单位除了交纳会费外，是否要给协会资助以及资助多少，常务理事单位和理事单位是否要比普通会员多给协会一些资助，协会可否接受社会上的其他捐助，尚无政策对之作出规定。投入机制不健全使许多农产品行业协会的办公场地、活动经费和人员等无法落实。在资金紧缺、管理资源匮乏的条件下，农业行业协会通常很难提供充分的信息服务和开展集

① 潘劲：“农产品行业协会：现状、问题与发展思路”，《中国农村经济》，2007年第4期。

体协调活动。

二、农业行业协会法律制度构建

（一）指导思想和总体要求

目前，关于农业行业协会发展最新、最具指导性的文件就是2007年发布的《国务院办公厅关于加快推进行业协会商会改革和发展的若干意见》。根据该文件，行业协会发展的指导思想和总体要求如下：

第一，指导思想。以邓小平理论和“三个代表”重要思想为指导，结合党的十七大的要求，全面贯彻落实科学发展观，按照完善社会主义市场经济体制的总体要求，采取理顺关系、优化结构、改进监管、强化自律，完善政策、加强建设等措施，加快推进行业协会的改革和发展，逐步建立体制完善、结构合理、行为规范、法制健全的行业协会体系，充分发挥行业协会在经济建设和社会发展中的重要作用。

第二，总体要求。一是坚持市场化方向。通过健全体制机制和完善政策，创造良好的发展环境，优化结构和布局，提高行业协会素质，增强服务能力。二是坚持政会分开。理顺政府与行业协会之间的关系，明确界定行业协会职能，改进和规范管理方式。三是坚持统筹协调。做到培育发展与规范管理并重，行业协会改革与政府职能转变相协调。四是坚持依法监管。加快行业协会立法步伐，健全规章制度，实现依法设立、民主管理、行为规范、自律发展。

（二）农业行业协会的法律地位

农业行业协会的法律地位体现在其与政府之间，以及其与本行业市场主体之间的关系上，其职能是其法律地位的外在表现。目前，农业行业协会成立以《社会团体登记管理条例》为其资格的认定基础，属于民法意义上的社会团体法人。但简单地将农业行业协会归属于民事主体，并不足以体现其所具有的不同于一般民事主体的特殊社会功能，包括行业代表、行业自律、行业服务、行业协调等。简单地将其规制为一般民事主体还会影响到其正常发展，使其达不到应有的社会目的。因此，农业行业协会作为一种介于国家与农业市场主体之间的中间调节机制，其既不是对国家干预机制的简单补充，也不是对市场调节机制的简单替代，而是在经济社会的调节机制中独立存在并发挥作用的一类特殊主体。

鉴于此，农业行业协会的法律地位应从两个方面界定。一方面，农业行业协会与政府之间体现的是一种既相互协作又相互制约的关系。政府主动对农业行业协会进行培育并将部分管理权力授予或委托给农业行业协会，农业行业协会则积极配合并协助政府实现管理的目的，它们共同成为调控经济和管理社会的左右手。换言之，在行业管理领域，政府要依赖于农业行业协会更好地、更有效地推行其决策，实现其管理和服务的目的；农业行业协会也同样要借助政府的资助及授权或委托，取得某些实质性管理的权能。但由于农业行业协会代表和维护的是特殊群体的公共利益，而不是社会的所有利益，因此，政府要依法对农业行业协会进行调控与管理。当然，农业行业协会作为会员的利益代表也要对政府进行监督和制约。另一方面，农业行业协会与农业市场主体即会员之间体现的是根据会员需要而提供服务的服务关系；为维护会员利益而作为其代表参与或监督政府公共政策的利益代表关系；基于公共管理的需要而对成员进行管理时产生的管理关系。[①]

三、农业行业协会与政府的关系

农业行业协会与政府虽然相互独立、相互制约，但两者又相互联系、相互促进。当它们共同对农业经济进行管理时，相互之间是一种协作关系，政府应支持农业行业协会的工作，农

① 黎军：《行业组织的行政法问题研究》，北京大学出版社 2002 年版，第 91 页、第 135 页。

业行业协会通过接受政府的授权或委托对政府的管理起着辅助作用。另一方面，它们之间又是一种监督制衡关系，农业行业协会应接受政府的管理，不得违背政府依法定职权和法定程序的管理，农业行业协会作为会员利益的代表可对政府进行监督。

（一）政府对农业行业协会的扶持

在当前我国农业行业协会发展还比较落后的现实国情下，政府应以各种途径和方式实现对农业行业协会的培育和支持，促进我国农业行业协会的发展。

1. 维护农业行业协会的独立地位

农业行业协会尽管是作为政府与公民间的中介而存在的，但从本质上说，它仍是民间社会的组成部分，而不是政府的附庸，应具有独立于政府的民间性和自主性。因此，国家在制定有关农业行业协会的政策与法律时，不应将调整农业行业协会的内部经济关系作为重点。从西方发达国家的情况来看，协会立法在政府与协会的关系上，主要解决国家如何指导和扶持协会发展的问题，协会的内部活动、协会与会员的关系等问题，应当由协会的章程去解决。政府不能不受限制地将行政干预扩张到协会的内部事务，以至于分不清它是政府行为还是协会行为。当然，这并不是说政府对协会不能干预。农业协会立法，可以有相关条款规定政府干预的目的、范围，但要有明确的界限。在界限之外，协会按自己的章程来活动，这样才能在法律上确立协会独立的自主经营、自负盈亏的地位。

2. 通过授权和委托使农业行业协会拥有一定管理权力

一方面，面对越来越复杂和紧迫的社会问题，任何一个国家及政府，其权力被宪法和法律设定后不可能一成不变，往往需要将有关公共管理职权转交给其他主体行使，这就出现了授权和委托。另一方面，农业行业协会要对会员进行管理，又必定需要相应的权力。除了其自身所具有的组织性权力之外，政府分离出来的权力以及政府委托的权力就成为其权力的主要来源。因此，政府应当通过各种各样的方式将部分公共管理权力分离并赋予农业行业协会。

国家可通过法律对农业协会进行授权，其授权方式可以是统一性授权，如通过行业协会法对其进行统一授权；也可通过各单行的法律法规分别授权。由法律授权的意义在于：一是通过法律确认和保障其依法享有并行使一定权力，不受其他机关、单位或个人的非法干预；二是通过法律规范其合法行使权力，防止其对会员造成不利影响，同时也为其会员寻求救济、保护提供法定依据。

3. 提供制度性服务

政府提供的制度性服务主要包括通过制定示范章程对协会予以引导。示范章程主要是对协会的法律地位、管理原则、组织机构等问题作出明确规定。政府通过制定协会示范章程的形式为协会提供的制度性服务，其经济学意义在于降低了组建农业行业协会的交易费用。

4. 给予政策上的优惠

由于农业行业协会具有互助性质，不以营利为目的，因而许多国家往往采用减税、低税、免税或补贴的政策来支持农业协会的发展：①低税或免税政策。如美国税法规定，政府对合作社及其他非营利组织免征联邦所得税，享受免交联邦所得税的非营利组织，也享受免交州法律规定的所得税。一般农业协会平均只有工商企业纳税的1/3左右。法国、德国、加拿大、印度和俄罗斯等许多国家，对协会也都实行免征所得税的政策。同时，一些国家规定，如果协会对会员提供的服务，只收成本费用而没有增值，则免交增值税。②低息贷款和无偿补贴。日本农业协会进行的获得政府同意的农产品加工项目的厂房、设备所需投资，50%由政府提供。③通过补贴以低价供应生产资料。如意大利国有能源部门向协会提供的农业用油价格比城市低50%，农业用电价格比非农业用电低1/3。

为充分发挥农业行业协会在促进农民增收、提高农业生产组织化程度、增强我国农业国际竞争力、保护农民利益和推动行业自律等方面的作用，政府应大力扶持农业行业协会的发展，给予农业行业协会更多政策上的优惠。主要包括一下几点：

第一，在财政方面给予必要的扶持。农业行业协会是一个非营利性组织，其资金来源于会员交纳的会费和提供服务的收入。由于我国农业行业协会处于探索阶段，农民收入普遍不高，因此各级协会普遍存在资金不足的问题。政府应当通过财政支持政策和税收优惠政策，给予协会一定的支持。例如，政府在各级财政支农资金和农业产业化专项资金中安排一部分，为创办农业行业协会提供必要的启动资金。对农业行业协会从事为会员服务的经营活动，免征企业所得税和增值税。

第二，政府积极运用世界贸易组织的规则，为协会发展提供良好的环境。农业行业协会服务于农业、农民，是农村经济的生力军，是农民连接市场的桥梁，在加入 WTO 后各国都在对农业采取“绿箱”政策补贴的情况下，我国也应在农业行业协会执行国家农业政策时给予财政补贴。

第三，政府支持农业行业协会开展信息、技术、培训、质量标准与认证等服务。

第四，政府鼓励多元化发展模式。所谓的多元化，包括协会的服务内容多元化，协会覆盖区域多元化，协会的层次多元化，农户可以参加多个协会等。

第五，政府引导协会的发展方向。我国目前协会规模较小，覆盖面较窄，还不能在避免价格恶性竞争和争夺国际市场方面发挥有效和广泛的作用。在协会的发展中，仅仅依靠协会自身的认识去发展大规模全国性的协会是不现实的，政府在这个过程应当起到引导的作用，协助协会规模化发展。

5. 反垄断豁免

由于农业经营的风险性、分散性、弱质性，因此在对农业协会适用反垄断规制时应进行豁免，这也是外国通行的做法。如对协会所做出的固定价格协议、联合等限制竞争行为给予豁免。这有利于提高农民自愿联合建立协会的积极性，促进大规模区域性、专业性协会的建立，有利于提高农业生产效率。

6. 权利的保障与救济

对农业行业协会最后的也是最有力的支持与保障是通过立法为其提供法定的保护和救济途径，如行政复议、行政诉讼等。

根据目前我国《行政诉讼法》及相关司法解释，具备行政诉讼原告资格的条件是与行政机关的具体行政行为有“法律上的利害关系”。“法律上的利害关系”是指被侵犯的权益属于法律保护的范围之内，并且具体行政行为与自身的权益受损有因果关系，它是“切身的利害关系，现实的利害关系、直接的利害关系”[①]。因此，我国没有公益诉讼制度，无关人员或组织“即使是该行政行为明显侵犯了他人、社会或国家利益也不具有行政诉讼的原告资格。”[②] 这种对诉讼资格的严格限制不利于对公民利益及公共利益的全面保护。对有些行政纠纷，相关人员根据法律规定是无法提起行政诉讼的；也有一些行政行为根本就没有明确的相对人。这些行政案件由于缺乏适格的原告而使公民利益及公共利益被摒弃在司法保护范围之外。

因此，我国行政诉讼的起诉资格不应限定在“与具体行政行为有法律上利害关系的公民、法人或者其他组织”[③]，而应适当予以扩大，在公民权益受行政行为影响而其本人依法律

① 姜明安：《行政法与行政诉讼法》（第二版），高等教育出版社、北京大学出版社 2005 年版，第 502 页。

② 姜明安著：《行政诉讼法学》，北京大学出版社 1993 年版，第 90 页。

③ 最高人民法院《关于执行〈中华人民共和国行政诉讼法〉若干问题的解释》第十二条规定：与具体行政行为有法律上利害关系的公民、法人或者其他组织对该行为不服的，可以依法提起行政诉讼。

规定又不能提起行政诉讼时，以及行政行为影响公共利益而相对人无法确定时，应赋予一定的组织、机构提起行政诉讼的资格，以真正发挥行政诉讼的应有作用，维护社会利益。在农业领域，保护农业行业公共利益方面，农业行业协会是一种最优选择，因为：首先，农业协会有责任保护本组织会员的利益，这一职责的一个重要方面就是保护会员不受行政机关的非法侵害。其次，农业行业协会也有能力承担行政诉讼原告的资格。与各个会员相比，农业协会对与本组织相关的公共事务更为熟悉、了解，因而在行使原告权利或承担相应义务方面更为方便，而且一个组织的介入比个人的参与更能产生强大效应。[①]

（二）政府对农业行业协会的管理

虽然农业行业协会对节约交易成本、降低市场不确定性和增强农业竞争力具有积极的作用，但因其所代表和维护的是特殊群体的公共利益，所以不排除其会与社会整体利益发生冲突，也可能给社会带来负面影响；同时，农业行业协会作为一个普通组织，其与任何其他组织一样，也有被少数人控制和操纵的危险，因此，国家有必要对其进行管理与监督。当然，国家对农业行业协会的管理与监督以不损害其自主性为前提，将管理与监督的权力限定在一个合理的范围内。

1. 登记管理

农业行业协会登记的目的是使其获得承认，有利于其以法人资格独立地开展工作，同时经过登记，得到国家法律的确认，其权利可以受到国家法律的保护，使其具备足够的权威，也可以依法制止滥用权力和自由的行为。

2. 业务管理

在农业行业协会成立之后，登记管理机关和相关业务管理机关都有权对其业务活动进行监督管理。但为保证农业协会的

① 黎军著：《行业组织的行政法问题研究》，北京大学出版社2002年版，第132页。

自主性，应避免政府部门直接干涉其内部运作。政府对农业行业协会进行业务管理的范围与方式应限定为以下几个方面：①业务指导。包括相关业务管理机关指导农业协会遵守《宪法》、法律、法规和国家政策，依据其章程开展活动；通报农业经济发展的形势和有关政策、规章；根据需要和农业行业协会的要求，听取农业行业协会的工作报告，对其活动提出意见和建议。②监督检查。主要是建立对协会的内部审计监督制度，要求协会在其产生、存续期间有义务接受审计部门的检查。审计机关在审计过程中如发现影响协会发展的重大问题要立即通知理事会，并与其一起解决问题。理事会要将审计结果通告会员，也有权利进行申诉。

3. 优惠政策的限制

虽然农业行业协会可享有前述税收、财政、金融等方面的优惠政策，但其也应当受到下列限制：首先，协会的宗旨必须是为了其会员的共同利益；其次，协会的会员必须达到最低成员人数，避免协会徒有形式，仅享受纳税优惠，而不为其会员服务。再次，协会必须是"无利润分配"，也就是说协会必须将所有利润用于组织发展。最后，对协会的税收优惠应有一定的范围，协会超出范围开展业务活动时不应当享有税收优惠，应按照法律规定向税务部门上缴税金。

（三）农业行业协会对政府的监督制约

受传统观念以及协会与政府存在着隶属关系的影响，目前我国农业行业协会的功能还仅局限于对政府的协助功能，即强调如何在政府的领导和监督下进行管理，而忽略了其对政府的制约功能。这使得农业协会难以对政府决策产生影响，不能有效代表会员的利益，无法构成对政府的制衡。为了发挥对政府的监督与制约功能，如前所述，可通过立法赋予农业行业协会参与政府决策的权利，以及其参加和提起行政诉讼的权利。

1. 参与政府决策的权利

政府在经济管理过程中主要是承担政策制定等宏观职能，如制定行业发展战略和规划，进行监督协调等，不可能了解行业内部的具体情况，同时，行政机关在作出决策时往往容易局限于自身行政管理的角度考虑问题，从而影响决策的科学性。而行业协会对本行业的情况比行政机关更为熟悉，所以，农业行业协会参与政府决策过程，提供决策信息，反映会员的利益要求，对于提高政府决策的科学性和可行性有很大作用。

农业协会参与政府决策的方式主要有：①提出议案，建议政府对某一领域进行规范和管理。②对政府的行政立法和公共政策进行监督，并依法向有权机关提出异议。如我国《立法法》规定，社会团体、企业事业组织以及公民认为行政法规、地方法规、自治条例和单行条例同宪法或者法律相抵触的，可以向全国人民代表大会常务委员会书面提出进行审查的建议，由常务委员会工作机构进行研究，必要时，送有关的专门委员会进行审查、提出意见。③协助政府起草有关法律规范和政策。④参加政府决策过程中的听证。我国《立法法》规定，行政法规在起草过程中，应当听取有关机关、组织和公民的意见。听取意见可以采取座谈会、论证会、听证会等多种形式。因此，参与与本行业有关的立法听证是农业行业协会参与政府决策的重要方式。⑤通过与政府协商参与公共政策的制定。通过协商程序制定的法规草案由于得到了各利害关系人的合作，比行政机关单独制定的草案更容易为各方面所接受。

2. 通过行政诉讼实现对政府的监督制约

农业行业协会对行政诉讼的参与也是它实现对政府监督制约的途径之一。农业行业协会在行政诉讼中充当的角色可以是：①充当诉讼委托代理人。根据我国《行政诉讼法》规定，委托代理人可以是律师、社会团体、提起诉讼的公民的近亲属或者所在单位推荐的人，以及经人民法院许可的其他公民。因此，农业行业协会可以接受会员的委托作为诉讼代理人参加行政诉讼。②支持起诉。支持起诉是指启发、帮助、鼓励受损害会员起诉，包括提供物质和法律上的帮助，但不能代为行使诉权。③直接提起行政诉讼。随着行政诉讼制度的改革，期望在将来，在特定情况下，如农业行业协会发现行政机关的决定侵害了本行业的公共利益，可以直接以原告身份提起行政诉讼。

第三章

农村集体经济

第一节

农村集体经济发展状况①

分析集体所有权实现形式问题，首先有必要了解当前我国村级集体经济现状。而恰恰这方面的统计资料并不多见，尤其是一些大样本的最新统计调查缺乏。2006年，国务院发展研

① 本节内容选自农业部软科学课题“新形势下集体所有权实现形式问题研究”（课题编号：Z200628），课题主持人：张云华。

究中心农村经济研究部对全国2749个村庄进行了问卷调查①。这些村庄分布于17省、20个地级市、57个县、166个乡镇。其中包括东部浙江、江苏、山东、上海的1151个村庄，中部湖北、河南、湖南和河北的759个村庄，以及西部贵州、重庆、广西、陕西、青海和内蒙古的839个村庄。本次调查数据资料翔实全面，基本反映了当前我国农村集体经济的最新情况。

一、村级集体经济收入"贫富差距"较大

总体上看，村级集体经济实力相差悬殊，多数村庄的集体经济收入微薄，少部分村庄收入较高。综合数据显示（见表3-1），2.2%村没有集体收入，16.5%的村收入低于1万元，低于5万元的占到将近一半，低于10万元的占到将近60%。高于50万元的占到22.6%，高于100万元的占到16%。村级集体经济总收入的平均值为190.8万，剔除少量超过1亿元的特殊样本后，调整后的集体经济总收入平均水平为79.2万元（见表3-2）。

表3-1　村级集体经济总收入分布频率　单位：%

收入（万元）		0	<0.5	0.5-1	1-5	5-10	10-20	20-50	50-100	100-200	>200
综合	分布频率	2.2	6.4	7.9	31.8	10.6	9.2	9.3	6.5	8.3	7.8
	累计比例	2.2	8.6	16.5	48.3	58.9	68.1	77.4	83.9	92.2	100
西部	分布频率	4.7	11.9	17.2	46.7	10.9	2.6	1.6	0.5	0.7	3.2
	累计比例	4.7	16.6	33.8	80.5	91.4	94.0	95.6	96.1	96.8	100

① 感谢新农村建设大样本村级调查工作的负责人韩俊研究员以及为此付出辛勤劳动的其他同仁，感谢中央党校第22期一年制中青班"新农村建设与构建社会主义和谐社会"课题组对本次问卷调查的大力支持。

续表

收入（万元）		0	<0.5	0.5–1	1–5	5–10	10–20	20–50	50–100	100–200	>200
中部	分布频率	1.0	7.0	6.1	44.6	17.2	12.7	7.9	2.3	0.6	0.6
	累计比例	1.0	8.0	14.1	58.7	75.9	88.6	96.5	98.8	99.4	100
东部	分布频率	1.4	2.7	3.4	14.5	6.2	11.2	14.9	12.7	17.7	15.3
	累计比例	1.4	4.1	7.5	22.0	28.2	39.4	54.3	67.0	84.7	100

表 3–2　村级集体经济总收入平均水平　单位：元

	综合	西部	中部	东部
样本量	2749.0	839.0	759.0	1151.0
均值	1907931.0	994972.8	134986.9	3589356.7
调整后的均值	792426.2	663280.0	134986.9	1276693.0

注：调整后的均值为剔除超过 1 亿元集体收入的特殊样本后得的数据。

东、中、西部集体经济差距明显。西部、中部各有 91.4%、75.9%的村庄收入在 10 万元以下，而东部有近 60%的村庄集体收入在 10 万以上。西部和中部集体收入高于 100 万元的村庄分别占比为 3.9%和 1.2%，而东部这一比重为 33%。东部地区村级集体经济总收入水平平均值为 358.9 万（调整后的均值为 127.7 万），分别比西部和中部地区高出 259.4 万元和 345.4 万元（调整后的均值分别高出 61.1 万元和 114.2 万元），东部地区村级集体经济总收入平均值分别是西部和中部地区的 3.6 倍和 26.6 倍（调整后的均值分别为 1.9 倍和 9.5 倍）。显示了中西部集体经济与东部集体经济的巨大落差。

二、村集体本身收入和财政性补助是村集体收入的主要来源

总体上看，村集体本身收入是村级经济总收入的主要组成部分，占到集体总收入的69.15%。其中，村农业承包收入占到总收入的38.08%，村办企业收入占到17%，厂房、土地及其他财产租赁费收入占到10.19%，村级农林牧渔直接收入只有3.88%。分地区看，东部地区村集体本身收入比重最高，为76.20%，分别比中部和西部地区高出32.01%和10.45%，表明东部地区集体自身收入能力要高于中西部地区。东部地区村办企业收入、土地厂房等资产租赁费收入的比重也高于中西部地区。

财政性补助也占到村级收入的很大比重，比重为16.44%，显示了村级经济收入在一定程度上对财政的依赖性。分地区财政补贴占比由高到低依次为中部（27.09%）、西部（13.41%）和东部（12.54%）。

由集体留用的土地征用补偿费占到总收入的4.08%。村集体为了修路架桥、农田基建等村级公共服务的自筹自用集资占比仅为1.91%。参见表3-3。

表3-3　　2005年村集体收入结构　　单位：%

	综合	西部	中部	东部
（一）村集体本身的收入	69.15	65.75	44.19	76.20
1. 村农业承包收入	38.08	23.25	16.93	43.72
（1）土地承包费	1.09	4.34	6.70	1.09
（2）果园、林业承包收入	0.27	5.56	7.76	0.14
（3）水面及其他	36.72	13.35	2.47	42.49
2. 村农、林、牧、渔直接经营收入	3.88	20.74	13.18	1.12
3. 村办企业收入	17.00	10.86	7.97	19.65
4. 厂房、土地及其他财产租赁费收入	10.19	10.90	5.12	11.71

续表

	综合	西部	中部	东部
（1）资产租赁收入	6.63	6.53	3.94	7.62
（2）土地租赁收入	3.56	4.37	1.18	4.09
（二）村自筹自用集资	1.91	7.01	9.62	0.70
1. 修路架桥	0.54	3.70	7.23	0.39
2. 农田基建	0.13	1.71	1.79	0.11
3. 水费电费	0.09	1.10	0.33	0.09
4. 办公设施	0.05	0.25	0.15	0.04
5. 教育	0.06	0.18	0.09	0.04
6. 卫生	0.03	0.07	0.02	0.03
（三）上级下拨或补贴（财政性补助）	16.44	13.41	27.09	12.54
（四）土地征用补偿费（由集体留用部分）	4.08	4.74	9.64	4.10
（五）其他收入	8.42	9.09	9.46	6.46

虽然总体上看村集体自身收入在村级总收入中占比较大，但有相当一部分村并没有集体本身收入。在有集体收入的2574个村庄中，700个村庄没有集体本身收入，占比为27.2%。而在河南鹤壁，134个行政村2005年村集体本身收入为0，占有效样本量的50.1%。

三、近四成村庄入不敷出

从综合数据看，分别有38.23%、14.75%和47.02%村庄入不敷出、收支平衡及有盈余。东中西部地区入不敷出的村庄比重都在35%—40%，但东部地区有盈余的村庄比重要明显高于中部和西部，分别高出18.31%和24.26%（参见表3－4和图3－1）。

表3－4　村集体收支平衡状况　单位：%

	综合	西部	中部	东部
入不敷出	38.23	36.59	39.64	38.29
收支平衡	14.75	28.97	19.97	3.01
有盈余	47.02	34.44	40.39	58.70

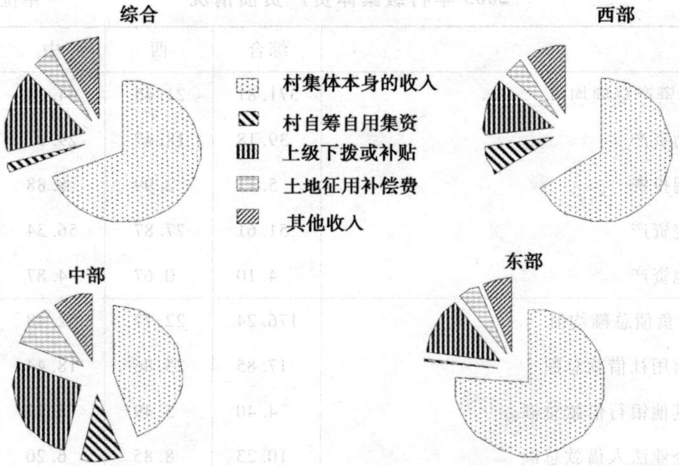

图 3－1　2005 年村集体收入结构

四、东中西部地区村庄资产差异明显

综合数据显示，2005 年年末被调查村庄累计资产总额的均值为 371.81 万元，数量还比较可观。但是地区之间的差异明显，东部地区村庄集体累计资产总额为 727.86 万元，规模较大，而中部地区村庄累计资产只有 44.14 万元，西部地区更少，为 21.45 万元。

资产份额中以固定资产和流动资产为主，长期投资和其他资产为辅。所有调查村庄的固定资产和流动资产的比重分别占 5 成和 4 成。分地区看，东部地区不仅资产总额高，而且资产中的流动资产比重明显高于中部和西部地区，分别高出 11.18% 和 22.62%。而西部地区固定资产的比重要高于中部和西部地区，流动资产和长期投资的比重都低于中部和东部地区村庄（参见表 3－5）。

表 3－5　　　　2005 年村级集体资产负债情况　　　　单位：万元，%

	综合	西	中	东
一、年末累计资产总额均值	371.81	21.45	44.14	727.86
构成：1. 流动资产	39.18	18.47	29.91	41.09
2. 长期投资	5.11	2.99	8.88	4.95
3. 固定资产	51.61	77.87	56.34	51.31
4. 其他资产	4.10	0.67	4.87	2.65
二、年末累计负债总额均值	176.24	22.77	52.48	305.61
构成：1. 向信用社借款总额	17.85	25.86	18.44	14.54
2. 向其他银行借款总额	4.40	5.49	5.77	3.34
3. 向企业法人借款总额	10.23	8.85	6.20	12.66
4. 向个人借款总额	41.43	46.95	53.46	33.66
5. 向民间金融机构借款总额	4.83	1.85	6.54	5.16
三、2005 年负债资金使用结构				
1. 办企业	3.62	3.62	10.84	13.95
2. 支付干部工资	13.75	13.75	16.21	11.77
3. 上缴税费	4.28	4.28	7.86	2.73
4. 公共基础设施建设	42.84	42.84	34.29	47.30
5. 教育支出	17.11	17.11	13.59	3.42
6. 偿还旧债	13.21	13.21	9.05	11.59

五、东中西部地区村庄负债规模差异明显

东部地区村庄负债规模也远高于中西部地区村庄。东部地区 2005 年负债总额平均值为 305.61 万元，而中部地区为 52.48 万元，西部地区仅为 22.77 万元。这与地区经济发展水平有密切的联系，东部地区自身经济实力比较强，区域经济有更大的资金需求，而且体系内也能够实现相应的资金供给；而西部地区经济体系内难以提供资金支持，村庄建设资金更多地依赖于中央财政。

村庄负债更主要来自个人借款，但西部地区对信用社贷款的依赖程度也比较高。从表 3－5 可以看出，村庄负债主要来自个人借款，平均比重占到了 41.43%，而且中部地区个人借款比重最高，达到了 53.46%。信用社也是村庄借款的主要渠道，平均比重占到了 17.85%，而且西部地区村庄信用社贷款比重最高，达到了 25.86%。但西部地区村庄个人借款比重并不低，这说明西部地区村庄建设中给农民个人贷款的负担并不轻。

村庄的负债资金需求主要来自于公共基础设施建设，中西部地区教育负债比重明显较高。从负债资金的使用结构看，1710 个村庄回答了村庄负债使用的问题，村庄负债资金最主要的用途是公共基础设施建设。因为经济比较有活力，东部地区负债资金用于办企业的比重明显高于西部地区。中西部地区负债资金用于教育支出的比重很高，说明中西部地区村庄教育负债问题比较严重。中部地区村庄负债用于支付干部工资和上缴税费的比重最高，分别达到了 16.21% 和 7.86%，这说明了中部地区村庄行政性负债相对严重。

六、西部和中部村庄资不抵债现象严重

调查村庄中有 32.9% 的村庄资不抵债，亦即净资产小于 0。净资产处于－10 万—0 万元的村庄比重为 21.9%，处于 0—10 万元、10 万—50 万元、50 万—100 万元、高于 100 万元的村庄比重分别为 18%、16.8%、7.2% 和 25.1%。

西部和中部地区村庄分别有 50.2% 和 39.6% 资不抵债，而东部比例相对较低为 15.8%。西部地区累计净资产多数分布在－10 万—10 万元，这一区间比例总计 77.1%，西部地区村集体净资产超过 50 万元只有 10.5%。东部地区所调查村集体净资产超过 100 万元的达到 49.3%，将近一半。体现了东部村集体资产实力明显强于中西部村庄（参见表 3－6）。

表 3－6　　村集体年末累计净资产或净负债情况　　单位：%

额度（万元）	＜－50	－50—－10	－10—0	0—10	10—50	50—100	＞100
综合频率	3.9	7.1	21.9	18	16.8	7.2	25.1
累计比例	3.9	11.0	32.9	50.9	67.7	74.9	100
西部频率	1.3	5.3	43.6	33.5	5.8	8	2.5
累计比例	1.3	6.6	50.2	83.7	89.5	97.5	100
中部频率	9.9	15.6	14.1	14.4	22.6	10.2	13.2
累计比例	9.9	25.5	39.6	54	76.6	86.8	100
东部频率	1.8	2.9	11.1	9.3	15.9	9.7	49.3
累计比例	1.8	4.7	15.8	25.1	41.0	50.7	100

七、多数村集体经济实力近年来变化不大

所调查全部村庄中村集体经济实力不断增长、变化不大和有所下降的村庄比重分别为 25.5%、56.1% 和 18.4%。西部地区村集体经济实力以变化不大为主，占 71.3%。中部地区村集体经济实力有所下降的比重将近 3 成，高于西部和东部地区，中部村集体经济实力不断增长的比重只占 12.2%，小于西部和东部地区，这反映了中部地区近年来村集体经济相对西部和东部地区的衰弱，也从一个侧面体现了国家中部崛起战略的必要。东部地区村集体经济实力不断增长的比重为 40.5%，显著高于中西部村庄。而反观中部和西部地区只有 10 多个百分点的村集体经济实力在不断增长，说明了中西部地区村集体经济实力的踯躅不前（参见表 3－7）。

表 3－7　　村集体经济实力近年来变化趋势　　单位：%

	综合	西部	中部	东部
不断增长	25.5	16.4	12.2	40.5
变化不大	56.1	71.3	58.2	44.4
有所下降	18.4	12.3	29.6	15.1
总计	100.0	100.0	100.0	100.0

八、东部中西地区村干部对壮大集体经济实力因素的认识存在明显差异

在问到如何发展壮大村集体经济实力时，中西部地区也体现了一些差异性。比较明显的是，东部地区村干部更多地认为要靠招商引资、出租集体资产或集体土地来壮大集体经济实力，比重分别占到74.5%和81.1%，分别比中部和西部地区村庄高出16.5%、37.5%和12.7%、30%，这也反映了东部地区村干部对招商引资并出租集体资产或土地更大的认可度和现实可行性。中部和西部地区村干部更倾向于争取上级下拨或补贴，比重为88.4%和75.4%，比东部分别高出20.4%和7.4%，表明在一定程度上中西部村庄对政府的依赖性。另一个有趣的数据是，西部和中部地区还有相当多的村干部认为通过集资兴办新的村办企业来增加集体经济实力，而东部村干部对这一途径的认同度却低于中西部地区。其他途径中还有一些村干部回答了发展农业、林果业、旅游业等方式（参见表3-8）。

表3-8　村干部认为发展壮大村集体经济实力的途径　单位：%

	综合	西部	中部	东部
大力搞好现有村办企业	46.6	41.1	52.8	47.1
集资兴办新的村办企业	53.2	60.5	57.4	43.5
招商引资，出租集体资产	57.8	37.0	58.0	74.5
招商引资，出租集体土地	67.9	51.1	68.4	81.1
争取上级下拨或补贴	76.2	75.4	88.4	68.0
其他	2.7	3.3	2.9	3.2

第 二 节

浙江省村级集体经济实现形式探索[①]

近年来，浙江省各地积极探索新形势下农村集体经济发展模式、扶持方式和管理机制，全省村级集体经济呈现出良好的发展势头，经济收入持续增长，资产总量不断扩大，运行质量明显提高。为更好地把握村集体经济发展运行轨迹，我们于 2006 年对浙江 138 个村集体经济作了问卷调研，2008 年又对全省的总体情况和绍兴等地进行了实地调查，在此基础上作了进一步的分析研究。

一、浙江村级集体经济发展现状与特点

随着农村工业化、城市化和新农村建设的快速推进，浙江各地积极探索集体经济有效实现形式，大力发展壮大村级集体经济，并显现出以下几个特点：

1. 从总量上看，村集体经济稳步增长

2007 年，浙江省加快新农村建设，进一步加大了解决“三农”问题的力度，村集体经济得到快速发展。全年村经济合作社（通称村集体经济组织）总收入达 168.9 亿元，比 2006 年增长 20.8%，创近年来增幅新高。村经济合作社经营收入、发包及上交收入、投资收益等，都得到了较快增长，增幅分别为 17.9%、9.2% 和 11.5%，村集体经济可持续发展能力得到加强。到 2007 年底，全省村经济合作社资产已达 1588.03 亿元，比上年增长 17.22%。

① 本节内容选自农业部软科学课题报告“新形势下集体经济实现形式研究——以浙江省为例”（课题编号：Z200823），课题主持人：冯一鹤。

2. 从区域上看，村级集体经济发展的不平衡性加扩大

靠山吃山，靠水吃水。历来农村集体经济发展受自然条件的影响比较大。从总体上看，凡临近城郊、集镇、国道、省道以及有丰富资源的村，集体经济就比较发达；反之，集体经济就比较薄弱。浙江省有1/4的村属前一类型，有1/4村属后一类型，有半数的村介于两者之间。类型不同，基础和发展情况差异很大。2007年，在各级政府的重视与支持下，全省村集体经济收入在1万元以下的村的数量与2006年相比有所下降，从25.3%降到23.2%，收入在1万—50万元的村基本持平，而收入在50万元以上的村的数量2007年明显增加，从21.2%增加到25.8%，其中，500万元以上的村占了2.6%，2006年，对收入在500万元以上的村未作单独统计（表3－9）。

表3－9　　2006—2007年浙江省村集体经济收入分组表

序号	不同收入村分组	2007年		2006年	
		村的数量（个）	占统计村的比重（%）	村的数量（个）	占统计村的比重（%）
1.	1万元以下	7317	23.2	8502	25.3
2.	1万—3万元以下	3326	10.5	3475	10.3
3.	3万—5万元以下	1851	5.9	2225	6.6
4.	5万—10万元以下	2745	8.7	3423	10.2
5.	10万—20万元以下	3322	10.5	3883	11.6
6.	20万—30万元以下	2145	6.8	2207	6.6
7.	30万—40万元以下	1493	4.7	1555	4.6
8.	40万—50万元以下	1212	3.8	1161	3.5
9.	50万—100万元以下（2006年为50万元以上）	3437	10.9	7180	21.4
10.	100万—500万元以下（2006年为100万元以上）	3878	12.3	4076	12.1
11.	500万—1000万元以下	512	1.6		
12.	1000万元及以上	304	1.0		
13.	汇入本表的村合计	31542		33611	

注：村的收入中含土地征用补偿收入。

3. 从收入来源看，呈现“三足鼎立”之态

据对138个样本村的调查，2005年集体总收入8410.84万元中，村级自营收入（包括经营收入、发包与上交收入、投资收益）3163.53万元、上级财政补助收入2712.96万元、土地补偿费收入1554.8万元，村均分别为22.92万元、19.66万元、11.27万元，各占总收入的37.6%、32.3%和18.5%，三者合计占了总收入的88.4%。

公共财政对村级补助力度加大。2005年，138个样本村的补助达到了2712.96万元，比2000年的466.95万元增长了近5倍，年均增长42.2%。其中公共基础设施建设补助2051.31万元、村级组织运转经费及其他补助661.65万元，各占75.6%和24.4%。同期，土地补偿费也从775.77万元上升为1554.80万元，同比增长了1倍。从全省范围看，2007年村经济合作社获得的政府补助收入增长迅速，由2006年的31.5亿元上升到2007年的46.2亿元，增加了14.7亿元，增幅46.6%，对整个村级集体经济增长的贡献率更是高达50.5%。

第四，从支出渠道看，农村公共基础设施建设是最主要的方面。2005年，样本村集体总支出10150.78万元（村均73.56万元），2000年为4776.02万元（村均34.61万元），五年间增加了1.12倍，平均每年增长16.3%，高出同期收入增幅约1个百分点。公共基础设施建设支出占总支出比重逾一半。在总支出中，支出比重从高到低依次为公共基础设施建设支出5284.25万元（占52.1%、村均38.29万元）、村级组织运转支出1711.62万元（占16.9%、村均12.40万元）、村内社会福利与保障支出1125.98万元（占11.1%、村均8.16万元）、集体经济发展与经营性项目支出1028.81万元（占10.1%、村均7.46万元）、公共设施维护支出等其他支出1000.12万元（9.8%、村均7.25万元）（见表3-10）。

表 3-10　　138 个样本村总支出及其构成

项　　目	2005 年		2000 年	
	万元	比重（%）	万元	比重（%）
村集体支出	10150.78	100	4776.02	100
其中：直接经营性支出	254.21	2.50	147.56	3.09
集体经济发展项目支出	774.60	7.63	302.84	6.34
组织运转支出	1711.62	16.86	1028.13	21.53
社会福利与保障支出	1125.98	11.09	524.01	10.97
公共基础设施建设支出	5284.25	52.06	2536.52	53.11
公共设施运行维护支出	361.31	3.56	152.24	3.19
村民技能培训支出	12.35	0.12	3.61	0.08
上交国家税费	6.64	0.07	64.17	1.35
其他支出	619.82	6.11	16.84	0.35

村级支出中，除去集体经济发展与经营支出后，非生产性开支占了 88.9%，一半以上的收入被用于公共基础设施建设。在公共设施建设支出中，道路建设、村庄绿化、自来水改造、文卫设施、电力设施等村庄整治支出共 3953.57 万元，占 74.8%，村均达到 28.65 万元，农田水利设施建设支出 663.54 万元，占 12.6%，村均为 4.81 万元，其他支出占 12.6%。值得注意的是，在村庄整治支出中，村均道路建设支出达到了 18.54 万元，占了公共设施总支出的 48.4%（参见表 3-11）。

表 3-11　　样本村公共基础设施建设支出项目一览表

项　　目	2005 年		2000 年	
	万元	比重（%）	万元	比重（%）
公共基础设施建设支出	5284.25	100	2536.52	100
其中：道路建设	2559.11	48.43	1229.32	48.46
村庄绿化	254.34	4.81	51.35	2.02
河道整治	225.08	4.26	35.93	1.42
自来水	268.76	5.09	114.84	4.53
卫生设施	138.29	2.62	39.13	1.54
文化设施	363.03	6.87	284.47	11.21
电力设施	144.96	2.74	96.56	3.81
农田水利	663.54	12.56	581.54	22.93
其他支出	563.98	12.63	1118.28	4.08

二、浙江发展村级集体经济的几种模式

浙江省结合实际，在创新村级经济发展思路方面进行了积极探索。2008 年我们对绍兴市村级集体经济发展方式作了重点调研，其村级集体经济可归纳为八种发展模式：

1. 资源开发型

主要是因地制宜，充分发挥当地的农业、水利、矿山、旅游等资源优势，合理开发资源，使资源优势转化为经济优势，不断增强集体经济实力。如新昌县利用丰富的水利资源，建设小水电站，全县有 67 个村建有电站 100 座，总装机 26230 千瓦，其中收入在 10 万元以上的有 42 个村。

2. 物业经营型

主要是通过投资建设、购置标准厂房、营业用房、三产服务设施，开发建设园区、专业市场等，获取物业经营收入。如绍兴县马鞍镇新二、东联等 17 个村利用征地补偿金，共同出资 1.45 亿元，在工业区内投资建造标准厂房，年均获得 783.5 万元的稳定收益。绍兴县安昌镇大山西村通过收取集体建设用地使用费，每年收入 110 万元。越城区府山街道云栖村通过自建市场、营业房等发展物业经营，2007 年村级经济总收入达 270 多万元。一些村还利用村级集体资金、土地与企业合资、合股开发房地产等项目来增加村级收入。绍兴县华舍街道人利村筹资 6520 万元，与兴越房产公司合股在村级留用地上开发商用楼 2.7 万平方米，双方约定，商住楼建成后所有的商业用房全部归村所有，人利村将所有商业用房用于租赁，每年增收 300 万元。

3. 资本经营型

一些村在确保农民权益的前提下，通过政府引导、市场运作，将部分闲置集体征地补偿金用于投资开发标准厂房等物业。绍兴县马鞍镇新二、东联等 17 个村利用征地补偿金，共同出资 1.45 亿元，在工业区内投资建造标准厂房，年均获得

783.5 万元的稳定收益。绍兴县柯岩街道余渚村利用 1300 万元的征地补偿金，在村级留用地上建成标准厂房 2 万平方米，每年获得租金达 230 余万元，资本收益率超过 15%。有的村将资金投资到效益较好的企业，以获得较大的经济收益。如上虞市道墟镇称海村，将村集体的 410 万资金投入到本地的一家集团公司，每年增加村集体收入 21.7 万元。

4. 经营转让型

村集体企业、统管的山林、水面等经营项目，通过经营权转让、公开拍卖、招租等形式，实现资产增值。嵊州市崇仁镇赵马村对原村砖瓦厂、粮食加工厂、茶厂等企业实行公开招标，近年来村级集体经济收入都在 60 万元以上，集体资产已超过 200 万元。一些村将现有的砖窑厂、石料场等集体资产，通过转让经营权、公开招租等市场手段，实现资产增值。绍兴县孙端镇皇甫庄村村属砖瓦厂，在原先村集体经营期间，每年集体收益在 100 万元左右，2007 年通过公开竞标转让经营权后，年租金提高至 192 万元。绍兴县平水镇四丰村将长期处于亏损状态的村办砖瓦厂向社会公开竞标招租后，村集体每年获得 83.5 万元的稳定租赁收入。

5. 盘活存量型

主要是整合集体所有的闲置厂房、山林、荒地、果园等不动产以及企业经营权，通过招标出租，盘活存量，发展集体经济。如绍兴县稽东镇陈村根据家庭织机不断增多、家纺业蓬勃发展的实际，利用原村办企业约 2000 平方米的闲置厂房，引进一家纺织轴头企业，既方便了村民进料出货，又盘活了集体闲置资产，村里每年增收 30 余万元。一些村通过租赁、出让厂房、场地、设备等闲置资产的方式，引进外来个私企业，努力使这些闲置资产“起死回生”，产生经济效益。绍兴县富盛镇倪家娄村一家企业自 1992 年关停后，价值 2000 余万元的厂房、设备等处于闲置状态。从 2001 年起，通过镇、村两级共同努力，引进个私企业到村落户，目前已发展到 53 家，每年为村集体带来120万元的收入。

6. 土地整理型

主要是依托土地资源，科学规划，积极利用，充分开发，做到变地为钱，增加村级集体经济收入。如诸暨市街亭镇，仅2004年整理土地3600余亩，新增有效耕地面积310亩，获得资金220多万元。2007年冬以来，上虞市集中实施了农村宅基地整治，退宅还地面积达到3000多亩，国家补偿资金达6800多元。一些相对比较偏僻的山区村，利用土地资源丰富的独特优势，在政府的鼓励引导下，积极开展土地整理，既缓解经济发展瓶颈制约，也为村级集体带来一定收益。绍兴县兰亭镇谢家坞村利用紧邻“中国花卉之乡”漓渚镇的优势，将整理出来的550余亩土地，一部分承包给花卉种植大户获取租金，一部分留作水果开发基地，由村集体统一经营，2007年该村仅此两项收入就达54万元。

7. 市场建设型

一些村利用紧临市场或集镇的区位优势和市场资源，参与市场建设。绍兴县柯桥街道福东、福年等村早期投资参与轻纺城市场建设，目前仅市场租金每年就达四、五百万元。绍兴县钱清镇方家桥村根据附近集镇轻纺原料经营户众多但经营分散的情况，多方筹资建起绍兴县首个轻纺原料市场，目前已成为亚洲最大的轻纺原料市场。该村村级集体年收入也从建市场前不足3万元一跃到超千万元，村级资产已达1.2亿元。

8. 政策扶持型

对村集体经济年收入在1万元以下的行政村，给予政策扶持。如绍兴市2005年出台了《关于对全市“双五千”以下村开展结对帮扶活动的实施意见》，对全市人均收入和村集体经济收入均在5000元以下的村实施重点结对帮扶。2006年3月，又出台了《关于进一步发展壮大村集体经济的若干意见》，市财政每年拨付不少于600万元的资金扶持村集体经济。绍兴县则对上一年经常性收入10万以下的村，县财政每年安排250万元补助资金，并在发展物业经营、“百企扶百村”方面给予多项优惠，对无集体收入来源的村则在中心镇安排一定的面积建造营业房，以房产出租的收入作为这类村的经常性收入，从而增强经济薄弱村的造血功能。

三、浙江省村级集体经济发展中存在的问题

1. 区位差异，村级收入不平衡性突出

在138个样本村中，中位数村（按收入从高到低排序，处于最中间的村）的收入为29.63万元，远远低于村均60.95万元的水平；从各村收入从低到高排序后累计看，70%以上的收入集中在30%的村，收入分布不平衡突出，收入差异系数——基尼系数达到0.59。在除去土地补偿、上级补助、社会捐助、机关事业单位结对扶持等项收入后，村级收入的集中化趋势更明显：77%的收入集中在23%的村中。一个普遍现象是，经济发达地区的村特别是临靠城镇和工业园区的村集体经济实力强，大多数经济不发达地区的村或远离城镇的村集体经济非常薄弱。其中，村级自营收入5万元以下的就有51个，占37.0%。有24个村得到了上级政府的组织运转经费补助，占样本村总数的17.4%，这些村连日常的组织运转都要靠财政资助，更无力开展农村公共事业的建设。

2. 入不敷出，村级负债水平急剧上升

2000年村均收入29.52万元，村均支出34.61万元，收支缺口5.09万元；2005年村均支出73.56万元，与村均收入60.95万元相比，收支缺口上升为12.61万元。“十五”期间，收支缺口不仅没有缩小，反而呈不断扩大之势，直接后果是村级债务快速上升。2005年138个样本村村级债务总额达到了4346.03万元，村均负债31.49万元，比2000年的16.58万元增长了近一倍。其中，涉及负债的村从2000年的56个上升为2005年的71个，负债面达到了51.4%，即超过一半的村有债

务。据初步统计，一些村在早年盲目投资发展生产项目及管理不善形成的债务占 22.6%，因村庄整治和村内公益事业建设投入及配套形成的债务占 19.0%，因村干部报酬形成债务占 2.0%，因农村义务教育、乡村道路建设等而形成的其他债务占 56.4%。其中，样本村近五年因上级项目建设配套新增债务 561.11 万元，村均新增 4.07 万元。

3. 创收乏力，村级增收渠道趋于萎缩

一是直接生产经营性收入萎缩，随着乡镇集体企业、村办企业改制的全面推进，村级资产总体上已基本退出了直接经营；二是政策性收入萎缩，随着农村税费改革的深化，2005 年开始浙江全面取消了固定向农民收取的以大田承包款为主的村提留，以农业生产为主的村收入减少十分明显；三是一些村在 20 世纪 80 年代实行家庭承包时，能分的资产都分了，能承包到户的土地资源都到户了，村集体缺乏可资运用的统管资源和集体资产，难以找到"新的增长点"，一些村发展集体经济已经失去了财力基础，发展集体经济要么等着土地征用创收、要么等着上级扶持。"等、靠、要"思想滋生。2005 年，138 个村中有 22 个没有发包与上交收入，即有 15.9% 的村没有集体资源可资创收；84.8% 的村没有新建村级经济发展项目。

4. 宣传教育不够，干部群众思想认识比较片面

农村实行家庭承包责任制后，集体积累被大量分配，集体经济发展壮大的物质基础不复存在。同时，在改革中，一些农村基层干部和广大农民的思想认识没有跟上，他们把集体经济和"人民公社"等同起来。加之 20 世纪以村集体名义投资兴办的集体企业有不少以失败告终，教训深刻，于是就出现了种种贬损农村集体经济的倾向。究其原因，一是对统分结合的双层经营体制认识不够，说到底还是对党的农村政策理解不深不透；二是随着个体私营经济的发展，农村集体经济逐渐被大部分人淡忘，加之各级对发展农村集体经济的作用和意义宣传教

育不够，以至于基层干部和农民群众对发展新型农村集体经济无所适从；三是在体制转换过程中，由于管理不到位，造成了农村集体资产大量流失、闲置和贬值，丧失了发展集体经济的物质基础；四是一些经济薄弱村依然存在“等、靠、要”的心理，自我发展意识不强。

四、发展壮大村级集体经济的对策建议

（一）提高认识，进一步增强发展壮大村级集体经济的责任感和紧迫感

从社会主义新农村建设和今后农村各项事业发展的长远看，发展壮大集体经济，不仅非常必要，而且意义重大。

1. 发展壮大村级集体经济，是发展农村公共事业、建设社会主义新农村的物质基础

农村公共产品按照其性质，有的还需要政府为主来供给，有的则需要以村级组织为主来供给。基于目前公共财政的实际，农村公共产品的投入与建设极大部分需要村级集体经济弥补。如浙江省搞的“千村示范万村整治”活动，各级政府投入仅占总投入的1/3。138个样本村中，2005年村级公共设施建设支出共5284.25万元，扣除上级建设项目补助2051.31万元和社会公益捐助32.61万元后，村级集体经济自身承担了3200.33万元，占了60.6%，村均达到23.19万元。公共设施建设项目支出虽有上级临时性补助，而建成后的运行及管护支出，则完全由村级自身承担。这说明，村内各项基础设施建设、科教文卫事业发展、村庄规划与建设、生态环境建设和社会治安等都离不开集体经济的有力支撑，公共设施日常运行与管护更离不开集体经济有效保障。实地调查中也发现，村级集体经济实力比较强的地方，“千村示范万村整治”工作都走在前列，而村级经济实力较弱的地方，村容村貌建设明显落后，新农村建设推进总体较慢。弥补公共产品在农村的缺失，是新农村建设投入的主要支撑力量。

2. 发展壮大村级集体经济，是保障村级组织正常运转、在农村执政基础的重要保证

“有章理事，有钱办事，有人管事”是村级组织建设的总体要求，有人管事是关键，有钱办事是基础，有章理事是保障。如果集体经济无实力，支部就没有号召力，群众就缺乏向心力有章理事、有人管事就成了空中楼阁。从138个村调查数据来看，受到运转经费补助的村有24个，补助金额为61.74万元，仅占总村级组织运转经费的3.6%，村级自身承担了96.4%的运转经费。即使在有补助的24个村中，村均补助为2.57万元，也仅占样本村村均运转经费的20%。可以说，离开村级集体经济自身收入的保障，村级组织正常运转将寸步难行。尽管在农村税费改革后，公共财政开始对薄弱村实施运转补助政策，但在保障村级组织运转的全局中，村级集体经济仍占据主导地位。一些薄弱村由于村级组织运转缺乏物质保障，建设新农村缺少了推动力量。

3. 发展壮大村级集体经济，是农村福利保障事业发展不可或缺的补充

在“十五”期间，样本村社会福利与保障支出显著增长，2005年村均支出达8.16万元，农民人均享受58.83元，比2000年的27.34元增长115.2%。其中最低生活保障支出从3.71万元增加到了22.93万元，增长了5.18倍；医疗保险补助从62.15万元增加到了218.97万元，增长了2.52倍；老年生活补助从84.02万元增加到了251.25万元，增加了2倍。在当前农村社会保障体系尚未建立健全的情况下，村级集体经济为农村老有所养、病有所医、公平分配发挥了重要作用，在一定程度上填补了公共财政在农村社会保障事业发展中的缺位。

4. 发展壮大村级集体经济，是农民增收的重要来源

村集体经济发展壮大，直接受惠于本村农户，成为当地农民重要的收入来源。如我们对杭州西湖区三墩镇虾龙圩村的调

查，该村农民总人数 1220 人，2006 年村集体经济收入 1069 万元，总资产 11569 万元，村集体人均可支配收入 4423 元，占该村人均年收入 10758 元的 41.1%。余姚市凤山街道永丰村，6909 人，2006 年村集体经济收入 796.3 万元，总资产 5848 万元，村集体人均可支配收入 1153 元，占该村人均年收入 12170 元的 9.5%。

（二）明确思路，找准发展村级集体经济的切入点和落脚点

重新构建农村集体经济发展新框架，必须要有明晰的思路和准确的切入点。

一是要坚持因地制宜的原则。发展村级集体经济，要积极稳妥，找准自身优势，做到有条件的地方先发展，条件不足的地方循序发展，不同特点、不同基础的地方，探索不同的发展路子。城镇和城郊结合的村子，基础好、区位优势明显，可以通过兴办工业企业，发展二、第三产业，壮大集体经济。山区和纯农业村，要充分发挥生态优势，大力调整农业结构，通过发展农、林、牧、副特色产业来壮大集体经济，有条件的村还可以综合开发“四荒”资源，采取多种投资形式来发展壮大集体经济。

二是要坚持统筹发展的原则。也就是坚持强村与富民相协调的原则，要把“强村富民”作为发展壮大村级集体经济的重点来抓。强村和富民是村级经济的有机整体，相辅相成。如果离开了富民，强村就失去了根基；如果没有强大的村级集体经济，也就不能实现共同奔小康的目标。因此，要统筹兼顾、协调发展，走共同富裕道路。

三是坚持改革创新的原则。要与时俱进，改革创新，积极探索农村集体经济发展的多种实现形式和多样化的发展路子，转变农村集体经济经营机制和增长方式。积极推进农村集体产权制度改革，逐步建立农村集体经济的现代产权制度，实现开放式经营，积极推进大范围、宽领域的资产重组，优化集体资源配置。四是要坚持可持续发展的原则。发展村级集体经济，决不能再走过去那种短时间、高消耗、低效益的路子，不能以牺牲环境为代价来换取经济的短时间发展。要坚持科学的发展观，整合有限的人力、物力和财力，将资源优势转化为资本优势，坚持走高效低耗，保护生态环境的可持续发展路子，增强农村集体经济的发展后劲。

（三）与时俱进，积极探索发展壮大村级集体经济的新路子

1. 强化扶持，增强薄弱村自我造血功能

各级新农村建设项目资金投入要与建设村级集体经济发展项目密切结合起来，努力形成项目建设推进集体经济发展、集体经济发展保障项目建设的互动发展局面。建议各级财政每年安排一定专项资金用于薄弱村集体经济发展项目，重点扶持建成后能产生稳定收入来源的自营式发展项目，着力塑造“输血”与“造血”相结合的良性发展机制，切实提高薄弱村自我发展能力。各地各部门发展农业产业化经营、山区开发、绿化造林、生态保护、农业综合开发、小流域治理、村庄整治、农村公共服务事业建设等项目的财政资金投入，要与扶持村级集体经济发展相联动，共同促进村级集体经济的发展。逐年加大对村级公共事业和基础设施建设转移支付力度，努力做到财力下移，缺口上移，保障基层政府和部门不对村级增加负担。政府投入主导推动的公共设施项目建设，原则上不得要求村级组织安排项目配套资金。

2. 创新机制，明晰村级集体产权

对于有稳定收入来源、有改革愿望、有组织能力的村，尤其是城中村、城郊村、园中村，要及时转换经营机制，创新管理体制，加快实施社区股份合作制改革。通过量化资产、固化股权，明晰和保障村级集体资产的产权主体及其成员的主人翁

地位，进一步理顺村级集体经济分配关系，建立健全股东（代表）大会、董事会、监事会“三会”制度为核心的公司制治理结构，创新集体资产管理体制和集体经济治理机制，使村级资产经营管理走上“产权清晰、权责明确、管理科学、运转高效”的现代经营管理道路，为发展壮大村级集体经济提供良好的制度基础和组织保障。

3. 因地制宜，促进资源转化增值

将招商引资的成功经验运用到资源开发的各个方面，按照合作共赢、互惠互利的宗旨，吸引各类工商企业、农业龙头企业等投资开发村集体资源，发展农业产业化经营项目，形成“资源承载产业实体，产业凸显资源价值”的发展氛围。要立足当地优势资源，深入开发集体水源、山林、鱼塘、海涂、荒地等，大力发展水库、小水电、农产品基地、休闲观光农业、农家乐等产业，将自然资源优势转化为经济发展优势，拓展集体资源的开发广度和利用深度。

4. 筑巢孵卵，搞活经营性资产运作

对集体原有闲置或低效使用的办公楼、校舍、大会堂、厂房、设备等集体资产，通过整修或翻建，以公开招投标形式实行租赁，或者以投资入股形式参与经营，切实提高存量资产的利用效益。有效拓展集体资产运作空间，积极实施宅基地、农用地整理项目，增加有效用地面积，努力获取集体建设用地折抵指标。积极推进不动产物业开发建设，在符合土地利用总体规划和村镇建设规划的前提下，根据区位条件和产业发展优势，用足用好村集体非农建设用地，引导建设标准厂房、街面营业房、办公大楼、专业市场、仓储设施，筑巢孵卵，大力培育集体经济增长点。

5. 挖掘潜力，不断完善土地使用政策

一是优化土地使用政策。严格贯彻执行村级留用地政策，并对村级用地涉及农转非的，优先在土地利用年度计划内安排农用地转用指标。对于建设物业缺乏区位条件的经济薄弱村，县（市、区）、乡镇（街道）要按照“统一规划、统一招商、统一管理、收益归村”的原则，在县、镇工业功能区内安排一定土地指标用于发展薄弱村第二、第三产业用房，克服薄弱村区位条件先天不足的缺陷。

二是积极开展试点，探索建立集体建设用地流转机制。对各种所有制企业开展生产经营和项目建设涉及利用集体建设用地的，在符合国家有关产业政策及当地土地利用总体规划、城市规划或村庄、集镇规划的前提下，参照国有土地出让模式，探索实行村集体土地使用权有偿出让、出租，集体获取土地出让金或出租收益。

6. 栽梧引凤，选好配强经济发展领头人

坚持以人为本，注重培养和建立一批村干部后备队伍和青年骨干农民，注重村干部的年轻化、知识化，将一批有经营头脑、有管理能力、有奉献精神的年轻同志充实到村班子里，切实加强以村党支部为核心的村级组织建设，形成在村党支部领导下，村委会和村集体经济组织合理分工、各负其责、相互配合的组织管理体系。

7. 营造环境，实行金融税收政策优惠

各级金融机构要把扶持农业综合开发、农业产业化经营作为信贷支农的重点，对村集体经营或参股的项目在信贷及其利率方面给予适当优惠。对村集体经营或参股的项目在税收上给予一定减免，对村集体经济组织经营收入的税收，属地方财政可支配部分实行全额或部分返还。积极鼓励村级集体经济组织参与兴办农民专业合作社、农业龙头企业等事业，对其提供土地、房屋等生产资料所取得的收入暂时免征所得税。深化农村税费综合改革，加大对村级组织运转经费的财政转移支付力度。

第三节

集体所有权实现形式的新发展与政策建议①

一、集体所有权实现形式的新发展

国务院发展研究中心农村部对2749个村的调查分析表明，我国农村状况尤其是中西部地区农村集体经济状况不容乐观，农村集体经济面临的困境呼唤集体所有权实现形式的创新和发展。世纪之交以来，农村集体所有权实现形式有了新的变化，集体经济产权制度改革风起云涌，社区集体股份合作制、投资性股份合作制、土地股份合作制、新型合作经济组织等新型集体经济组织大量涌现，尤以上海、苏南、北京、浙江等地为甚。集体所有权实现形式正在逐步向产权清晰化、所有权股份化、经营市场化、内容多元化的方向发展。

（一）社区股份合作制——新型集体所有权实现形式之一

社区股份合作制是我国农村集体经济所有权实现形式的一种创新，是在坚持集体所有制、巩固发展集体经济原则下我国农村主要是东部发达地区和大城市郊区逐步探索并开始推广的一种集体所有权实现形式。社区股份合作社的显著特点就是将农村社区集体资产进行量化，并且折股到个人，个人拥有红利分配权，所有权和经营管理权归股份合作社集体所有。农村社区股份合作制的创新解决了多年来困扰农村集体经济组织的一

① 本节内容选自农业部软科学课题“新形势下集体所有权实现形式问题研究”（课题编号：Z200628），课题主持人：张云华。

系列问题，如集体产权模糊、集体组织功能退化、集体经济活力不强、集体经济机制落伍、集体资产管理不善等问题。社区股份合作制对于维护集体所有权和集体成员合法权益，提高集体经济活力和效率，实现集体资产的保值增值，增加农民收入，增强村集体的公共服务能力，维护农村社区稳定起到了积极作用。

经过数年的探索和实践之后，我国一些地区将社区股份合作制改革作为理顺集体所有权实现形式、发展农村集体经济的一条重要路径。2005 年，浙江省出台了《关于全省农村经济合作社股份合作制改革的意见》，提出社区股份合作制改革要以理顺村级集体经济分配关系为基础，以创新村级集体经济管理体制和运行机制为重点，以明晰和保障村级集体资产的产权主体及其成员的主人翁地位为核心，促进集体经济发展壮大、集体资产保值增值、集体经济组织成员收入持续增长；村集体股份合作制改革必须按照“依法、自愿、民主、公正”的原则进行，坚持条件、先搞试点、总结经验、稳步推进。同时要求改革中要把握好方案制订、清产核资、股权量化、界定成员和组织实施等环节，并建立完善各项规章制度。同年，江苏省也出台了《关于积极推进农村社区股份合作制改革的意见》，充分肯定了社区股份合作制改革对于明晰产权、保护集体和农民权益、提高集体经济经营管理水平、促进集体资产保值增值、促进农村生产要素合理流动、促进农村城镇化和乡村民主管理等方面的作用；明确了实施农村社区股份合作制改革的范围主要是有一定数量的集体资产的村组和已经或即将进行撤村改居的城中村、城郊村、园中村，对实行改革的村集体进行清产核资，合理设置股权，进行股东身份界定及股份量化，实行收益分配，制定章程，设立管理机构，全面把握农村社区股份合作制改革的内容和程序。江苏省农林厅经管站的资料显示，苏南及苏中等经济较发达地区，已在试点基础上，逐步在面上推广，苏北部分地区也开始了试点工作。据统计，到 2006 年

6月底，江苏省已建成约1500家农村社区股份合作组织，拥有净资产总额143.8亿元，经营性资产108亿元，其中量化的资产总额达89亿元，涉及股民153万人，2006年上半年总收入约为11.3亿元，2005年年底分红总额1.99亿元，人均分红140.2元，成为农村经济的一个新亮点，成为农民增收的新渠道。

其实在中央、一些省份明确鼓励实行社区股份合作制改造之前，基层的改革早已悄然开始，并且取得了积极的成效。广州市天河区村级股份合作制改革起步于1987年，完成于1991年，是广东省农村改革的先行者。深圳市龙岗区从20世纪90年代中期开始推行农村合作制改革，已基本完成改革任务。2001年8月，苏州市吴中区木渎镇金星村率先组建了苏州市首家社区资产股份合作社，开创了当地农村社区股份合作经营体制的先河。此后，吴中区社区股份合作制改革进入了快速推进阶段。到2005年年底，全区已组建社区资产股份合作社39个，量化村级集体经营性净资产总额超过10亿元，占全区村级集体经营性净资产总额的90%左右，受益农民达到5.3万人。金星村集体资产的规模也在不断扩大，经济收益稳步提高，农民股份分红已从最初的每年每股780元提高到1000多元。

（二）投资性股份合作制——新型集体所有权实现形式之二

投资性股份合作制是指由农村集体经济组织或自然人牵头，农民自愿投资入股为主体的新型合作经济组织形式，通过集聚农民闲散资金，实行资本与劳动的联合，实现资源优化配置，是一种新型的集体所有权实现形式。实行投资性股份合作制的合作社是“民办、民管、民营、民受益”的经济实体。投资性股份合作社兼顾了集体和农民利益，是一种采取积极姿态鼓励集体和农民不断发展壮大的所有制形式。投资性股份合作制与社区股份合作制的主要区别是投资性股份合作制采取集体经济组织牵头、集体和农民共同入股的形式，而社区股份合作制是将原有集体资产量化并折股到集体和个人的方式，不涉及入股。投资性股份合作制实现了集体所有权和农民投资、受益权的结合，投资性股份合作制往往是依靠集体经济优势、区位优势、资源优势、产品优势等兴建的，因此也对于集体和个人入股设定了条件。如苏州市吴中区出台的《关于规范发展农民投资性股份合作社的意见》提出，农民投资性股份合作社主要指物业股份合作社和农产品股份合作社，并规定物业股份合作社必须由集体经济组织牵头，本区域内农民自愿入股组建。项目投资额在300万元以下的，农民入股户数不少于100户，农民股本金占总股本的60%以上，集体经济组织股本金控制在40%以内；项目投资额在300万元以上的，农民入股户数不少于200户，农民股本金占总股本金的60%以上，集体经济组织股本金控制在40%以内。农产品股份合作社以集体经济组织牵头为主，由本村农民自愿入股组建，入股户数不少于20户，松散型的社员不少于200户，原则上农民股本金占股金总额的50%左右。该地区的投资性股份合作制为集体和农民创造了巨大的收益。以吴中区的物业股份合作社为例，物业股份合作社是指以村集体为主体，农民出资入股，建设标准厂房、集宿楼和店面房出租，获取租赁收入，增加集体和农民的投资性收入。物业合作社按照自主经营、自负盈亏、自我发展、自我约束的原则，设集体股和个人现金股两种股权，实行独立核算、民主管理、利益共享、风险共担、按股分红。到2005年底，该区发展了物业股份合作社29个，入股户数6981户，入股人数27340人，股本金2.1亿元，其中农民出资入股1.4亿元，当年增加农民收入总额1400万元，入股农民和社员人均增加收入512元，集体和农民投资回报率8%—10%。

（三）土地股份合作制——新型集体所有权实现形式之三

土地股份合作制主要是指在集体所有土地基础上，集体的土地所有权、农户的土地承包权、村集体留用土地和村级土地流转经营管理权等形式共同入股的一种集体所有权实现形式。土地股份合作制是在城市化和工业化快速发展的背景下，为了更好地保护集体和农民的土地权益、实现农村集体和农民的土地收益而发展起来的一种集体土地所有权实现形式。土地股份合作制主要存在于工业发展和城市扩张占地进程比较快的一些地区，如广东、苏南、浙江、北京等地。土地股份合作制在不改变家庭承包制的情况下，以农民的土地使用权为股份，合作社统一经营土地，从事农产品生产、物业开发等经济活动。土地股份合作制在一定程度上克服了我国家庭承包经营中土地规模分散的弊端，适应了新时期土地稀缺并日益增值、农业专业化、生产经营合作化、劳动力大量向工业和城市转移等特点，是实现土地这种稀缺要素价值，实现土地资源价值和资产价值，实现土地生产、收益、就业、生活保障和资本经营多种功能的重要实现形式。

一些发达地区和城市郊区对土地股份合作制进行了积极探索。2002 年 1 月，苏州市吴中区胥口镇成立了该市第一个镇级土地股份合作社。胥口镇土地股份合作社主要从以下四个方面开展了工作：①确定了股权设置办法，设个人股和集体股两种股份，个人股由本镇农民以农村土地承包经营权折价入股，土地初始作价每亩人民币 1 万元折 1 股，不足 1 亩的同比例折算，个人股可继承、馈赠，经合作社批准后可转让，但不得退股提现。集体股由本镇集体经济组织（镇集体资产经营公司）以货币资金直接入股，每 1 万元为 1 股。合作社初始股本为 1460 股。其中，农户以承包土地入股 1360 股，镇集体资产经营公司以货币资金入股 100 股。②搞好土地流转。搞好土地流转是合作社组建运行的基础。该镇建立了土地流转中心，合作社委托土地流转中心对入股土地进行流转，土地委托经营时受托方即土地流转中心向土地股份合作社一次性注入每亩不少于1万元，作为社员的股份。③完善运作方式，即资金及时到位、资本运作到位和管理机制到位。四是创新管理办法，实行独立核算、民主管理。政府对合作社内部事务不予干涉，但对合作社发展的外部环境进行改善。到2003年底，合作社已由起步时的1360亩发展到12131亩，全镇入社的土地和人口均达到全镇总数的90%，当年兑现红利696万元，每股分红达600元。截至2005年年底，吴中区发展了2个土地股份合作社，入股户数和人数分别达到8656户和27422人，股本金2.4亿元，当年增加农民收入总额为1737万元，入股农民和社员人均增收633元。2003年1月起，北京市大兴区西红门镇开始在部分村社试行以集体土地的承包权、使用权、收益权为基础的土地股份合作制。到2006年，该镇已有9个村社实施了这一办法，股民人数4800人，兑现分红资金820万元，入股土地面积6400亩。西红门镇一些村社土地股份制的实行考虑到了农民的切身利益，保障了农村集体和农民在城市化扩张浪潮中的利益，促进了农民增收，加快了农村劳动力向城市、向第二、第三产业的转移，促进了土地资源的优化配置。

土地股份合作制是一种新型的集体所有权实现形式，各地还都处在不断的探索和实践阶段。在探索的过程中，出现了一些违背土地管理法和侵害集体、农民利益的情况。一些地方出现不合理占地、农用地随意变更用途，农民的土地承包权和集体的土地所有权得不到保障等情况，侵害了集体和农民利益。因此，在实行土地股份合作制过程中还应当注意把握一些原则：一是要遵循土地管理法及其他土地管理条例，二是要尊重农民和集体意愿、保障他们权益，三是要在探索和实践中逐步完善土地股份合作制度和管理模式，更好地发挥土地股份合作制的效率和功能。

（四）新型农民专业合作社——新型集体所有权实现形式之四

2006年10月31日《中华人民共和国农民专业合作社法》经第十届全国人民代表大会常务委员会第二十四次会议通过。这标志着我国农民专业合作社的发展进入了一个新的阶段，是农村集体所有权未来的一种主要实现形式。该法规定农民专业合作社是在农村家庭承包经营基础上，同类农产品的生产经营者或者同类农业生产经营服务的提供者、利用者，自愿联合、民主管理的互助性经济组织。农民专业合作社以其成员为主要服务对象，提供农业生产资料的购买，农产品的销售、加工、运输、贮藏以及与农业生产经营有关的技术、信息等服务。这种农民专业合作社不同于新中国建国初期至改革开放前的合作社，不具有强制性和“大锅饭”性质，而是新时期农民自愿联合、民主管理的合作组织，所以又称之为新型农民专业合作社。

新型农民专业合作社的发展，对推动农业和农村经济发展、深化农村综合改革、创新农业经营体制、促进农民增收等方面都起到了积极的作用。以家庭承包经营为基础的农村双层经营体制，是我国农村的基本经营制度，适应当前农村生产力发展水平，必须坚持长期稳定。但是，由于种种原因，农村双层经营体制中普遍存在着家庭承包经营“一层厚”、集体经营“一层薄”的问题，有不少“空壳村”，集体经济实力不强，服务功能薄弱，缺乏对农民的吸引力和凝聚力。农民专业合作社在不改变家庭承包经营特别是土地承包关系的前提下，围绕发展专业化生产，采取合作制或股份合作制形式，实现了劳动者的劳动联合和资本联合相结合，构建了农村合作社新的管理体制和运行机制。农民专业合作社与现有其他农村集体经济组织相互促进、相互补充，共同推动农业和农村经济发展。

农民专业合作社提高了农民的组织化程度，有利于小农户与大市场对接；促进了农村经营体制、管理体制的创新，实现了农村合作经济形式的多样化和农业增长方式的转变；促进了政府职能转变，提高了政府的农业管理效率，有利于农业支持保护政策的落实；合作社还是推广农业科技的重要力量，在新技术、新品种、新工艺的引进、普及、推广上，有着巨大的示范带动效应；合作社还能促进农业和农村经济结构的战略性调整；合作社可以提升了农业产业化经营水平，提高农民的组织化程度和谈判地位，可以有效地调节龙头企业与农户之间的利益关系，促进农业产业化经营的健康发展和整体提升；此外，合作社有利于提高农业生产经营的专业化水平、降低农产品生产经营的组织成本和交易费用。

近年来中央和地方政府都加大了对专业合作社的支持力度，合作社开始稳步发展。2003 年，财政部在全国 31 个省（区、市）选择了 100 个不同类型的农民专业合作组织给予支持。2004 年，中央财政支持农民专业合作组织专项资金规模增加到 5000 万元，同时，在农业部部门预算中安排 2000 万元，中央财政支持农民专业合作组织资金规模达到 7000 万元。2005 年，在支持农民专业合作组织的同时，中央财政又另外安排资金，在全国 12 个省（区、市）选择支持了 100 个农民用水者协会。到 2006 年，中央财政累计投入资金 2.5 亿元，共支持各类农民专业合作组织 1200 多个。在中央财政带动下，地方财政部门也安排了 3 亿元左右的支持资金。据农业部统计，全国有农民专业合作经济组织 15 万个，成员 2363 万户，占全国农户总数的 9.8%；带动非成员农户 3245 万户，占农户总数的 13.5%；两类农户合计占农户总数的 23.3%。近两年，全国各类专业合作经济组织平均每年培训成员 1000 多万人次，为成员和周边农户代销农产品总量达 2 亿多吨，代购各类生产资料近 1 亿吨，经营服务盈余 180 多亿元。平均每个成员每年获得盈余返还和股金分红约 400 元，加入专业合作经济组织的成员平均增收 500 元左右。

二、促进有效实现集体所有权的政策建议

有效实现集体所有权，促进集体经济增效，必须以保障集体和农民利益为前提，以深化集体产权制度改革为动力，以发展股份合作制和新型合作社为内容，以完善集体资产管理方式为基础，以构建多元化社区治理方式为补充。

（一）以保障集体和农民权益为前提，完善农民集体土地集体所有权和家庭经营权

土地是集体和农民的重要资产，是集体所有权的重要组成部分。保障集体土地所有权是实现集体土地所有权价值的前提。土地集体所有权和家庭承包经营权是集体和农民最基本的经济权利，是农村经营管理体制的主要内容，必须坚持保障土地集体所有权和家庭承包经营权。要给集体土地所有权和农民的土地经营权以长期保障，切实保障集体和农民的土地财产权利。我国农村中土地集体所有权和家庭经营权的确立为农村经济的繁荣发展奠定了坚实的制度基础，也为农村的稳定和农民的富裕提供了基本的制度保障。但是我国经济社会结构已经发生了大的变革，国际化、工业化、城市化正在不断推进，农村人口结构也发生了明显的转变，剩余劳动力外出打工人数过亿，尤其是农村中青壮年劳动力外出打工比例较高，农业专业化、机械化的步伐也在不断加快。总体上讲，农业和农村经济面临的宏观经济形势和微观经济格局已经发生了翻天覆地的变化，相应的，农村基本经营制度也应随着经济形势和格局的变化而与时俱进。农民的土地集体所有权和家庭承包经营权在实践中也面临挑战，土地产权模糊、权利不完整问题的存在已成为不能保障农民土地权利的一个重要因素。家庭承包经营存在经营分散，土地流转困难，经营权“虚化”而不能做贷款抵押、也不能作为土地资本等问题，这些都不利于土地这种重要的经济要素作用的有效发挥。为此，应积极探索和放活土地经

营权，推动土地要素的市场化流动。

推动土地要素的市场化流动的一个重要前提就是土地承包经营权的物权化，在不改变国家或集体对土地所有权性质的前提下，强化并扩大土地承包经营权的权能。土地承包经营权物权化可以有助于搞清楚国家、集体和农民土地权利的关系，解决土地承包制度中主体虚位、权利边界不清的问题，有利于实现土地的集体所有权，有利于充分体现土地要素价值，进一步调动农民对土地的热情和生产积极性。在此基础上，鼓励农村土地流转，培育农村土地金融市场，支持土地股份合作制发展，全面放活土地经营权。另一方面，我国农村与城市土地制度呈现二元结构，国家和政府保持着强制征用农村土地的权力，集体土地和国有土地的产权不对等是造成一些人利用公权侵犯集体产权和私人产权的根本原因，集体和农民的土地权利难以得到保障，各地屡屡发生农民土地权益受损、农民和地方政府矛盾激化的事件。国家和农民矛盾的焦点已经由税费改革前农民负担重、干群关系紧张，转变为税费改革之后农民的土地权益得不到保障、农民和地方政府土地纠纷频发、农民对政府不满情绪的增加。如何改革土地制度，合理界定国家、集体和农民的土地权利，完善国家、农民、集体、企业等利益相关主体的土地增值收益分配机制，缓解因土地征占用问题带来的社会矛盾，妥善处理国家和农民土地关系，成为当前中央政府面临的一个主要问题。集体土地在法律上应取得与国有土地相平等的产权地位，使得集体土地与国有土地“同地、同价、同权”。集体和农民可以具有直接和土地使用者进行土地交易的权利，农村集体经济组织所有的土地不仅应具有土地占有权、使用权、收益权，而且还应具有处分权，具有直接上市交易的权利。国家在赋予集体平等的土地权利后，仍然可以通过法律手段、规划和指标控制等手段来规范集体和农民的土地利用和交易行为。从而既可以减少行政成本、提高经济效益，也可以实现土地的规范、合理利用。既应坚持还应不断完善农村的集体土地所有权和家庭承包经营权。

（二）深化集体产权制度改革

在农村集体经济组织缺乏活力、集体经济不景气、集体资产流失严重、集体服务功能退化的情况下，开展并深化集体产权制度改革已经刻不容缓。集体产权制度改革是新形势下实现集体所有权的必由之路，集体产权制度改革是指将集体土地和资产进行股份合作制改革，把村集体经济组织改造成为土地和资产按份额共有的所有者共同体，是集体经济的自我完善和发展。经过集体产权制度改革，农村集体经济组织可以实现制度创新和发展，成为产权明晰、资产量化、农民入股、主体多元、充满活力的市场主体。2003 年、2004 年北京市先后出台了《关于进一步深化乡村集体经济产权制度改革，加强农村集体资产管理的通知》、《关于积极推进乡村集体经济产权制度改革的意见》等多项政策措施，在推进集体产权制度改革方面开展了卓有成效的探索。北京市乡村集体经济产权制度改革的基本方向是“资产变股权、农民当股东”，建立起与市场经济接轨的产权清晰、权责明确、政企分开、管理科学的新型集体经济组织。乡村集体经济组织的存量资产通过民主程序，在留出一定数量的社会保障资金后，可以量化给本集体经济组织成员，作为其在本集体经济组织中占有的股份，并按照股份份额获取收益、承担风险。整建制撤村转居的乡村集体经济组织，存量资产要优先用于农民转居后的社会保障，剩余部分可以根据本集体经济组织成员的意愿，在留出适量集体股后量化到个人。北京市在开展集体产权制度改革中，提出要规范集体经济产权制度改革的程序，进行乡村集体资产的产权界定，明确集体土地所有权、经营权和收益权，妥善处理集体资产，建立社区股份合作制的新型集体经济组织，强化经营管理，建立现代企业制度。北京市集体产权制度改革主要包括以下几个内容：土地产权制度改革，确立农户土地承包经营权；农户土地承包经营权股份化型集体经济产权制度改革，采取土地入股方式推进农户土地承包经营权的流转，土地股份合作制改革的形式主要有股田制、土地股份经济合作社和股份（合作）制企业基本股三种；存量资产股份量化型乡村集体经济产权制度改革；集体山场等资源性资产股份量化型集体经济产权制度改革；农民投资入股型集体产权制度改革；集体企业的股份制改革；大力发展农民专业合作经济组织（黄中廷，2006）。通过全面、深入、先试点后推广的产权制度改革，北京市在集体产权改革的各个层面都有进展，截至2005年年底，全市已有40多个村组建了土地股份经济合作社，有80多个村集体经济组织进行了产权制度改革，有90多个村启动了产权制度改革的程序，有2个乡镇基本完成了集体经济产权制度改革，有10多个乡镇集体经济组织启动了产权制度改革的程序。农村集体经济产权制度改革取得了较好的效果，截至2005年年底，昌平区完成改革的24个村集体资产总计15亿元，可量化净资产总额8.5亿元，清理经济合同1388份，挽回经济损失427.57万元，清理和化解了不良债权债务总额1131.03万元；2005年完成改革并进行分红的19个村分红总额达到2799万元，其中分红最多的白坊村共分红715.3万元，股东和户分红最高的狮子营村股东个人最高分红为2.7万元，户最高分红8.5万元。该区在总结材料中指出，农村集体经济产权制度改革的推行，破除了过去农民群众对集体资产抽象所有、共同所有、实际上没有享受到利益的体制怪圈，形成了农民真正所有、人人按份享有的良性局面。

（三）积极鼓励各类股份合作制和新型合作社的发展

虽然近年来从中央到地方都采取了许多针对农民合作社的支持鼓励政策，合作社自身也在稳步发展，但关于税收优惠、财政支持等外部环境仍有待改善，合作社内部治理机制、规范化发展、服务能力和管理水平也亟须增强。今后，应进一步加大财政、税收、信贷等扶持力度。各级政府、各个相关部门还应当将合作社作为发展农村经济和社会事业的重要力量，多方面、进一步加大对合作社的扶持力度。财政部门还应进一步给予资金支持，科技部门给予技术支持，税务部门进行税收优惠，金融部门提供信贷支持，地方政府提供行政支持，供销部门给予市场支持，工商、民政部门注册方便，农业部门全面支持、综合协调，引导农民合作社规范发展。农民合作社是一个新生事物。我国各地现阶段对农民合作社大多实行的是先发展后规范、边发展边规范的方针。在一些合作社发展已有较好基础的地区，农民合作社的规范化建设也已得到重视并逐步推行。下一阶段，合作社的规范运作将成为决定其健康发展的主要因素。加强合作社的规范化发展应注重规范并实施合作社的章程和制度，加强合作社内部治理机制；应规范政府行为；鼓励多元化主体积极创建不同形式的农民合作社；以优势产业为依托，加快发展合作社，增强其服务能力；扩大合作社服务领域，提升合作社服务水平。

（四）创新集体土地开发利用方式，发展物业股份合作社和土地股份合作社

实现集体所有权的一个重要方面就是实现集体的土地所有权价值，而发展农民的物业股份合作社和土地股份合作社则是实现土地价值、增加集体和农民收入的重要路径。在经济发达地区，通过发展农民物业股份合作社和土地股份合作社，创新土地开发利用方式，是让农民更多地分享土地增值的收益的一条可行之路。在这一做法下，由村集体对部分土地进行开发建设，使土地“出手”、“股证”进门、农民持股创收，改变了过去农村土地转为建设用地以后对农民补偿实行“一次性买断”的做法，让农民从合作经济组织取得的土地收益中不断获得相应利益，从而建立了一个有效机制，在制度上保障农民拥有土地的财产权益，保证了农民长期分享土地增值收益。

在调查中，苏南某地领导深有体会地讲：现在回想起来，我们在这方面的探索晚了一步：当年乡镇企业搞改革的时候，如果工业用地不采用征用方式，而是交给农村集体开发，每年的出租收入会十分可观，如果摊到农民头上，农民的收入会翻一番。从今后发展的趋势看，集体和农民能够在工业化、城市化进程中参与收益分享的机会已经不多了。可以说，通过股份合作制的方式让农民开发利用现有的土地资源，更多地分享土地增值的收入，是目前可以有效改变农村落后状况的最后一次机会。

目前中央已经提出实行工业“反哺”农业、城市带动农村的方针，但在土地问题上现实还是低价征用集体和农民的土地，再低价出让给企业。这几年城市的建设越来越好，城市越来越漂亮，很多城市的发展就是靠土地收益，靠吃“地皮”，在土地问题上不是以城带乡，而是以乡养城，以集体和农民支持城市和工业发展。一些发达地区在发展物业股份合作制和土地股份合作制上进行了成功的探索，让土地的增值收入下移，让集体和农民以土地作为资本直接参与工业化与城镇化，为农村的发展提供了巨额、持续的资金来源，是一条成功的经验，今后要对此允许试验，并进行总结推广。

（五）完善集体资产管理方式

农村集体资产是农民群众数十年劳动积累的成果，是农村集体和农民一项重要的财产权利。近年来，一些地区农村集体资产以显性和隐性流失的资产不可计数，无论穷村还是富村，集体资产流失案例并不鲜见。如前所述，调查显示中部地区村庄平均累计资产不足50万元，西部地区村庄累计资产约20万元，西部和中部村庄分别有5成和4成村庄资不抵债，中西部地区一个村庄的资产和一个一般个体户的资产差不多，村庄资产现状堪忧，更何谈利用村集体资产增值以服务农民生产和生活。发达地区农村境况要好得多，集体资产充裕，增值潜力大，收入较多，服务功能强。要保护集体资产、保障集体资产保值增值就必须加强和完善集体资产管理方式，解决长期以来存在的产权不明晰、管理不到位、群众监督和参与缺乏的弊端。前述的推进并深化集体产权制度改革、鼓励股份合作制和合作社发展、发展物业股份合作社和土地股份合作社都有助于完善集体资产管理方式。同时，政府财政、经管等有关部门还应健全农村集体资产财务管理、会计核算和实物登记制度，建立村集体资产评估制度，健全村集体资产审计制度，建立和完善集体经济组织民主理财制度，成立村民理财小组，让村民代表独立担负起参与村集体资产管理、监督村集体财务的权利和职责。苏州市吴中区淞南村于 1995 年就已成立民主理财小组，由各村老党员、老干部及村民代表组成，村会计每月做好凭证后，由理财小组审核、签字后交到镇财政所记账。2006 年以后工程、财务方面由事后监督改为事前、事中监督，工程结算单须经基建负责人、施工队、民主理财小组验收，代表签字后才可以入账。该村每年召开村民代表大会，48 个小组代表参加，讨论通报村集体资产、经营和财务情况。还有由 25 人组成的评议小组对村集体经济和资产的经营管理状况进行民主评议。实行规范的集体资产管理方式和民主参与管理模式对该村集体资产的保值增值起到了关键作用，2005 年该村资产总额 6286 万元，其中，流动资产 1571 万元，固定资产 4715 万元，账面负债 3580 万元，净资产 2706 万元。村集体资产的稳定增长为该村集体经济发展奠定了良好的基础，2005 年该村基建投入 1358.67 万元，福利及基础设施投入 589.24 万元，社区股份合作社净收入 125 万元，每股分配 50 元红利，个人共分配 21 万元，集体分配 7 万元，该年度村集体对农户的各项补贴达 12 万元。

（六）构建多元化的农村社区治理方式，促进集体经济发展

农村社区治理是农村稳定繁荣的基石。农村社区治理的好坏对于农村集体经济的发展具有重要作用。集体经济发达的农村往往就是社区治理良好的农村。二者之间相互影响、相互促进。社区治理多元化一是参与者的多元化，治理农村社区的不仅是基层政府及其代理人，更主要的是农民群众及由他们组成的合作组织。我国在完善农村民主政治、推行村民自治方面已经取得了不小的进步。但农民自主管理村庄公共事务的权力还不足，农民对县乡政府乃至市、省政府和国家的诉求渠道不畅、政治影响力有限，保障自身及乡村公共权益的能力相应就弱，村民自治的作用还没有真正发挥出来，仍然需要进一步放活乡村治理机制，鼓励多种类型的农村合作组织的发展，让农民在乡村治理的经济、政治和社会活动中真正当家做主，发挥他们的能动性和创造性，保障自身的民主权益。二是治理理念的多元化，治理理念不再局限于传统计划管理思维，而且包括现代社区治理理念、现代集体经济治理观念、现代企业治理观念、现代服务观念、现代政治文明理念、现代民主观念等。三是治理内容的多元化。农村社区是一个生产单元、生活单元、文化单元的集合体，社区治理的内容应覆盖经济、政治、生活、文化、教育、医疗、社会保障等各个方面。

第四章

农业法制建设

第一节

农民工权益保护机制与立法[①]

2004 年，党和国家深入贯彻科学发展观，保护农民工权益工作取得重要进展。主要表现为：对农民工的权益保护不仅表现在舆论、媒体的道义支持及国家领导人的高度关注，而且上升为从中央到地方各级政府领导层面高度关注的重要问题，由此带动了由中央到地方有关农民工权益保护系列法律、法规、政策的出台以及配套的管理机构的设置；对农民工权益的

① 本节内容选自农业部软科学课题“建立农民权益保护机制问题研究”（课题编号：200423—2），课题主持人：李克敏。

保护也不仅仅停留在年末为农民工讨工钱，而是将此作为专项工作，进行过程管理，机制创新；不仅保护农民工的经济权益，而且开始探索有关农民工的社会权益、政治权益的实现途径和办法。我们还应看到，农民工权益保护问题不仅涉及政府、社会、企业，农民工自身素质的状况，而且涉及经济、政治、文化、心理诸多要素，农民工权益保护是一个历史过程，不可能一蹴而就。正是基于以上的认识和理解，本课题组在2003年研究的基础上，进一步深入采访了和课题内容直接关联的研究人员、律师、农民工及天津市劳动和社会保障局、天津市公安局、天津市建委、天津市统计局等相关政府单位，采用专人专访、查阅卷宗、调查问卷、研讨等方式进行了深入调研，进而形成本研究报告。

一、农民工权益受损的表现

农民工权益保护问题已引起越来越多的关注，从中央到地方出台了一系列的文件，也采取了一系列的措施，但是农民工权益保护的现状不容乐观，在全国各地侵犯农民工权益的事件还是屡见不鲜，主要集中在以下几方面：

（一）劳动和休息及其他相关权利

我国《宪法》明确规定，中华人民共和国公民有劳动和休息的权利。任何组织和个人对公民的这项权利都应该给予尊重。然而，在现实生活中，对农民工权利侵害最多的恐怕就是这一权利了。

从劳动权利方面看，当农民涌入城市（镇）的目的是找到一份工作，因此劳动权利可以说与每一个农民工都息息相关。在现实生活中对农民工劳动权利的侵犯主要表现为：

其一，劳动权利方面的就业歧视，工种限制，行业限制等。从职业上看，由于体制、政策和自身条件等多方面的限制，进城的农民工大多集中在劳动强度大和劳动密集型企业，集中在脏、险、累、苦的行业和工种上。

其二，用工单位不与农民工签订劳动合同，即使在已签约的劳动合同中，也存在很多无效条款和“霸王条款”。

其三，劳动岗位极不稳定，报酬难以保证，工资水平低，一些企业对农民工采取内部歧视性规定，农民工从事相同职业、工种，但劳动报酬远低于正式职工，且克扣、拖欠工资现象严重。

其四，生命安全和身体健康得不到保障。农民工通常都承担着最累、最苦、最脏、最险的工作，有的甚至在有毒有害的环境中工作，劳动安全卫生条件差。虽然国家有关部门针对此问题出台了系列政策、法律、法规，但是在实际生活中，执行国家政策不到位的情况仍然存在。

从休息权利方面看，由于基本工资水平大多仅达到城市最低工资标准，因此农民工在休息与赚取加班收入之间必然选择后者，一些用工单位正是利用农民工的这一心理，在用工的过程中肆意延长工时、剥夺农民工休假的权利，却不支付或少支付额外工资。

除此之外，当农民工的劳动权与休息权受到侵害的时候，与之相关的其他权利如平等就业的权利、男女同工同酬的权利、劳动意外伤害应该得到赔偿的权利等，也常常受到侵害。

（二）社会权利

即使是城市人也不会否认，农民工为城市发展确实作出了重大贡献，但城市管理者对农民工仍存在着政策性和观念性的歧视。农民工不是城市平等一员的偏见具有广泛的社会基础，农民工常被视为“下等人”，甚至“盲流”，往往成为城市卫生清理和秩序整顿中被治理的重点。在这样的情况下，农民工根本不可能和城市人一样享有同等的社会权利。

另外，人作为生存个体同时也是社会的组成分子，个人的努力与成功同时也是在为社会的发展作贡献。由于历史的原因，我国农民与“养老保险”、“退休金”、“公费医疗”等毫无关系。社会传统对农民权益认识的偏差致使对农民工权益的认识同样存在着偏差。虽然国家明令要求保障农民工的社会权益，并规定一些保险金由企业和个人共同负担，但是就企业方面来讲，往往钻国家政策和法律的空子，不给农民工办理养老保险、工伤保险和失业保险，更谈不上医疗保险和生育保险；农民工发生工伤事故，不少企业推卸法律责任，甚至强迫劳动者签订“生死免责”条款不给农民工上各类保险。一旦被监察部门发现，个别用工单位仍持“拖延”、“搪塞”态度，目的在于最大限度地节约生产成本。从农民工自身来看，对该问题也没有给予相应重视。对绝大部分农民工来讲，真正的需要是能拿到工资，改善当前的生活状况。另外，赚钱的不易以及政策的不稳定性更是让他们不愿轻易缴纳保险金。

诸多原因导致了农民工的诸多社会权益得不到保障。

（三）自身及子女的受教育权利

从农民工本身来看，他们来城市（镇）之前所处的教育环境却不容乐观。虽然我国《宪法》明确规定中华人民共和国公民有受教育的权利，并规定我国实行九年义务教育。但是以下诸多因素造成了农民工的受教育权利得不到保障，主要有：①农村教育经费投入的严重不足。这种情况造成农村的教育设施简陋、教育水平低下，最终导致许多农村的受教育者整体水平偏下，农民工是受害者群体之一。②农村对教育功能认识的偏差。在农村对教育功能的认识带有明显的功利性。认为受教育的目的是做官或挣钱。在当前激烈的人才竞争的前提下，许多从农村走出来的大学生毕业后也未必能找到一份称心如意的工作。这种情况又为一些农村人提供了口实，“读书无用论”观念在这些人心中又开始滋长。可以说这种观念助长了农村中辍学、退学等行为的滋生。③农村的经济落后是教育水平低下的重要原因。特别是在一些较为贫困的地区，即使是少许的教育支出，相对于贫困的家庭来讲，都不堪重负。

从农民工子女的受教育权利看，在现实生活中，农民工子女接受义务教育权利也常受到侵害，原因主要有：①由于农民工的流动性强，致使子女受教育的接契性差；②因为农民工支付不起子女在城市学校上学的高额费用；③因为一些学校对农民工子女加收额外费用，如赞助费、借读费等；④农民工本身对子女接受教育的重视程度不够。以上诸多因素制约着农民工子女受教育权利的顺利实现。

（四）民主政治权利

由于诸多因素的影响，农民工虽然进入城市，但没有融入城市；离开了农村，但又与农村保持着千丝万缕的联系，成为“非城非农”的城市边缘人。他们的民主政治权利，更是“被遗忘的角落”。一方面农民工并没有被纳入城市（镇）民主建设的体系中，因此在城市（镇）中也就无法实现自己的民主政治权利，在用工单位中一般难以享受到普通城镇职工的民主权利，基本上处于无权参与管理的地位；另一方面，一些农民工，特别是那些常年在外的农民，他们与家乡的联系随着外出时间延长和社会经济地位的提升而日益疏远，参与家乡的选举活动来行使民主政治权利与所需支付的成本（如往返家乡参与选举的车旅费用）之间权衡，对于收入不多的农民工来说，更愿意选择放弃参与家乡民主管理的机会。因此，农民工的民主政治权利行使就处于“两不管”的状态，宪法中规定的公民享有的民主政治权利在农民工身上体现的并不明显。

二、农民工权益受损的原因分析

农民工权益受损的原因是多方面的，既有历史的原因，也有现实的原因；既有农民工自身的原因，也有用工单位的原因，还有对农民工权益保护现状存在漏洞等原因。

从历史层面看，我国历史上形成的城乡二元结构成为制约该问题解决的一大痼疾。长期以来，我们执行的是计划经济下的“二元”经济管理的模式。在这种管理模式，以户籍制度为基础，形成了城乡分割的二元格局。城乡二元格局使农民无论在教育、就业，还是社会保障和生活福利等方面与城市居民差别悬殊。城乡的差别使城市中的许多人对农民乃至农民工的形象、地位有了一个思维定式，甚至农民工自己对自己的地位与角色都有一种认同。城乡差异观念深深影响了城市（镇）人的观念，反映在对农民工政策方面，就是对农民工的歧视、防范、管制。

从现实层面看，改革开放以来，随着经济的发展，国家产业结构的调整，大量的农民涌入城市，城市面对这突如其来的农民工群体，没有做好充分的准备。一方面，城市面对“过剩”的农民工队伍，制定了近乎苛刻的条件制约其就业，其中不乏以高强度、低工资为手段；另一方面，作为城市人看待农民工的“有色眼镜”没有摘掉，歧视与排斥的心理与行为俱在。

从农民工层面来看，文化水平低所决定的农民工所具有的一些弱点确实容易使人对其产生不良印象，使其在城市就业中处于不利地位。具体表现如下：①由于农民工的教育水平的限制，很难从事高、精、尖行业的工作，而只能在知识含量不大的行业中择业，所以对农民工的职业限制在所难免。②在现实生活中，城市中外来人员的犯罪率比较高，所以在城市管理中也常把农民工看成是社会不安定的因素而加以对待和管理的。③由于农民工文化水平低，法律意识淡薄，在城市生活中，属于相对弱势群体，即使侵犯了农民工的利益，也很难对侵犯者绳之以法。④农民工的组织化程度低，基本上是各自为“工”，由于失去了参与社会活动的正式组织依托，使他们缺乏利益表达和权益维护的渠道和载体，在权益受到侵犯时，不能借助组织、集体的力量去解决问题。⑤农民工的民主参与意识淡薄，当民主权利受到侵犯的时候，他们还觉着无关大碍。

从用工单位层面看，的确许多用工单位在使用农民工的时候，确实有违规操作，钻政策空子的行为。突出表现为不与农民工签订劳动合同、不给农民工上各类保险、随意拖欠、克扣农民工工资等情况。

从对农民工权益保护现状层面看，问题也较多。概括如下：

1. 在农民工权益保护方面，全国各地普遍适用的政策尚待健全

改革开放以来，随着农民工大量涌入城市，国家相继出台了一些相关政策。但从总体上看，还远远不能适应现实发展的需要。当然造成这种局面的原因是多方面的。一方面，与国家的发展战略有直接的关系；另一方面也是更为重要的方面，由于各地区的情况千差万别、农民工的素质、涌入某一城市的规模、所从事的行业的不同，决定了国家也很难制定具体的、能在全国各地普遍适用的政策法规。上述原因造成在农民工权益保护方面某些法律的缺失。

2. 在农民工权益保护方面，各地区“各自为战”的情况比较普遍

由于各个城市所面对的农民工的具体情况不同，因此各地区往往针对本地区的实际情况制定相关的法律政策。在相关政策的执行方面，“各自为战”的情况比较严重。全国统一的农民工权益保护机制尚未建立起来。当然，各地区在对待农民工方面，都有值得汲取的地方。但是，在实际的生活中，各地区之间缺乏必要的合作和沟通，往往农民工离开一个城市到另一个城市后，不得不去适应新的环境和城市对农民工的政策。造成该问题的原因是多方面的，中国的各地区的情况不尽相同，不同地区吸纳农民工的数量不一，不同地区农民工的行业分布也不相同。因此，各地区往往一方面遵照中央的统一政策、原则，另一方面又兼顾本地区的实际情况，有针对性地制定适合

本地区的政策。

3. 农民工的权利受到损害后，很难求得有效的保护

虽然我国《宪法》明确规定法律面前，人人平等，但是由于农民工的特殊身份和地位，使他们中的许多人权益受到损害时，得不到有效救助。当然，造成这种情况的原因是多方面的。一方面在于农民工的自我保护意识较弱，法律意识淡薄，因此不能很好地运用法律手段保护自己的权益；另一方面是由于社会管理部门的制度缺失，当农民的权益受到侵害时，很少有相应的制度规范作出公正的裁量。

但是无论什么样的原因仅仅是分析问题的逻辑起点，对原因的认识与把握目的是为了更好地找到解决问题的办法。虽然中央和地方针对不同的原因与问题都曾采取过一些举措，但是笔者认为，农民工权益保护问题仅仅靠“堵”的办法是不能很好地解决的。农民工权益保护是一项系统工程，需要各个方面的配合和努力。农民工权益保护也是一个循序渐进的过程，因此构建切实可行的农民工权益保护机制不失为解决农民工权益保护问题的捷径之一。

三、建立多层次、切实可行、循序渐进的农民工权益保护机制

社会发展是一个循序渐进的过程，这些因素作用的改变也不会同时发生质变，因此农民工权益保护也是一个循序渐进的过程。基于此认识，我们设计了多层次、切实可行的农民工权益保护模型，如图 4 - 1 所示。

该模型展示了如下基本内容：①农民工权益的基本内容包括平等就业，获得劳动报酬的权利、社会保障权利、其他权利，如民主政治权利、自身及子女受教育的权利等。②农民工权益的三大基本内容有层次高低、轻重缓急之分，呈金字塔形。处于金字塔塔底的是第一层次的问题。在目前情况下，在保护农民工权益方面最需要落到实处的是平等就业，获得劳动

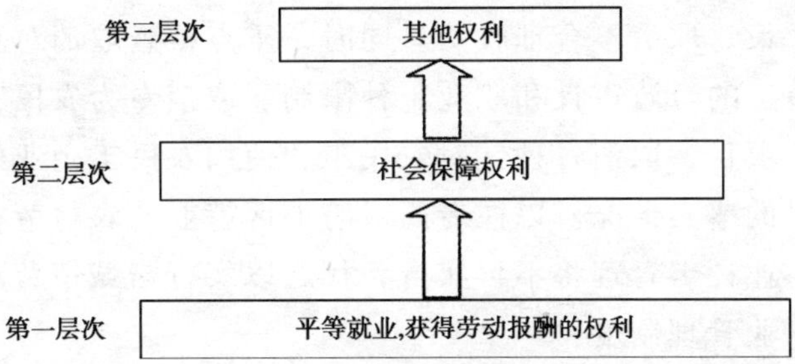

图 4－1　多层次、切实可行、循序渐进的农民工权益保护机制模型

报酬的权利。第二层次的问题是农民工的社会保障权利；第三层次是农民工的其他权利，如民主政治权利、自身及子女受教育的权利等。③农民工权益保护不可能一蹴而就，是一个循序渐进的过程。

（一）平等就业，获得劳动报酬的权利，是落实农民工权益保护最需解决的第一层次问题

平等就业，获得劳动报酬是走入城市的农民工的生存之本，生活之源。农民工的这一基本权利是否能够得到保障关系到城市发展、城市稳定等一系列重大问题。

2004 年，是农民工权益保护取得重大进展的一年。政府在保障农民工平等就业、获得相应劳动报酬的权利方面出台了一系列政策，主要有：

一是 2004 年 2 月，国家劳动和社会保障部发布了适用于所有企业的《最低工资规定》，要求省、自治区、直辖市劳动保障行政部门应将本地区最低工资标准方案报省、自治区、直辖市人民政府批准，并在批准后 7 日内在当地政府公报上和至少一种全地区性报纸上发布。省、自治区、直辖市劳动保障行政部门应在发布后 10 日内将最低工资标准报劳动保障部。2004 年 10 月，国家劳动和社会保障部副部长张小建在推进农村劳动力跨地区就业电视电话会议上作出统一部署，要求各地劳动部门坚决清理农民进城就业的限制性政策，取消不合理收费。同时，重点检查取消对企业使用农民工的行政审批和职业工种限制、取消专为农民工设置的登记项目、取消各种针对农民工和使用农民工企业的不合理收费的落实情况。以往专门对跨地区就业的农村劳动力实行的就业证卡管理将不再实行，代之以实行与城镇劳动力统一的就业管理制度。

二是2004年11月国务院公布《劳动保障监察条例》，为贯彻实施劳动和社会保障法律、规范劳动保障监察工作、维护劳动者的合法权益提供了依据。

以上政策法规的颁行，应该说在农民工的平等就业、获得相应劳动报酬的权利保护方面，实现了在国家政策上的“拆墙”，使农民工这一权利的保障有了法律依据，政策依托。据建设系统统计，截至2004年，全国已偿还历年拖欠农民工工资331亿元，占各地上报拖欠总额的98.4%。但是在实际的生活中，农民工这一权利的保护仍未得到彻底有效地解决，特别是在建筑领域，新的拖欠还时有发生，经常见诸媒体的农民工因为讨要工资而采用集体上访、自杀、跳楼、对拖欠者直接的人身伤害等就是明证。

（二）社会保障权利是落实农民工权益保护需解决的第二层次问题

农民工参加社会保险是社会保险能否实现覆盖全社会的一个难点，是农民工获取生活保障权益，解决后顾之忧的最基本的要求，也是社会稳定和进步的必要特征。在当前非常必要建立保障农民工的社会权益的制度，原因在于：

其一，自从20世纪80年代以来，随着我国的加工制造业、建筑业、服务业等产业的飞速发展，从事这些产业的人员越来越多，其中很大一部分来自农村。事实证明，他们的加入为我国各产业高速发展提供了强有力的人工保障。然而随着时间的推移，原来十八九岁的打工者也一步步迈入中年。在激烈竞争的市场力市场，年龄成为他们的一大劣势。在体力和脑力被严重透支之后，他们突然发现，城市似乎不再需要他们了。他们中的部分人不得已又退回农村，一部分人以接受更为恶劣的工作为代价继续留在城市。

其二，以中央精神为指导，各省市、自治区、直辖市先后颁布了相应的社会保障方面的条例、办法，但是农民工参加社会保险的仍然是少数，大多数打工者仍然游离于社会保险的“安全网”之外。以农民工聚集的广东省为例，2000年就颁布了《广东省社会养老保险实施细则》和《广东省社会工伤保险条例实施细则》，明确规定固定职工、合同制职工、临时工、农民轮换工、城镇个体经济组织的业主和从业人员、劳务输出人员、港澳台商投资企业中内地户籍员工及外商投资企业中的中国籍员工、机关事业单位的全部职工均应参加社会养老和工伤保险。深圳、珠海、东莞等城市还专门就外来务工人员参加社会保险，制订了具体的实施细则和办法。但是2003年的统计表明，深圳市参加养老保险的人数为223.57万人，参加医疗保险的人数为104.39万人，而实际外来工在500万人左右。东莞市参加养老保险的人数为85万人，而实际外来工超过400万人。农民工较为集中、社会保障起步较早的广东省尚且如此，其他地方也就可想而知了。

农民工的社会权益保障机制能否建立是关系到社会稳定、社会公正能否切实实现的重大政治问题。这一问题引起党和政府的高度关注。在农民工的社会保障权益中，最为引人注目的还是农民工的工伤保险保障。因为农民工主要分布在建筑业、制造业，以及服务业中的餐饮、服务、家政、保安等行业。从事着脏、乱、苦、累、差的工作，且危险程度较高，工伤事件时有发生，一旦发生工伤，对自己和家庭会造成重大打击，而这时农民工的工伤保险权益如果得不到有效保障，对农民工及其家庭来讲无疑更是雪上加霜。

因此，农民工的工伤保险问题更是引起国家和政府的高度关注，为此国务院规定从2004年1月1日开始在全国范围内实施《工伤保险条例》，2004年6月国家劳动和社会保障部又特别发文，要求各地加强对农民工享受工伤保险待遇下发通知，以改善农民工的就业环境。通知规定，各类用人单位招用的农民工均有享受工伤保险待遇的权利，凡是与用人单位建立劳动关系的农民工，用人单位必须及时为他们办理参加工伤保险的手续。该文发布以后，全国有25个省、自治区、直辖市先后出台了有关农民工工伤保险的条例、办法或意见。应该说目前有关农民工工伤保险的规定基本完备，但是农民工的工伤保险得不到保障仍是比较突出的问题。据有关方面对北京市、辽宁省和吉林省部分城市建筑工地调查，施工队的包工头并没有给全部民工上工伤保险，而只是部分参保，甚至有的比重不及50%。建筑行业尚且如此，其他行业更不容乐观。就农民工工伤保险的现状而言，最严重的问题就是逃保、漏保。逃保、漏保的原因是多方面的。虽然法律规定工伤保险为强制性保险，但事实上并不尽如人意。在调查中发现，企业和包工头一方面认为若为全体农民工都缴纳则费用太高，因此往往采用“迂回战术”，只给部分农民工缴纳，另一方面则是抱着侥幸心理，认为农民工出工伤事故不一定会在本企业发生或者认为监察部门不一定会查到本企业。

（三）关注农民工的其他权益，是落实农民工权益保护需解决的第三层次问题

除了前面提到的平等就业，获得劳动报酬的权利，社会权利之外，农民工还有其他的权利，如民主政治权利，继续受教育的权利，子女的教育权利等，这些权利是落实农民工权益保护需解决的第三层次的问题。处于第三层次，并不是说不重要，而是在现阶段不是优先要解决的问题，但是在解决第一、第二层次的问题时需要兼顾的问题。

四、农民工权益保护机制的政策、立法建议

（一）打破城乡分割的二元管理体制，创新城乡统筹、综合协调的新体制

农民工权益受侵害的根本原因是在他们的职业和身份转换的同时，却失去了组织的依托、保护和相关制度的承认。对农民工权益受侵害，国家、地方政府、民间舆论同情、道义支持，并采取若干措施紧急“救火”，但这不能根本解决这一问题。地区发展不平衡、市场经济条件下，构成对农民工侵权的经济关系十分复杂。从根本上说，在各级政府安排社会经济发展、人民生活时，根本没有农民工的任何地位，亲疏里外之别十分明显。课题组成员曾和许多干部深谈过，他们讲：的确如此，就是把农民工看成是“来找活儿干的”，“他们就是干活的”。

党和国家应在指导思想上，如实地把农民工看成是国家地区经济发展和社会进步的推动力量，是生力军。在安排地区经济社会发展规划时，应是一视同仁，公平对待，一并安排，给予管理，给予组织的关怀，制度的保护。

（二）积极推进户籍制度改革，构建适合时代发展的新的户籍管理制度

城乡分割的户籍制度把农民和市民分成两个不平等的阶层，把农民排斥在城市进程之外。千百万农民工进入城市后，无法获得合法的身份，带来一系列难以解决的问题，其中主要有：①由于不能落户，农民工就不能实现稳定转移，只能像“候鸟”式的飞来飞去，必然给交通运输及其他方面造成压力；②由于这些人口未纳入到现有城市管理系统之中，城市有关部门也无法对他们行使正常的管理职能；③由于不能落户，农民工在子女教育、婚姻、福利保障等方面的问题也无法解

决。

改革开放以来，我国在城乡户籍制度改革方面进行了积极的探索，顺应大势，适时调整政策，使农村剩余劳动力得以顺利转移，在一定程度上促进了农村人口向城市的集中。从1984年国家在政策上允许务工、经商、办服务业的农民自理口粮到集镇落户，到1997年进行小城镇户籍制度改革试点，允许符合一定条件的农村人口在小城镇办理城镇常住户口。1998年一些地方对在城市投资、兴办实业、购买商品房的公民及其共同居住的直系亲属，凡在城市有合法固定的住所、合法稳定的职业或者生活来源，已居住一定年限并符合当地政府有关规定的，可准予在该城市落户，被称为“蓝印户口”。这些改革和探索为加快户籍制度改革积累了经验。但户籍管理制度改革仍很不到位，将“在城市有合法固定的住所、合法稳定的职业或者生活来源”作为进城落户的前提条件，不符合我国现实条件。因为农民变市民，是从外出打工开始的，先在城市流动就业，等就业和收入稳定将需要一定时期。应确定只要居民有合法住房(包括买房、租房、借房)、有稳定的生活来源，无论在居住地是否有稳定的职业，都可以自主选择自己喜欢的地方居住。公安机关对居民实行备案管理制度。国家立法机关应及时修改宪法，在法律上赋予农民自由迁移的权利，从实际出发制定政策。

进一步改革城乡分割的户籍管理制度，统一实行以居住地登记制度和身份证管理制度替代户籍制度，不能再用一纸户口把农民和市民分成两个不平等的阶层，把农民排斥在城市化进程之外。

有人担心，这样做会造成农民一股脑儿涌进城市，使城市基础设施，人口承载能力负担过重。我们认为，只要政策引导得力，有序流动是完全做得到的。

（三）加快建立多层次的社会保障体系

农民工为我国城市经济的发展作出了重要贡献。据有关资料显示，在今后10年，城市中农民工的整体规模还将进一步扩大，农民工对城市发展的促进作用也会继续发挥。如果按照传统户籍制度继续将其排除在现行城镇社会保障体系之外，显然有违公平的原则。但如果将其全部纳入现行城镇社会保障体系，又欠缺财政、技术及相关政策条件。比较现实可行的办法是将一元化的制度安排作为我国社会保障制度的长期发展目标，将多层次制度安排作为必要的过渡。当前应该根据农民的需求与目前的条件，加快建立多层次的社会保障体系。在这一过程中，应该积极探索适用于农民工的社会保障制度，使其构成我国社会保障体系的有机组成部分。当务之急是确保工伤保险制度的贯彻落实，建立农民工大病或疾病住院保障机制，为农民工建立相应的社会援助制度，并着力探索解决农民工在医疗、养老、最低生活保障等方面的权益保护。

在建立健全适合现时代发展的社会保障体系时，本课题组认为我国著名经济学家厉以宁提出的六个原则很有借鉴意义，即：①保障水平要适度。社会保障标准的确定，要同现阶段经济发展水平相适应，既要保证基本生活需要，又要有利于促进就业和再就业。②保障范围要不断扩大。③保障制度要多层次，基本制度要统一。④管理服务要灵活。一是管理服务的形式和方法要进一步完善；二是为人员流动创造条件。⑤要切实减轻企业负担。⑥根据不同时期就业工作的重点实行相应的保障战略。

（四）加快法律修订进程，使农民工权益保护有法可依

虽然这些年不少城市出台了各种有利于维护农民工权益的政策，但缺少政府各职能部门之间强有力的组织保证和制度建设等因素，就容易形成短期行为。虽然有一些法律法规，如《中华人民共和国劳动法》、《禁止使用童工规定》、《最低工资规定》等，也适用于农民工，但农民工这个群体毕竟有自己的特性，一些现行的法律法规并不能完全解决农民工遇到的问题。在这种情况下，制定一部专门针对农民工问题的法律，进一步维护农民工的权益，就显得十分符合实际需要。为此，呼吁尽早制定一部农民工权利保护法，使农民工在劳动保障、社会保险、子女上学、工资、休假等方面，享受到与城市居民平等的待遇，以维护社会稳定，保障弱势群体的合法权益。该部法律内容应涉及：明确农民工的法律地位；取消对农民进城务工就业的所有不合理限制；支持和鼓励外出农民工自愿、有偿转让承包土地使用权；不得向外出务工的农民乱收费；加大对农民工及其子女教育的投入；明确用人单位必须按时足额支付农民工工资，并为其提供最基本的社会保障；严惩故意拖欠和克扣农民工工资者等。

另外，还应加快修改《中华人民共和国劳动法》的进程。现行《中华人民共和国劳动法》中有些内容已经不能适应中国的经济基础和社会结构发生的巨大变化，比如，《中华人民共和国劳动法》第十二条、第十三条禁止的“劳动歧视”，只包括民族、种族、性别和宗教信仰四种情况。这一规定，明显有些狭窄，而且根本没有禁止“户籍劳动歧视”的条款。在对民工的劳动保障上，现行《中华人民共和国劳动法》更是把农民工等类型的劳动者排除在适用范围之外。

（五）健全法律救济、社会救济的措施和途径

1. 法律救济方面

一是认真落实我国相关法律中对农民工权益保护的规定。我国现行法律如《中华人民共和国劳动法》、《中华人民共和国工会法》、《中华人民共和国合同法》等，对于劳动关系中劳动者的权益保护均有相关规定，对农民工权益保护当然同样适用。但是当前农民工权益屡屡受损的重要原因是诸多法律规定在实际中远不能得到有效履行。因此，当务之急是采取过硬措施，加大劳动执法力度，使这些已经规定的法律权利落到实

处。

二是在涉及农民工权益的具体司法实践中，在法律规定的限度内向农民工一方实行“司法倾斜”，对侵害农民工权益者实施更严厉的惩处，对施害者起到警示惩戒作用。

三是简化解决纠纷的法律程序，为农民工提供一条维权的“便捷通道”。如果依照法定程序，不论是劳动监察机构、劳动争议仲裁机构还是法院，处理劳动争议的时间都是比较长的：受理期限 7 天，被诉人准备答辩期限 15 天，再加上调解和开庭等等，结案时间在 60 天内，且不说打官司需支付的费用，单就这么长的时间而言，对于农民工来说实在是太长了。建议有关司法仲裁部门在处理涉及农民工权益的案件时，力争立案快、费用缓、审理速、执行快，为农民工提供一条维权的“绿色通道”。

四是建立专门的维护农民工权益的无偿法律救助机构，鼓励法律志愿者积极参与，解决农民工的疑难问题，帮助农民工在合法权益受到侵害的时候进行诉讼，以维护农民工的各项合法权益。这样的举措既体现社会对农民工的尊重与保护，又体现了社会为追求公平的一种努力。

2. 社会救济方面

一是重视发挥新闻舆论在维护农民工合法权益方面的导向和监督作用，更好地维护农民工合法权益。可以建立专门的新闻热线，将侵害农民工权益的案件及时公布于众，对施害者造成压力，给其他用工者以警示。

二是劳动和社会保障、工会、妇联、教育、工商等部门的积极参与，开辟多种农民工维权渠道。

三是开辟维权热线，使农民工的权利及时得到维护。

四是建立维权监督、举报制度，使农民工权益受损的情况及时反馈给有关部门。

（六）加强对农民工的培训，提高农民工的素质

加强对农民工的培训，提高农民工的素质，流出地应承担主要责任。本课题组认为，对于农民工流出地来讲，要输出高素质的农民工队伍，主要应从以下方面努力：

1. 加大农村教育经费投入，提高农村劳动力的整体素质

高素质的农民工队伍的培养的重要依托是高水平的农村教育，高水平的农村教育依靠充足的教育经费的投入。各级政府应该从整个国家、民族的长治久安和兴旺发达角度考虑农村教育经费的投入，把加大和保证对农村教育的经费投入作为基本义务。切实保证农村的基础教育真正实施九年义务教育，坚决堵塞农村中小学校因经费不足而将负担转嫁到学生身上的漏洞，坚决避免农村中某些学生因为经济困顿而失学、辍学。

2. 改变农村教育模式，培养适合农村及社会发展需要的人才

现行的农村教育模式，基本上套用了城市教育的体制、办学模式，从根本上讲农村教育是在为城市培养人才，培养离开农村和农业的人才，而不是“为了农村”培养人才。这样教育模式，不适应农村发展的新需要。因此必须改变农村的教育模式，兼顾农村和社会发展的人才需求适时调整农村教育的目标。

3. 加大对农村转移劳动力的职业技能培训

目前青海、河北等省推出的“阳光工程”计划值得推广，即针对本地区的现有劳动力的年龄、文化和居住地的发展状况、流入地对劳动力的需求状况，成立专门的机构，组织人员，对所属地区劳动力资源、就业愿望、技能掌握等情况进行调查摸底，造册登记。根据调查情况和市场需求，在培训工作中突出实用性和针对性，举办以家政服务、烹饪、建筑、电焊、汽车驾驶等为主要内容的技能培训班，经过培训有效提高了转移劳动力的素质和就业竞争能力。

4. 加强对农村转移劳动力法律知识的培训

针对农民工的具体情况，加强对《中华人民共和国宪法》、《中华人民共和国劳动法》、《中华人民共和国工会法》等的学习，提高他们的法律知识，增强了他们的法制观念，使他们当权利受到侵害的时候敢于拿起法律武器自觉、及时、有效地捍卫自己的合法权益。

加强对农民工的培训，提高农民工的素质，流入地也承担着不可推卸的责任。作为流入地，主要应从以下 3 方面努力：

一是加大对农民工岗前或其他职业技能的培训。应该承认，多数农民工来自经济欠发达的地区，其培训机制未必健全，也就是说流出地未必能够输出高素质的农民工。在这种情况下就需要流入地承担起农民工培训的职能。流入地用工的企业和个人应该遵照国家的有关规定，免费为农民工提供岗前培训。另外，流入地的劳动管理部门还可开办其他职业技能的培训，以弥补流出地培训的不足。

二是为农民工接受继续教育提供便利。经济的发展、知识更新速度的加快，要求人们必须有终身教育、终身学习的意识与行动，也只有这样才能跟上时代的步伐。如果说农民工在走出农村之前的受教育权利得不到保障，那么当他们来到城市（镇）之后能够有机会继续接受教育仍不失为一种权利受损的弥补。因此流入地有关部门应该为农民工开辟接受继续教育的渠道，使农民工有继续接受教育的机会。

三是为农民工子女接受教育创造条件。农民工子女的受教育权利关系到全民教育水平的整体提高，关系到城乡差距是否会进一步扩大。因此，流入地的有关部门应该积极采取措施，取消农民工子女入学的各项限制，禁止向农民工子女收取额外费用，为农民工子女接受教育创造良好条件。

第二节

国外农业投资政策和法律制度及其对中国的启示[①]

当今许多发达国家，在其工业化过程中，仍丝毫未放松对农业的支持与保护。这些国家通过对农业的大量补贴和其他支持农业发展政策，使农产品产量保持稳定增长，农业生产者的收入水平稳步提高，不仅促进了国内社会经济的持续发展，而且通过农产品对外贸易，成为影响和控制国际农产品价格，甚至干预他国政治、经济、生活的重要手段之一。发达国家为保护和支持本国农业构建了以农业基本法为基础、基本法与专门法相结合的农业支持和保护立法体系，旨在通过增加农民的收入补贴、农业生产要素补贴、农业生态和农业结构调整等方式来支持和保护本国农业和农民利益。借鉴发达国家的经验，构建我国的农业投资法律制度，对巩固农业基础地位，提高我国农业的国际竞争力具有重要意义。

一、国外农业投资政策和法律制度

（一）美国

美国对农产品国内支持的特点是时间早、力度大。有关历史资料表明，美国是世界上最早对农业进行扶持的国家之一。[②] 以《1996年联邦农业完善和改革法》（FAIR法）为界，美国农业支持政策的演变过程大致可分为经典支持政策

① 本节内容选自农业部软科学课题“农业投资法律制度研究”（课题编号：200624），课题主持人：任大鹏。

② 李传键：“美欧农业支持政策调整与我国的对策”，《河北职业技术师范学院学报》，2003年第6期。

和现代支持政策两大阶段。前一阶段主要包括：①根据 1933 年颁布的《农业调整法》开始实施的农产品价格支持政策。②1938 年制定的联邦作物保险计划及联邦政府制定并经多次修订的一系列作物保险和灾害救济计划。③1862 年、1887 年和 1914 年分别通过三个立法，形成了农学院、农业实验站和农业推广站三个系统组成的行之有效的农业教育、科研和推广体系。④1916 年—1933 年期间曾三次立法，成立合作性质的农业信贷体系。⑤美国还制定了水土资源保护、农业税收优惠等政策措施。从而，形成了一套严密有效的农业支持体系。

后一阶段主要包括：1996 年颁布的 FAIR 法。其主要改革措施是：①在 7 年（1996—2002 年）过渡期内，逐步取消对农场主有关价格和收入支持方面的一切补贴。②作为过渡，新法律设立“生产灵活合同补贴”以代替价格支持补贴。③取消作物耕种面积的限制。④保留基本的无追索权贷款，但要求农场主必须保证以一定数量的农产品作为从政府那里取得贷款的抵押，对不同种类的贷款率也作了调整。⑤取消农场主拥有的储存计划。

美国《2002 年农场安全与农村投资法案》（The Farm Security and Rural Investment Act of 2002，以下简称《2002 法案》）。其核心内容是增加对农业的补贴，尤其是产品和价格补贴。根据美国农业部门估算，按照 1996 年农业法规定，2002 年到 2007 年 6 年期间的各项农业补贴约为 666 亿美元，《2002 法案》在此基础上又增加了 519 亿美元，总计 6 年达 1185 亿美元（表 4－1）。《2002 法案》包括十个方面，分别为：商品计划（即对产品的补贴）、生态保护、贸易（即出口补贴）、营养计划（即食品消费补贴）、信贷、农村发展、研究、森林、能源、杂项等。

表 4－1　　美国农业部估算的农业补贴支出　　单位：亿美元

	2002	2003	2004	2005	2006	2007	合计
1996 年法案计划额	174	116	108	98	87	83	666
2002 年新法案增加额	34	103	114	105	87	76	519
合计	208	219	222	203	174	159	1185

注：美国农业部通过商品信贷局的支出，不包括食品券计划等。

资料来源：美国农业部网站。

同时，美国还针对农业市场风险、自然风险等情况变化，制定了一系列的专门法案，如《2003 年农业援助法案》，针对市场波动强化反周期补贴，并向遭受灾害及其他紧急情况损失的生产者提供补贴。

（二）欧盟主要国家

欧盟国家发展农业生产的条件远逊于美国。由于欧盟社会对农业安全的担心，保护农民利益、稳定农民收入、促进农业和农村地区发展是农业政策的目标。因此，欧盟对农业的补贴种类繁多、数额各异，使农民的经济利益和社会利益受到保护。①

欧盟农业补贴立法正在按照 WTO 有关协议向强化直接补贴、增加农业生产条件投入方向转变。1992 年，欧盟对农民因降价而受到的损失进行直接补贴。1999 年 3 月，欧盟通过了《2000 议程》的农业改革方案，逐年削减对农产品的价格支持和出口补贴，把节约下来的补贴资金投入到农村基础设施建设和农村社会发展上来。2001 年 7 月，欧盟委员会提出了新的农业补贴改革方案，逐步取消补贴与产量挂钩的做法，把补贴的条件改为与土地面积、农产品质量安全、环境保护、善待牲畜等挂钩。2003 年 2 月 19 日，欧盟委员会简化了成员国

① 李传键："美欧农业支持政策调整与我国的对策"，《河北职业技术师范学院学报》，2003 年第 6 期。

对农业补贴的管理，建立农业保障基金，由共同体负担农业补贴的全部开支和费用，坚持农业补贴与公共利益、市场机制以及环境保护相结合的原则，实行与土地面积、农产品质量安全、环境保护和善待牲畜等挂钩的直接补贴方式。

为执行与应对共同农业政策的改革，欧盟各成员国均根据本国农业生产实际情况加大发展农业的力度，按照共同农业政策要求，调整农业结构，采取多种措施扶持和振兴农业。

1. 法国

法国是欧盟成员国中重要的农业大国，一向是共同农业政策的受益国，其所得到的农业补贴占欧盟农业补贴总额的1/4。因此，共同农业政策的改革对法国农业的影响也最大。在共同农业政策的框架下，法国主要采取如下措施发展本国农业：

第一，法国政府自 1962 年以来，先后制定了两个《农业指导法》。主要强调农业生产要兼顾经济、环保和社会效益，强调农村经济的全面发展。2000 年制定的《2000—2006 年全国农村发展计划》进一步强调促进农业的持续发展。同时还规定政府和农业经营者签订《国土经营契约》以落实农业政策。

第二，政府采取多种措施引导农民开发可持续发展的多功能农业，其中心是改善和提高农产品质量，开拓无公害农业；通过农业经营多样化以满足市场需求，缩小地区间的经济差距；对自然环境恶劣的地区，建立专项补贴制度；重视生态资源的保护等。

第三，为了加速发展生态农业，法国政府 1957 年就专门制定了《生态农业发展计划》，大幅度增加对生态农业生产和经营的投资，并将对开发者的年度补贴增加 4 倍，同时确定了到 2005 年，生态农业的种植面积要达到 100 万公顷的目标，争取每年有 2000—3000 个农户转产，耕地面积限额也由每户 25 公顷放宽到 40 公顷。

第四，为应对共同农业政策关于农业补贴不断上升的压力，采取措施帮助农业生产者调整生产结构，改善农民的实际收入状况。通过各种农业合作社把分散经营的中小农户（中小农场）同现代化的大型工商企业相结合，组建农工商联合体，在农业技术、经营管理上帮扶农户扩大农业生产。

第五，政府为保证其农业食品在欧盟内部和国际市场上的份额，在农业改革法案中，强调加强对农业的质量认证制度，以保护农业生产者和消费者的利益。

第六，重视对青年农民的技术培训，对志在农村创业的青年人，在经济援助和税收政策上给予较高优惠。

2. 德国

在发展农业生产方面，德国首先制定了《促进农业投资纲要》，规定任何企业主要从事农业土地经营和生产并达到一定标准者，均可获得相应的补贴和资助，其目的是鼓励多种经营、改善劳动条件，降低成本及保护生态环境。鼓励年轻人到农村去从事农业劳动生产，政府给予最高 1 万欧元的特别优惠贷款；农民直销其农产品或为开展旅游服务的投资也可得到政府相应的资助。2003 年德国联邦各州政府向农业提供了 77 亿欧元的支农援助补贴。政府的这些兴农措施推动了农业的迅速发展。目前，德国已成为美、法、荷之后的世界第四大农产品出口国。

3. 西班牙

政府根据共同农业政策有关发展生态农业的要求和标准，在 1991—1995 年曾先后 3 次颁布开发生态农业的具体法令，要求各省市和自治区组建相应的协调和监督机构，按照共同农业政策的标准，指导、推广生态农业，并对农产品质量、加工流程及市场销售进行监督。

（三）日本

日本在战后出台的一系列农业投入立法，强化了政府对农业的支持和保护，完成了传统农业向现代农业的转变。日本农业补贴主要包括以下几项：收入补贴，最主要是对山区和半山区农民的直接补贴，政府还制定了稻作安定经营策略，对种稻农民进行收入补贴；生产资料购置补贴，日本农民建立或改造农业生产设施，可以从中央财政与地方财政得到补贴；一般政府服务，包括培养农业人才、基础设施投入、乡村建设、支持农协的发展等方面。此外还制定了灾害补贴、农业保险补贴、贷款优惠等农业补贴政策。这些补贴都有明确的立法保障。①在财政支持方面，《财政法》中明确政府农业预算重点是改良土壤、改善农业结构、推广新技术和新机械、发放价格补贴、改善农村生活基本设施等。②通过"绿箱支持"政策中地区援助措施，对比平原地区生产成本高80%的山区、半山区实行直接支付制度。通过财政立法加大了财政对农业基础设施、农业资源环境保护和农业结构调整的支持力度。③在信贷支持方面，为满足小农户的资金需求，日本政府1955年颁布了《自耕农维持资金融通法》，规定银行向农户发放低息贷款，贷款年息5分，偿还期限为5年。1961年进一步制定颁布了《农业现代化资金助成法》和《农业信用保证保险法》，明确规定全国有关金融机关都要向从事农业生产者发放低息贷款，并通过农业信用保险制予以担保。

（四）发展中国家农业支持政策

发展中国家农业支持政策的基本特点是综合补贴水平普遍较低，多数发展中国家的农业生产者补贴等值都大大低于发达国家①，许多发展中国家的农业生产者补贴等值仍为负值。

发展中国家的农业支持政策较为复杂。为了达到相应的政策目标，政府一方面向农业索取剩余，以满足工业化对资金积累的要求；另一方面，又用生产、消费、信贷、投入品补贴等

① 丁小薇、宋翔："世贸组织农业国内支持规则对我国的影响与对策"，《江西农业大学学报》，2002年第6期。

措施弥补农业生产者的部分损失，这样的政策明显压抑了农业产出和经济增长。发展中国家支持农业的基本方式和手段，主要有农业投资品补贴、灌溉补贴、消费者价格与生产者价格“倒挂”补贴、消费者目标补贴、农业合作信用支持、区域扶贫支持等。

二、对构建中国农业投资法律制度的启示

（一）建立具有长效机制的财政农业支持体系

在中国财政农业支持体系中，国家对农业公共产品的投入性支持一直占据主导地位，而通过补贴方式对农业的支持则处于次要地位，目前财政农业补贴只占财政农业支持总额的15%左右。在农业小规模生产和农村基础设施落后的条件下，中国应加大对农业基础设施、农业科研和农村发展方面的公共投入，这对于提高中国农业综合生产能力、增加农民收入和促进城乡协调发展更具有长远的意义。[①]

（二）建立立体的农业补贴体系，直接补贴与间接补贴相结合，并逐渐侧重于直接补贴

1. 补贴的依据与范围相对固定

美国、欧盟和日本的农业补贴以农民的土地面积为依据。美国补贴土地面积确定以后就不再变动，而欧盟作为补贴依据的土地面积每年要发生变动。美国享受补贴的作物为小麦、玉米、高粱、大麦、燕麦、水稻、棉花、大豆、油料和花生。欧盟的补贴限于各种谷物、油料作物、豌豆、蚕豆等蛋白作物、麻类等纤维作物。日本则将补贴控制在有客观不利条件的山区、半山区。这表明，直接补贴主要扶持那些在农产品国际贸易中有重要影响但竞争压力比较大的作物和地区，以提升农业

① 沈淑霞、秦富：“国外财政农业补贴方式改革对中国的借鉴价值”，《世界农业》，2005年第9期。

竞争力。

2. 补贴范围广泛，补贴集中度高

国外对农民的直接补贴的范围非常广泛，如对生产者的直接支付、不挂钩的收入支持、政府在收入保险方面的补贴、为保护环境所提供的补贴、地区性援助、限产计划下的直接补贴等。补贴的集中度高，如美国对纳入补贴计划的农产品在品种和面积上几乎覆盖所有大宗农产品，并且，90%以上的农业补贴分配给小麦、大豆、玉米、大麦、棉花五种农作物，这样做的好处是有利于提高大宗农产品的市场竞争力。

3. 补贴环节全面，补贴措施多样

WTO《农业协定》生效后，美国、欧盟、日本鉴于价格支持、出口补贴以及关税保护等措施越来越受到该协定有关规则的限制，不得不先后调整农业政策，从农产品价格支持、出口补贴以及关税保护措施为主，转变为直接对农民收入补贴和农业结构调整补贴为主，形成了一整套多样化的农业保护方式和方法，其核心目标是保障农民收入和提高农产品竞争力。美国主要实行与当前生产彻底脱钩的合同性为主的直接收入补贴，生产者无论生产什么、生产多少，其所享受到的补贴数量都不受影响，政策具有充分的灵活性。欧盟主要实行以与土地面积、农产品质量安全、环境保护、善待牲畜等挂钩的直接补贴。日本主要实行地区性的局部直接补贴。

（三）建立以法律制度为基础的农业保护体系

要使农业保护政策保持必要的连续性，就必须有法律上的保证，制定农业保护的相关法律及建立执行这些法律的基本制度。

1. 建立完善的、可操作性的农业基本法是构建农业保护体系的基石

美国制定了详尽的农业法，把对农业的支持纳入法制管理轨道，从法律上明确农业投资数量，形成了每五年修订一次农

业基本法的制度。20世纪以来，美国每隔几年就修改旧法案出台新法案，逐步形成了目前的综合性农业法案。据统计，美国先后在1949年、1956年、1981年、1985年、1990年、1996年及2002年修订了农业法。农业法一旦被通过，农民的收入就得到了有效的保障。农业法对农业投入的规模、标准、范围、方式等均作出了细致、明确的规定，对保障农业长期发展的资金投入，规范投资主体的投资行为，防止农业投资的盲目性、随意性起了极其重要的作用，为促进美国农业的高速稳定发展发挥了巨大作用。

2. 赋予农业行业组织必要的法律地位

国外经验表明，专业性农民协会等行业组织对保护农民利益具有重要作用。为了在法律上保证农业行业组织开展活动，发达国家在立法上赋予了农业行业组织一定的法律地位。如美国和日本在有关的法律中明确了行业组织的性质、业务范围，给予了农业行业组织必要的经营、民事主体资格，并在补贴法案中将行业组织列为农业补贴的受益主体。

3. 可操作的法律程序是实现农业保护的重要保证

发达国家农业补贴的法律程序比较简单、合理、高效。如美国的法案相当简单，操作成本低，农民不需要申报，政府也无需核实，按照确定的标准计算补贴数额，由农业部确定对农民的贷款和补贴，由财政部直接支付给农民。

三、借鉴国外立法经验完善我国农业投资立法

（一）建立我国农业法律支持、救济体系，完善配套政策

1. 完善我国的《农业法》

我国现行的《农业法》中专门规定了“农业投入”一章，从国家财政收入、建立农业专项基金、税收、价格、信贷及农业投资主要使用范围等方面作了原则性规定，并明确规定“国家财政每年对农业总投入的增长幅度应当高于国家财政经常性收入的增长幅度”，但针对性不强，没有法律后

果和法律责任，不易操作。《农业法》对增加农业投入应作出更加明确完整的规定，进一步具体化。政府对农业的投资职责，不能按照农产品的市场价值在国民经济中所占份额来确定，而应将其延伸价值、社会稳定价值和生态效用价值都作为确定国民收入分配格局的依据。应以法律的形式将对农业投资作为政府的义务固定下来。“法律责任”一章应对不按《农业法》要求增加农业投入的单位和责任人所应承担的法律责任予以明确。

2. 制定农业补贴与投资法

目前，我国还没有可行的农业投资法来规范和监督政府的农业投资和补贴行为。要借鉴国际经验，构建一个由直接补贴（包括货币与实物补贴）、市场价格浮动补贴和生产经营性补贴等构成的完整的立法体系，明确政府的农业投资法律责任和投资、补贴范围和种类。同时，用法律的形式引导社会资金向农业流动，增加和扩大利用资金的数量、范围，明确截留、挪用、挤占支农资金等违法责任，确保支农资金及时、足额到位。

（二）完善农业补贴的预算编制、审批制度，健全支出预算的管理和控制机制，推行绩效预算

借鉴美国农业预算管理办法，对农业补贴依法进行严格预算编制与监督，建立预算编制、执行、监督三分离的制约机制。

第一，编制农业补贴预算。根据公共财政的原则和WTO规则的要求，科学、合理地确定农业预算支出范围。在此基础上调整和归并预算支出科目，细化预算支出的内容，根据农业和农村经济发展的需要和财力可能编制滚动财政补贴预算，保证重点发展的农业项目前后一致地连贯实施，提高补贴透明性、操作性和政策连续性，最大限度地发挥农业财政补贴预算在农业发展中的作用。

第二，建立严格的农业补贴资金绩效预算制度。将拨款与项目或机构的绩效目标挂钩，对经费使用部门的工作目标进行分解细化，量化任务指标，使拨款与绩效实行配比，提高事业发展的预见性、计划性和财政资金安排的目的性，提高资金使用效率。同时，强化农业补贴的执行刚性，通过的预算必须严格执行，加强对政府农业补贴预算执行的监督。加大审计检查力度，维护人大监督权威，切实保证财政预算的科学性、合理性和真实性。建立一套体系比较完整、职责比较明确、依据比较充分的监督系统。综合运用财政审计监督、委托社会中介机构审查、会计委派等手段，加强财务监督和管理，形成对财政资金的全过程监控。切实加大农业投入的执法监督力度，明确执法主体。建立和完善农业补贴报告制度、听证制度等。

（三）加速农村金融立法，建立完善的农村金融支持体系

赋予农村信用社必要的法律生存空间，发挥其为农业和农村经济融通资金的作用。1996 年信用社与农业银行分家，信用社一直没有形成一整套完善的信贷管理制度。过去几年应由中央财政承担的保值储蓄补贴而由信用社自己消化，而其他专业银行有财政补贴，加大了信用社的利息支出，不利于金融业的公平竞争。因此，有必要加快现行农村金融体制的改革步伐，打破垄断，鼓励竞争，形成高效率、低风险、多层次的现代农村金融服务体系①。当前应该在法律上进一步明确信用社的法律地位，强化对农村的资金支持，补贴农村信贷。正如有学者建议应该用立法的形式明确信用社为农民社员自己的合作组织②，维护其存在的独立性和合理性，中央银行应该为其提

① 国家信息中心：《2002 中国经济展望 · 宏观卷》，中国计划出版社 2001 年版，第 15 页。

② 廖卫东、王万山：《经济全球化背景下中国农村经济可持续发展》，江西人民出版社 2002 年版，第 161 页。

供存款准备金、再贷款利率优惠政策，国家应该对其提供免税政策。壮大农业政策性金融。从发达国家的经验看，为支持和保护农业，建立起农村政策性金融体系是非常必要的。农业发展银行作为政策性银行，自成立以来对我国农业资金的筹集起了一定的作用，但总体规模较小，难以在农村经济结构调整和经济发展中发挥应有的作用。世界各国在成立政策性金融机构之前，均通过立法对政策性金融机构的地位和各项业务活动给予明确而具体的规定，而我国在这方面的立法相对滞后。建议通过法律手段，进一步明确农村政策性金融业务范围和支持政策。

（四）建立和完善农业保险法律制度

通过立法实施农业政策性保险是国家宏观政策的重要组成部分。从国外的实践看，各国举办农业保险的政策目标有两类：一类主要是推进农村社会保障（社会福利）制度的建设，同时兼顾农业发展；另一类主要是促进农业稳定发展。一般来说，发达国家的农业保险属于前一种，发展中国家的农业保险属于后一种。目前世界上有40多个国家（地区）推行农业保险。我国的农业保险立法进程缓慢，农业保险的法律保障体系薄弱，无法指导和规范农业保险的运作和发展，并直接影响到农业保险市场的建立、健全。我国应认真研究和借鉴发达国家的成功经验，加快农业保险的立法，从法律上明确政府、保险人与被保险人之间的权利、义务关系，从政策和财政上予以支持，建立起实现农业持续发展和农村长期稳定的保障机制。

第三节

农业补贴法律制度的基本框架和内容①

一、农业补贴的性质和特征

农业补贴是世界各国支持和保护本国农业的一种基本政策，是政府利用行政的或者法律的强制力量，使农业生产者在实现其农产品价值时能够得到高于由市场均衡价格所决定的收入的一种政府行为。它的基本特征是政府对农业生产者收入的直接增加，实质上是依靠增加农业生产者收入来刺激粮食等农产品产量的增加，保证粮食和食品安全。世界上很多发达国家对农业补贴作过多次调整，总的趋势是减少农产品的价格补贴和进出口补贴，增加农业生产者收入的直接补贴，增加对农业生产要素、农业生态和农业结构调整等补贴。补贴方式和结构各有变化，但绝对数额都在上升。我国农业长期处于“负保护”状态，是世界上少数几个未给予农业生产者直接补贴的国家之一。近几年推行税费改革，抛弃多年来财政补贴“只能补贴国有企业，不能装进个人腰包”的传统观念，对农业生产者开始实施直接补贴。农业补贴具有以下特征：

第一，农业补贴是政府针对农业所实施的一项行政行为。农业补贴行为一般是政府或政府授权的农业管理机构等行政主体在农业行政管理过程中行使农业行政职权的行为，它具有行政行为的普遍特征，如效力先定性和自由裁量性等。将农业补

① 本节内容选自农业部软科学课题“我国农业补贴法制化建设研究”（课题编号：200623），课题主持人：陈亚平。

贴行为视为一种行政行为具有重要意义，不仅意味着该行为的实施必须严格依据法律规定的种类、数额和程序进行，而且也意味着对补贴行为特别是农业补贴行为进行的立法并非可有可无。

第二，农业补贴是政府的授益行为之一。所谓的政府授益行为是指政府为相对人设定权益或免除其义务的行为。农业补贴是政府通过一定的经济手段补贴农业生产者收入的行为，可以直接增加农业生产者收入，属于政府的授益行为之一。在此行为中，一般来讲，农业生产者并无过多的义务和责任，享有的是一种权益。因此，政府不能以要求农业生产者履行义务来决定补贴的给予，否则即侵犯了农业生产者的合法权益。

第三，农业补贴在形式上表现为一种财政措施或收入、价格支持措施。农业补贴在形式上多种多样，有直接的资金转移（如贷款、赠与和股本注入）、潜在的资金和债务的转移（如贷款担保）、政府收入的减免（如税收优惠）和以优惠价格提供或购买商品或劳务（如政府采购行为）等与财政收益有关的措施。

第四，农业补贴是对特定群体如农业生产者、对特定区域如粮食主产区、对特定农产品如粮食和对特定环节如生产的支持和补偿；其方式包括对农业基础设施建设、农业生产结构调整以及对农产品的生产直接投入等。

总的来说，我国的农业补贴与国外相比还有很大差距，宜借鉴国外的做法，从我国国情出发，加大农业补贴力度，但前提是必须通过立法明确政府的责任。

二、农业补贴法律制度的目标

在我国，农业补贴缺乏长期支持目标。我国农业补贴制度往往根据财政收支状况和政策的需要来“安排”补贴资金，使农业补贴成为各级政府制定和实施农村经济政策的配套措施。如20世纪50年代为配合全国性的农业机械化发展政策，对国营、集体农机单位给予农业机械配套补贴，延续时间约6年。80年代以来，粮食定购“三挂钩”补贴，基本上是为了鼓励农业生产者完成国家合同定购任务。当农业丰收时，这种补贴就相应减少甚至取消；当农业歉收时，就适当增加补贴。这一政策一直延续到1994年。由于我国农业补贴缺乏规范性的长期目标，随意性大。因此补贴效益较低，补贴的整体效果不理想。

一般来讲，农业补贴的基本目标主要有：实现农产品的供求平衡（既包括总量平衡又包括结构平衡）、增进农业生产者的利益、增加农产品出口和促进农业的可持续发展等。在不同国家这个基本目标随着不同时期的农业需求而有所不同。如在美国，则一直将解决农业危机作为实施农业补贴政策的最终目标。而且随着时间的推移和环境的变化，其施政的具体目标在不停调整。20世纪90年代美国农业补贴改革目标主要体现在六个方面：提高农业生产者收入；控制农业补贴开支并提高补贴效率；加强环境保护；加强补贴的针对性，减少补贴错位；增加补贴方式灵活度；符合WTO相关规则和承诺。

现阶段我国农业发展目标是保证农产品供给、农业生产者增收、农业可持续发展等。直接收入补贴与后两项目标完全协调，而且有助于它们的实现。而与农产品供给目标有些抵触，因为农业生产者直接收入补贴与农产品产量脱钩，对农产品产量有一定影响。在目前粮食过剩的情况下，可以适当降低保护价水平，同时用直接收入补贴来弥补农业生产者收入的下降，这将有助于稳定农业生产者收入，同时保证产量目标的实现。但是，粮食保护价不应该取消，而应该与农业生产者直接收入补贴搭配使用。

鉴于此，要完善农业补贴政策。我国农业补贴首先应该有一个科学合理的总体目标，而农业补贴的规模水平、结构和方式等也应该在农业补贴总体目标的指导下，根据变化了的环境作相应的调整，以提高农业补贴效率。有关研究表明，我国农业补贴的总体目标应该是保障国家粮食安全和增加农业生产者收入。保障国家粮食安全至少有两层意思：①保障市场上有足够的粮食供给量；②保障每个消费者都具有满足自己最低需求的支付能力。我国是一个人口大国，人均土地资源又大大低于世界平均水平。因此，立足国内，保护好粮食生产能力，实现粮食的基本自给，解决好自己的粮食问题是我们的基本方针，也符合我们的根本利益。同时增加农业生产者收入既是政府的工作中心，又是农业补贴的长期导向。确保粮食安全和增加农业生产者收入之间又是基本一致的，只有确保农业生产者种粮的相应收入，才能有效地保证国家粮食安全。但我们也应看到，对农业生产者来说，粮食安全是政府或国家的目标，而增收才是农业生产者关注的重点。因此，只有在保障农业生产者增收的基础上，才能更好地保障国家粮食安全。

三、农业补贴法律制度的指导思想和基本原则

我国农业补贴立法的指导思想应是：充分考虑我国作为发展中国家以及我国农业作为弱势产业的现实，借鉴国外农业补贴立法的成功做法和先进经验，根据 WTO 规则和《农业协定》的要求，适时制定我国农业补贴方式的法律、行政法规，对原有法律、行政法规中有关农业补贴的条款进行必要的修改、补充和完善，实现农业补贴法律制度的创新，力求建立一个以政府为主导、以市场为导向，规范、透明、统一的农业补贴法律体系。

我国农业补贴立法应遵循以下基本原则：①适应 WTO 规则以及《农业协定》的要求，以国家利益、农业利益和农业生产者利益为标准，充分运用例外条款和保障措施，原则性与灵活性相结合，遵守规则，利用规则；②既要体现 WTO《农业协定》规则的要求，也要体现我国在减让表和承诺表中所作的对外减让和承诺；③坚持农业增长与农业生产者增收相结合、农村发展与农业环境保护相结合、农业补贴与贫困地区援

助相结合；④重视农业补贴程序立法，体现 WTO 规则透明度原则的要求；⑤以保障农业生产劳动者收入增长为核心，突出“绿箱支持”的地位，合理利用“黄箱支持”，用好用足“蓝箱支持”，兼顾农业补贴争端解决机制的设定；⑥权利与义务的设定应充分考虑政府与市场关系的平衡性，通过对政府义务和行为的约束鼓励贸易秩序的自由化。

四、农业补贴的对象、方式、种类、范围和标准

广义上的农业补贴，既包括保护性的补贴，又包括非保护性的补贴，即政府对农业部门的所有投资或支持。非保护性的补贴如对科技、水利、环保等方面的投资，包括农产品价格支持、贸易支持与保护措施、农业基础设施投入、建立农业保险制度、农业生产劳动者收入保障计划、保护农业资源环境、对农村科技教育、市场信息等服务支持、对农村低收入者的扶助等等。

现阶段农业补贴的对象是农民。现在我们所讲的农民，其成分、教育背景、从事行业已经呈现出复杂化、多样化的特点，它仅仅是一个“农业户口”的代名词了。解决“三农”问题首要的就是把农民概念和社会认识统一到“从事农业劳动的从业者”这一简单的理解上来，取消户口作为界定农民的唯一标准。因此，我们认为，现阶段农业补贴的对象不仅仅是农民，还包括从事农业生产没有农业户口的承包户，即凡是从事农业劳动的从业人员都可以成为农业补贴的对象。

目前，中国对农业和农业生产者的补贴方式主要有价格补贴、良种补贴、退耕还林补贴，一些地区已开始按照计税或种粮面积，探索以抵扣农业税的方式对农业生产者进行直接补贴。总体政策取向是由流通环节补贴向生产环节补贴转型，由间接补贴向直接补贴转型，政策效率有了明显提高。但从上述补贴方式的实践结果看，都不同程度地存在一定的局限性。过去主要通过流通渠道补贴农业生产者，具有间接性和隐蔽性，

导致流通领域补贴资金积淀过多，保护农业生产和增加农业生产者收入的效果不够理想。我国目前每年用于粮食流通领域的补贴大约在500亿—700亿元，占农业支持总量的30%—50%。虽然这种农业补贴方式对农业生产具有一定的扶持作用，但对农业生产者的直接激励力度不大，且补贴资金容易流失。据经合组织测算，发达国家价格补贴的制度效率仅为25%左右。也就是说，政府价格补贴1元钱，农业生产者只能拿到0.25元左右。据有关专家测算我国的农业价格补贴效率则更低，仅为14%左右。这主要是因为我国的许多补贴并没有直接补给农业生产者，而是补给了中间环节。政府出了钱，农业生产者得到的却不多，大部分补贴流失在流通领域，用于支付人员经费和弥补国有粮食流通企业经营亏损。不仅如此，这种通过流通渠道间接补贴方式还会造成粮食企业因农产品过剩，库存增加，亏损持续不断，进而加重财政负担的恶性循环。直接收入补贴只是农业补贴体系中的一种方式，它不能替代其他补贴方式。

因此，我国在实行粮农直接补贴的同时，不能简单地取消保护价，更不能减少生产补贴，而应实行农业生产者收入直接补贴、价格支持、农村公共产品补贴“三位一体”的补贴政策体系，才能取得较好的效果。价格支持主要是在市场价格低于目标价格时才启用，补贴与农户商品粮挂钩，也与当期价格挂钩。价格支持政策要吸取以往的经验教训，可由政府委托各种所有制的粮食收储企业执行，并进一步完善粮食储备制度。农村公共产品补贴主要可选择以下方式：科技支持、基础设施建设补助、教育补贴、医疗保障补助、小城镇建设和就业补助。今后还要加大宣传与实施WTO规则倡导的各种“绿箱”补贴政策的力度，如政府一般服务、农业生产结构调整补贴、收入保险支持、农业环境保护补贴、贫困地区生产者补贴等。

因此，有关补贴范围我们要实行与当前生产彻底脱钩的直接收入补贴，实行以与土地面积、农产品质量安全、环境保护、善待牲畜等挂钩的直接补贴，同时实行地区性的局部直接补贴。

如前所述，中国入世谈判结果是允许8.5%以内的“黄箱”补贴，超过这个标准就要作减让承诺。根据中国农业科学院农业经济研究所的测算，我国特定农产品的AMS除玉米1.6%—3.7%外都为负数；各种农产品的总AMS在1996—1998年的3年平均-324.5亿元。故加入WTO后，我国无须作减让承诺，相反还有一定的支持空间。可以考虑的策略是，由过去对中间环节的补贴，转向国家需要扶持与发展的农业生产经营项目的补贴；再就是增加农业贷款的财政贴息，扩大支持农业生产的贴息贷款的范围，以对农业生产者提供新品种，提供化肥、农药、农用油、农业机械的方式进行补贴。

另外，还可以考虑使用“蓝箱”政策。WTO《农业协定》第6条第5款规定，对一些与限制生产计划相关的不计入各国AMS的“黄箱”补贴（即“蓝箱”措施）不进行减让，主要按固定面积或产量、按牲畜的固定头数提供的补贴，我国现在还没有此种财政补贴措施，可以考虑加以使用，以增强财政对农业的支持力度。

同时我国农业补贴的标准应随着国力的提高而不断增加，并考虑物价水平上涨的因素。

五、农业补贴的程序

目前在我国有关农业补贴的法律法规中，程序性规定严重匮乏，这种立法状况导致了以下后果：在农业补贴总量、补贴结构以及补贴具体标准的确定上，作为受补贴对象的农业生产者并无发言的机会；补贴程序的缺失造成有关部门的补贴工作缺乏透明性、公开性和公平性；违反了透明度规则，实践中也降低了农业补贴应发挥的功效。因此未来立法中应完善以下制度：

听证制度。政府在进行补贴前，应该听取农业生产者的陈述、申辩和质证，然后根据双方的质证、核实的材料作出农业补贴的相关决定，以保证农业生产者在补贴问题上的参与权利，使补贴程序法定化。

信赖保护制度。为了加强对农业的保护和支持，日本颁布了一系列法律，分别从不同角度规定了对农业生产经营及农业基础设施建设的扶持政策，从而保证了这些政策的稳定性和连续性。美国《农业法》十分明确地规定了各种农业支持政策的详细内容，为具体政策的执行提供了依据。同时也通过立法前讨论，对新的扶持和保护政策进行充分的论证。每次美国农业投入政策的调整，都是通过对《农业法》的修正来实现的。我国应借鉴美国和日本的做法，细化《农业法》，对各种农业投入政策进行明确的规定，确保各种农业扶持政策的实施，保证政策的连续性，减少政策的随意性。

信息公开制度。国家在进行农业补贴时，应当将农业补贴的范围、标准、对象及农业补贴的方式等涉及农业补贴相关事宜以公告或媒体等方式公开；而且针对目前财政支农资金分属不同职能部门的实际情况，建立不同部门之间的信息共享和联席会议制度，实现各种支农资金使用的协同性和一致性，最大化财政补贴资金的效率；减少对流通环节的补贴，直接向生产者进行补贴；保证财政资金投放的公开和公正，从而使补贴资金真正使农业生产者受益。①

参与制度。在补贴的相关事项公开后，应该给予一定的时间允许相关人员提出疑问，发表不同意见，相关人员可以就补贴事项与政府进行协商沟通，这样既可以促使行政机关对自己的决定作充分的考虑；另一方面也使相对人对行政决定的内容有充分的了解，以便于自觉履行，从而改善政府和农业生产者的关系，有利于补贴工作的顺利进行。

救济制度。在相对人对政府的补贴决定有异议时，法律应

① 李岩等："现阶段我国财政补贴支农方向"，《商业时代·学术评论》，2006年第10期。

该为其提供申请复议或者行政诉讼等途径以便其能获得相应的救济。有权利必有救济，有救济的权利才是真正的权利。农业补贴虽说是政府的授益性行为，但也有可能侵害相对人的权益，如应该享受补贴的农业生产者却因某种原因没拿到补贴等，因此对权益受到侵害的相对人应为其提供完善的救济途径。

除此之外，应该看到，目前我们国家还需要一个能有效整合农业生产者利益，并能为农业生产者争取应得利益的组织。农业生产者组织化程度是指农业生产者作为劳动者和集体经济主人的社会化组织水平，它反映了农业生产者的社会地位和政治权利。一般而言，在那些国内农业支持水平较高的国家和地区，农业生产者的组织化程度较高，一般都有自己的组织。如：美国农业生产者有农业生产者协会、农业生产者联盟和农场局；中国台湾地区农业生产者有农会；日本农业生产者有农协联盟等。这些农业生产者组织成功地将分散而弱小的农户组织了起来，势力庞大，在政治上有相当的影响力，他们在从事游说活动时成本相对较低，因而在争取国内农业支持方面发挥了重要作用。① 而目前中国正缺乏一个能有效整合农业生产者的利益、代表农业生产者利益并为农业生产者争取应得利益的组织。因此，我们也要培养一个这样的组织，使其参与到农业补贴过程中来。

六、农业补贴的实施主体和资金来源

美国政府始终对农业加以保护和扶持。近 30 年来，美国农业部的年度财政预算在整体联邦预算中，一直维持在 3%—6%。2000 年，美国农业部的预算为 711 亿美元，占整体联邦预算的 4%。巨额的低息贷款补贴和出口补贴价格补贴，虽加

① 詹晶、宁曼荣：“中国农业国内支持乏力及其政治经济学解释”，《经济与管理》，2005 年第 6 期。

重了政府预算压力，增加了消费者的支出，但也使美国粮食在国际市场上获得了强大的竞争优势。

目前我国财政对农业支出实行分块管理，有限的资金不能形成合力。农业基本建设投资主要由国家发改委系统单独管理或发改委与农业主管部门共同管理；农业科研费用主要由财政部和科学技术部与农业主管部门共同管理；支援农村生产支出、农林水气等部门事业费、农业综合开发资金由财政部或财政部与农业主管部门共同管理；农产品补贴由财政部或财政部与流通部门共同管理。应立法明确政府对农业补贴投入的财政体制划分，包括中央和地方各级政府对农业补贴投入的具体范围、领域、投入额度、投入预算的编制与执行。

至于补贴的资金来源，我们可以借鉴美国和欧盟的做法。2003 年 2 月 19 日，欧盟委员会简化了成员国对农业补贴的管理，建立农业保障基金，由共同体负担农业补贴的全部开支和费用，坚持农业补贴与公共利益、市场机制以及环境保护相结合的原则，实行与土地面积、农产品质量安全、环境保护和善待牲畜等挂钩的直接补贴方式。[①] 美国的农业信贷机构分为三类：联邦土地银行、联邦中介信贷银行和合作社银行。联邦土地银行主要发放长期抵押贷款，联邦中介信贷银行主要负责向 400 多家地方生产信贷协会提供信贷资金，合作社银行负责向 300 多家供销和服务合作社提供设备和生产贷款。这三类银行各有分工，使农业信贷工作有一个良好的架构。目前我国农业补贴的资金主要来源于政府的拨款，因此，应加大政府对农业补贴的投入力度，加快建立良好的信贷架构，以保证拥有充足的农业补贴资金。

---

① 《浅析 WTO 规则框架下的我国农业补贴法律制度建设》，http://www.ys133.cn/jzjs/lunwen/200506/1540.html。

七、农业补贴当事人的权利与义务

农业补贴的基本特征是政府对农业生产者收入的直接增加，实质是依靠增加农业生产者收入来刺激粮食等农产品产量的增加，保证粮食和食品安全。可见农业补贴是一项授益性的政府行为，农业补贴中政府履行的是义务和责任。

政府的职权和职责。在农业补贴中，政府的责任至少应当包括以下方面：①增加政府的资金投入。各级政府要加大对农业和农村投入的力度，完善和落实农业补贴政策、农产品价格政策、扶贫开发政策，以及旨在保护农业的“黄箱政策”和“绿箱政策”。②尽力向农村提供必需的公共产品和社会福利。要逐步把政府公共财政、公共产品、公共服务的覆盖面扩大到农村，加大对农村农业技术和信贷资金等方面的支持。③加快农业科技进步，改善农村的金融服务。当然政府也有相应的职权，如根据情况调整补贴的范围补贴的标准等。

农业生产者的权利和义务。补贴是农业生产者应享有的一项受益权，符合条件的农业生产者有享受补贴的权利。对补贴过程中的事项，农业生产者有参与决策权。当自己的权利受到损害时，农业生产者还有要求救济的权利。此外，农业生产者还有要求政府机关完善相关补贴制度的权利。

八、农业补贴的监督机制和法律责任

为使农业生产者收入直接补贴工作顺利进行，中央和地方应制定和健全相应的法规和制度来保障农业生产者直接收入补贴决策的正确性、公正性和科学性。审计和农业生产劳动者负担监督等机构要对补贴资金的到位状况进行及时监督和检查。财政部门要对补贴资金进行效益跟踪与评估管理，确保政策的高效。同时，要进一步加强农村基层民主建设，所有补贴资金都要实行公示制，接受群众的监督，以确保政策的公正性。对违反相关法律和政策的政府和人员要严厉的追究相关的责任（包括法律责任和行政责任）。

我国应尽快建立起完善的农业政策审议和监督机制。高效的政策审议机制是共同农业政策成功的主要原因之一。我国应通过农业政策评价体系，对全国及各地农业政策进行评价，不断修正政策中存在的不足，采取相应的措施监督政策的落实情况。

目前对农业补贴的有效监管不足，缺乏一套完善的法律法规来规范农业补贴。我国现行农业补贴政策缺乏有效的监管，在宏观上表现为国家缺乏对补贴资金到位状况的监督保障，国家财政对农业的补贴和投入有的不能及时到位或根本不能到位，有的被短期或长期移作他用，补贴资金流失严重；在微观上表现为财政缺乏对农业补贴立项预算、审核和效益跟踪管理。

当务之急，应通过农业补贴法律完善上述相关制度。对违反相应制度的行为人应当追究法律责任：①行政责任。农业补贴更多要求的是政府积极作为，对在农业补贴中没履行应有职责或者侵犯被补贴对象权益的，应当追究相应行政责任，对直接负责的主管人员和其他直接责任人员依法给予警告、记过、记大过的行政处分；经责令，仍不改正并造成严重后果的，依法给予降级、撤职、开除的行政处分。②刑事责任。对在农业补贴中违反刑法规定的，依照刑法的相关规定追究刑事责任。如对贪污挪用补贴资金的有关单位和个人，构成犯罪的，以刑法中的贪污挪用公款罪论处。③民事责任。农业补贴中的民事责任更多是侵权责任。对在农业补贴中侵犯他人民事权益的，应该依照我国《民法通则》及相关法律的规定追究民事责任。

九、农业补贴的应急反应机制

世界各国不断增加农业补贴，将产生诸多影响。①会对我国农产品生产和市场直接造成压力。如美国的小麦、玉米、大豆和棉花等农产品，由于得到巨额补贴，有可能挤占我国农产品主销区市场，从而损害我国农产品主产区的利益。②有可能引发其他发达国家竞相提高农业补贴和保护水平，世界农产品贸易战会因此而升级，恶化国际农产品贸易环境，对我国农产品进入美国等发达国家市场不利。③不利于建立 WTO 倡导的农产品公平贸易环境，直接影响我国农产品出口份额。

为应对美国等国家增加农业补贴所带来的复杂的国际农产品市场形势，有专家建议，我国农产品在没有补贴能力的前提下，①应通过 WTO 机制，要求相关国家将农业补贴政策回归到 WTO 规则框架。与此同时，应考虑建立一个应对国外农业高额补贴的应急机制，对那些受到补贴的国外农产品，实行进口限制政策，将发达国家农业补贴对我国的冲击控制在最低程度。②加快农业政策改革，加强农业支持措施，调整粮食等大宗农产品的补贴方向和结构，由目前补贴流通环节转向补贴生产环节。通过加大“绿箱”政策支持力度提高我国农业整体素质和国际竞争力。要重点建立一套有效的“黄箱”补贴机制，通过有效的价格、信贷政策措施，构建农业生产者收入安全网。③加快农村税费改革步伐，着力减轻农业生产者负担。就目前的国情看，这是对农业生产者最大、最直接的补贴。④在WTO 新一轮贸易谈判中，坚决要求发达国家削减甚至完全取消农业补贴，规范全球农业贸易秩序，建立公平竞争的国际农产品贸易环境。

中国作为 WTO 新成员，农产品的平均关税将降到 17%，而欧盟、日本分别是 22%、33%，美国是 12%，表明我国农产品市场开放水平已经非常高。我国作为农产品生产和消费大国，对全球市场举足轻重。因此，通过 WTO 新一轮农业谈判，限制发达国家的补贴、贸易壁垒等不公平的行为，建立一个公平的国际农产品贸易环境，对中国农业生产来说意义深远。

第四节

运用地理标志保护制度推进农产品品牌建设①

地理标志是指标示某商品来源于某地区，该商品的特定质量、信誉或者其他特征，主要由该地区的自然因素或者人文因素所决定的标志。1994 年 4 月 15 日签署的《与贸易有关的知识产权协议》将地理标志纳入了知识产权的范畴。根据我国加入 WTO 的有关承诺，为满足世界贸易组织 TRIPS 协议有关地理标志保护的要求，2001 年 10 月 27 日新修订的《中华人民共和国商标法》及 2002 年 9 月 15 日施行的《中华人民共和国商标法实施条例》对地理标志保护作了明确规定。运用地理标志保护制度推进农产品品牌建设，对优质、特色农产品实施地理标志保护，是充分利用国际规则的客观需要，也是合理利用与保存农业自然资源、人文资源和地理遗产的现实要求，更是新时期促进农业发展、扩大农产品出口、增加农民收入的有效手段；有利于培育地方主导产业，形成地域品牌，不仅可以提高农民进入市场的组织化程度和农业综合效益，而且可以提高农产品的附加值，从而有效增加农民的收入，促进农村经济的发展。做好农产品地理标志保护与商标注册工作，对于提高农产品质量安全水平，提高农产品在国内国际两个市场的竞争力，促进农村经济发展和农民增收具有重要意义。为此，应当进一步完善地理标志保护制度，促进农产品品牌建设。

① 本节内容选自农业部软科学课题”完善农业知识产权法律制度推进农产品品牌建设”（课题编号：200612），课题主持人：杨东霞。

一、地理标志在保护农业方面的独特作用

地理标志和商标在本质上都是识别性标志，都是通过将特定的产品与其他产品区别开来，从而让消费者认识和识别该产品的独特之处。但地理标志与商标具有很大区别，它在促进农业发展方面具有独特的作用。

（一）地理标志与商标的区别

虽然地理标志和商标存在联系和类似性，但从总体上来看有很大区别：

第一，商标是表明特定经营者的产品或服务，并将该产品或服务与其他经营者提供的产品或服务相区别的标志，它强调的是特定经营者提供的产品或服务，具有“身份”性质。地理标志是表明特定商品来源于某地区，该商品的特定质量、信誉或者其他特征，主要由该地区的自然因素或者人文因素所决定，强调的是特定商品的“产地”属性。

第二，商标和地理标志的构成要件不同。商标可以使用文字、图形、字母、数字、三维标志和颜色组合以及这些要素的组合，原则上只要是可视性标志都可以。地理标志一般都需要使用特定的地名，如“景德镇瓷器”、“库尔勒香梨”、“福建蜜柚”等，以将该产品与特定的地域相联系起来。商标中包含地名时，一般需要分析该地名是否属于对产品特定属性的描述，如果属于将构成描述性商标而不得获准注册。

第三，商标和地理标志还存在其他方面的区别，如商标可适用于商品和服务，而地理标志则只用于产品；地理标志没有时间的限制，而商标保护期限届满后需要进行续办等。但最本质的区别还是前两点，这种区别也决定了地理标志对于农产品具有独特的、不可替代的优势。

（二）地理标志在促进农业发展方面的独特作用

地理标志在增加农民收入、提升农产品竞争力、促进农村经济发展等方面具有独特而不可替代的作用：

1. 地理标志在增加农民收入中的独特作用

我国多数农户的生产规模小而且处于分散状态，缺乏自创品牌的资金和能力，往往只能在生产环节中为“龙头”公司提供原产料或者贴牌生产，从商标的巨大附加值中分得一小部分利益。而地理标志并不属于特定的“私人”所有，只要满足相应的条件，都可以申请使用地理标志。我国幅员辽阔、历史悠久，存在大批具有浓厚地域特色的农产品，这些产品在市场中享有良好的声誉。使用地理标志可以直接为农民创造出很高的经济价值，直接给广大农民带来明显的实惠。从国内外长期的实践来说，使用了地理标志的农产品价格比同类产品高20%到几倍。例如，新疆的“哈密大枣”注册为原产地名称之后，身价倍增，特级“哈密大枣”从过去每千克30多元上涨到130多元。随着产品价格的上涨，生产规模和销量往往也会跨越式发展。北京平谷鲜桃使用地理标志后，销售价格比其他产地销售价格高30%以上，占据中高档市场的50%以上，占全国出口量的40%，并成为华邦、汇源等国内果品加工厂家的原料基地，15万桃农人均年销售收入增长18%。

2. 地理标志在引导农业产业结构调整中的独特作用

地理标志提高了产品价格，必然提高农民种植的积极性，吸引资金完善加工、运输、仓储、销售等配套环节，形成规模生产，专业化经营。这又反过来进一步提高使用地理标志产品的市场竞争力，形成良性循环。山东省章丘市的大葱从1999年注册地理标志以来，平均价格每年以20%—30%的幅度增长。其生产单位也自发地从小农户向基地化过渡。枣园镇万新村率先把本村1200亩地作为标准化生产示范区，全村统一供种、统一施肥、统一收获，集中销售。其“富硒”大葱在北京、上海等各大市场每千克价格卖到5元以上，是普通大葱价格的2—3倍。基地化生产也给葱农带来了丰厚的回报。2003年该村大葱总产量达到500万千克，纯收入达到450万元，人均收入5000多元，占葱农人均收入的70%。章丘市的标准化生产示范区面积逐渐扩大，已达到5万多亩。大葱价格、质量和产量的提高，又促进了营销网络的完善。该市已有1500多销售专业户，形成多元化的营销网络，保证了葱农增产增收。

3. 地理标志在促进农业可持续性发展中的作用

地理标志不是一种纯粹的私权利，具有一定的公共利益属性，是通过祖祖辈辈辛勤劳动而遗留下来的瑰宝，是属于特定地域的共同财产。为了让这种共同财产不因个别人的滥用而毁损，现行法律要求地理标志的申请人必须具有实际的监督能力。地理标志的使用受制于外在的监督，通过对产品质量的严格控制和有力监督而保证了使用者不会粗制滥造、以次充好，保证了地理标志的长期效应。

同时，由于地理标志与特定地域文化相关，有助于形成特色农产品生产链，推动产业化的纵深发展，改善生态环境，带动旅游业和相关产业发展。

4. 地理标志在破解国际贸易壁垒、促进我国农产品国际贸易中的作用

我国已加入WTO，在履行国际条约规定的义务的同时，也享有这些国际条约所赋予的权利。在遵守Trips协定的规定给予各个成员以地理标志保护的同时，我国的农产品也有权在国外申请地理标志保护。因此我国农产品经营者应积极申请。如根据欧盟新的510/2006号条例，欧盟允许欧盟成员以外的国家的地理标志产品生产商就其名称直接向欧盟委员会申请注册。通过原产地名称和地理标志在欧盟申请注册获得保护，我国农产品品牌在欧盟获得认可，一方面获得高水平的保护，可

以使用相关标记和缩写[①]；另一方面有利于农产品贸易突破欧盟的贸易壁垒，促进农产品出口。

二、地理标志保护制度现状

我国现在的地理标志保护制度呈现多样化的特征，这种多样化既表现为提供保护的有《中华人民共和国商标法》、《中华人民共和国反不正当竞争法》、《中华人民共和国产品质量法》以及《中华人民共和国消费者权益保护法》等多个法律，又体现为各种保护的角度和层次不同，甚至交叉重叠。我国对地理标志的保护目前主要有以下方式：

（一）《中华人民共和国商标法》对地理标志的保护

现行《中华人民共和国商标法实施条例》第6条中，规定地理标志可以依照《中华人民共和国商标法》和本条例的规定，作为证明商标或者集体商标申请注册，建立了地理标志注册为证明商标或集体商标的制度，通过《中华人民共和国商标法》予以特殊保护的法律制度。

（二）地理标志产品保护

1999年原国家质量监督检验检疫总局发布了《原产地域产品保护规定》，这是我国第一部专门规定原产地域产品保护的规范。2005年6月国家质检总局废除该规章，依据《中华人民共和国产品质量法》、《中华人民共和国标准化法》以及《中华人民共和国进出口商品检验法》等法律制定颁布《地理标志产品保护规定》，明确由质检总局主管全国的地理标志产品保护工作。

① 可以使用“受保护的原产地名称”（“Protected Designation of Origin”，缩写为PDO）和“受保护的地理标志”（“Protected Geographical Indication”，缩写为“PGI”）。

（三）其他形式保护

我国对地理标志的保护还有其他形式，主要涉及《中华人民共和国反不正当竞争法》和《中华人民共和国产品质量法》。《中华人民共和国反不正当竞争法》规定，经营者不得“仿造产地，对商品质量作引人误解的虚假表示”，否则依法处理。《中华人民共和国产品质量法》对生产者、销售者“仿造产地”的行为可以进行处罚。但由于对地理标志保护较弱，实践中发挥功能较小。

（四）地理标志保护制度存在的主要问题

1. 地理标志保护制度自身存在冲突

我国实际上存在两个机构、两种方式对地理标志实施保护：其一是工商行政管理机关依据商标法律制度，将地理标志纳入到证明商标、集体商标体系之中进行保护，仿效的是美国模式；其二是国家质量监督检验检疫总局对地理标志产品实施保护，仿效的是法国模式。两种保护模式在实施中均暴露出一定的制度缺陷。

其一，2003 年工商总局颁布的《集体商标、证明商标注册和管理办法》，其中规定由注册人负责监督生产，由注册人或由注册人委托其他机构进行检测。我国各地生产者组织程度不平衡，有些还不够规范，而且注册人委托的检测机构良莠不齐，将生产的监督、检测和管理全部交给注册人在现阶段是不现实的。

其二，由国家质检总局实施的地理标志产品保护模式也存在问题，主要是保护依据效力层次过低，难以协调各部门的工作。

2. 两种保护存在冲突和空白

由于两个机构、两种方式对地理标志实施保护，客观上存在两个管理部门和管理权限的冲突。导致地理标志相关权利人之间的冲突：地理标志商标使用人和地理标志产品专用标志使用人可能并不统一，他们依据不同的法律规定所要求的不同法律程序申请获得同一个地理标志的相关权利，很可能导致存在相冲突的权利人和地理标志权利。造成地理标志相关权利人无所适从，给恶意注册带来可乘之机。

（五）各类侵权违法行为频频发生

目前，由于地理标志保护法律制度上的不完善及现有保护机制中存在的冲突，致使有关地理标志在实践中发挥的作用十分有限，甚至被不当注册，造成了一些特定地域无形资产的严重流失。主要包括以下几种情形：

1. 伪造、仿冒行为

由于我国的商标制度起步较晚，众多名优特产的存在、发展不是通过商标宣传起来的，而是靠长期的经营，连续的使用，使得它们赢得了良好的市场信誉，从而成为生产这些名优特产的企业的一项最重要的无形资产。基于地理标志巨大的市场潜力，许多不法之徒为了赚取高额利润而假冒他人的地理标志。假冒行为主要表现为地理标志外的商品生产经营者假冒地理标志，获取非法利益。比如青海、甘肃等省出的“哈密瓜”冒充久负盛名的新疆“哈密瓜”，导致哈密瓜市场泛滥，鱼龙混杂，真假难辨，令新疆“哈密瓜”的信誉一落千丈。假冒地理标志是一种严重的侵权行为，因为侵权人在盗用他人地理标志的声誉，获取不正当商业利益的同时，又往往因产品伪劣而毁掉他人地理标志的商业信誉，坑害广大消费者。

2. 不当注册行为

一是将地理标志登记注册为一般商标或当作一般商标使用的行为，使特定地域内集体享有的地理标志权益成为个别人专有的商标权。我国《商标法》只禁止将县级以上行政区划的名称和公众知晓的外国地名作为一般商标注册，为将地理标志作为一般商标注册留下空间，从而给侵犯地理标志者留了可乘之机。将地理标志注册为一般商标，既损害了原产地内商品生产经营者的合法权益，又会造成商品来源的混淆，损害消费者利益。一些著名地理标志被抢注为商标的现象时有发生，而一旦与国外企业发生知识产权纠纷，由于缺乏足够的地理标志保护意识和相关的法律知识，我国企业往往在诉讼中处于不利地位，丧失了市场机会。

二是将地理标志用作商品通用名称的行为。一些信誉卓著的地理标志因长期疏于保护，逐渐淡化而沦为商品的通用名称，如云南大理石、绍兴酒等。地理标志具有一定的独占性，如果将地理标志当作商品通用名称来使用，会淡化地理标志的原有功能，成为该种商品的一种代名词。将地理标志或与此相近似的标志当作商品装潢使用，也会淡化地理标志的功能。

3. 虚假表示或宣传行为

一些无权使用地理标志的商品生产者或经营者，利用部分消费者对地理标志所标示商品的偏爱，在商品的产地、来源、出处上大做文章，突出表现是：在自己的商品上对产地、来源、出处作引人误解的虚假表示，有的在商品产地的标示上该写大点儿的字故意写小，该写小点儿的字故意写大，以达到其误导消费者的目的。还有的使用与商品真正来源不同的地理标志标示商品，如“香槟型葡萄酒”、“德州式扒鸡”等。在各种各样的广告中对地理标志作上述误导性的宣传也属地理标志侵权行为。

因此，选择适合的、统一的保护地理标志的法律制度，充分发挥相关行政部门的功能，是我国农业知识产权保护工作的当务之急。

三、完善我国农产品地理标志保护制度的对策建议

我国现行法律对地理标志的保护模式主要是商标法和地理标志产品保护。总体上对地理标志的保护比较笼统，保护水平还比较低，不利于我国地理标志产品的保护。我们应理顺国内

有关地理标志保护立法，借鉴国外的成功经验，完善我国地理标志保护制度，建立适合我国国情、农情的地理标志法律保护体系。

（一）完善农产品地理标志保护法律制度

我国在地理标志保护的立法和司法实践上应借鉴上述各国的保护模式和体系的长处，形成自己的立法体系、保护方式和保护手段。鉴于我国地理标志需要保护的范围较广、地理标志保护的重要性及用我国现行《商标法》对地理标志保护存在的问题，有必要进一步修订完善相关法律，构筑统一、协调的农产品地理标志保护法律体系，使地理标志管理与保护工作有法可依、有章可循，为地理标志保护营造一个良好的法律环境。

地理标志正在成为一项独立的知识产权，各国对地理标志的保护呈多样化趋势。从长远看，应制定单行法律乃根本解决的途径，彻底改变我国目前地理标志保护力度较弱、政出多门、无所适从的情形。鉴于地理标志产品多为农产品，建议在该法中明确农业部门的地位、作用。农业部门应当对于地理标志农产品的申报、监管等方面起到主导作用。

（二）建立地理标志的分类审查制度

地理标志有两个构成要件：一是指示商品来源于某地区；二是该商品的特定质量、信誉或者其他特征，主要由该地区的自然因素或者人文因素所决定。但立法仍需进一步明确地理因素、人文因素具体指什么？商品知名度的大小是否为构成地理标志的一个必要因素？

在确定地理标志构成要素时，世界知识产权组织《保护原产地名称及其国际注册里斯本协定》（以下简称《里斯本协定》）的具体规定很有借鉴意义。《里斯本协定》中的原产地（地理标志）由三个要素构成：①该标志必须是国家、地区或者地点的地理名称。②原产地必须用于指示原产地国家、地区或者地点的产品。③产品与地理区域之间存在着质量上的联系，即“质量和特性”必须完全或者主要产于该地理环境。我国修订后的《商标法》中并未明确人文因素的具体内容，对于“质量联系”的规定也比较笼统，建议比照国际惯例，结合我国的实际情况作出明确、具体的规定。

我们认为，可考虑在我国建立地理标志产品的分类审查制度，由农业部门对农产品地理标志的使用地域范围、产品质量要求、原材料品质和生产工艺等予以行政程序的审查与确认。另外，根据 WTO 的要求，我国可借鉴法国的经验，考虑除依行政程序确认地理标志外，并设立依司法程序确认地理标志的制度。如对驰名商标的认定程序，人民法院应有权确定产品质量、特征，划定地理标志所用地域范围及作出驳回异议或禁止使用的判决等。

（三）强化对地理标志农产品监督管理

地理标志产品保护的专业性很强，它不只是一个注册和审查问题，还是一种特殊的生产组织方式，对生产、经营的监督和管理是极为重要的方面。而地理标志产品大多是农产品，应该充分发挥农业部门的力量。在微观层面，还应积极培育、壮大行业协会、农技推广机构和生产者组织等社会团体的力量。

根据美国的经验，政府对集体商标、证明商标的注册申请人提出的质量标准并不予调查核实，原因之一是社会各方普遍遵守诚实信用原则，原因之二是确信那些从维护精度和高标准中获得巨大利益的竞争者和消费者会促使集体商标、证明商标所有人保证质量。而在我国，在社会诚信观念与机制欠缺的国情下，依靠集体商标、证明商标注册申请人进行自我约束而不予以统一的行政审查显然是令人担忧的。目前地理标志产品质量滑坡，与监管不力有很大关系。某项产品的信誉是建立在商品特定质量和特色基础上的，使用地理标志的商品不仅应符合其地域条件，更应符合传统特色和质量要求。因此，对使用地理标志的商品应严格监督，使其质量和特点符合传统的要求。任何地方申报地理标志产品保护，必须依照规定经审核批准；任何单位或个人使用地理标志产品专用标志，必须依照该规定经注册登记。同时，国家有关的管理机关还要对地理标志产品的通用技术要求、专用标志以及其质量、特征等方面的要求制定强制性国家标准和地方标准。任何特定区域内的生产者，只要他确定自己的产品符合该标准的要求，都可本着自愿原则，申请加入地理标志产品保护体系。

在此，我们认为，应当充分发挥农业行政主管部门的优势，由农业部门主导、质检部门辅助，加大质量监督力度，进一步完善质量监督制度，对质量不合格、滥用或冒用地理标志的生产经营者给予严惩，以保护消费者和地理标志使用人的合法权益。

第五章 农业行政执法

第一节 创新农业行政执法体制机制[①]

自1993年我国颁布实施《农业法》以来，农业执法保障农业农村经济健康发展的功能日益凸显，在推进解决“三农”问题的实践中发挥着巨大作用。2008年，农业部下发《关于全面加强农业执法扎实推进综合执法的意见》，标志着我国农业执法进入了制度化、规范化轨道。各地区和相关部门积极探索、大胆实践，摸索形成了一些可资借鉴的执法模式，有效推

① 本节内容选自农业部软科学课题“创新农业执法体制机制问题研究”（课题编号：Z200903），课题主持人：黄深政。

动了新阶段农业执法工作健康发展。但是，由于历史沉淀和制度安排等原因，农业行政执法仍存在体制不顺、机制不活等问题，深化农业执法体制机制改革尤为迫切。

一、农业执法面临的困境与体制机制缺失

随着依法行政、构建法治政府进程加快，农业执法工作得到重视和加强。特别是近几年，农业综合执法体制改革迈出重大步伐，基本形成了县为重点、上下贯通的执法体系，已经并逐渐成为推进新阶段农村改革发展的"生力军"。但是，从体系结构、职能配置、综合能力、保障手段等方面看，与全面履行法定职能的要求不相适应，与农业农村快速发展的现实需求不相协调。当前面临的困境，主要有四个方面。

（一）整合不够，力量分散

重庆调研资料表明，近几年按照国家推行综合执法体制改革的要求，区县基本上成立了农业综合执法机构，但是，并未"综合"法律法规授权执法职能，不少地方仍是渔政、动物卫生监督、植物检疫、农机监理机构与之并行存在；绝大部分区县都是按照"一事一法一机构"的模式设立执法机构，"一法一站只几人"的现象较为突出。以重庆为例，51 个农业综合执法机构共有在岗人员 506 人，平均每个机构不足 10 人；40 个植物检疫机构共有 378 人，平均每个机构不足 10 人；43 个动物卫生监督机构共有 764 人，平均每个机构不足 18 人；38 个渔政监督机构共有 321 人，平均每个机构不足 9 人；40 个农机监理机构共有 291 人，平均每个机构不足 8 人。客观上，区县农业执法仍存在分头作为、多线作战的情况，农业执法工作的体制性障碍尚未消除。究其原因：①制度设计有缺陷。一方面，有的法律法规在授权农业行政主管部门执法权的同时，又将执法权授予其他机构，导致不同的执法主体具有相同的执法职能。另一方面，在倡导"大综合"模式的同时，又强调

授权执法机构的独立性，农业综合执法机构综合执法职能面临法律障碍。②机构设置不合理。地方农业部门在机构设置时，往往更多地注重与上级对口，事实上形成了“蜂窝煤”结构。特别是许多地方将植物检疫机构设在农技推广机构内，执法主体地位不突出。③职能配置不科学。有的地方的渔政渔港监督、植物检疫机构在拥有执法职能的同时，还承担农业技术推广职能。

（二）保障不够，投入有限

调研资料表明，有的农业行政执法经费未纳入财政预算，“缺钱养兵，无钱打仗”的现象较为普遍，执法检查、抽样检验、罚没物资销毁等所需经费负担繁重，难以落实，往往是执法活动搞得越多的地方，经费也越紧张，增加了执法工作的难度，影响了主动办案的积极性。以重庆为例，区县每个执法机构年均工作经费仅2.95万元、人均仅3430元，缺口在50%以上达28个，86%的区县执法机构须靠罚没返还才能保证正常运转。究其原因：①财政保障不力。法律法规虽明确地方政府应将农业执法经费纳入同级财政预算，但对投入多少却没有具体规定，导致各地在投入经费保障方面差异很大，特别是欠发达地区财力有限，无力保障农业执法正常开展的所需经费。②缺少项目支撑。长期以来，国家和地方对农业投入重点在产业体系的支持，而对包括农业执法在内的保护体系支持不够，针对农业执法的项目少，投入支持十分有限。

（三）约束不够，监督乏力

调研资料表明，一些地方农业执法行为规范不够，表现在行政执法行为随意性太大，行政处罚不受监督，执法行为不受制约，执法人员在执法中主观武断，乱罚款、乱收费等不规范行为仍然存在，甚至个别地方的执法机构还变相为违法行为充当“保护伞”。究其原因：①自由裁量权行使缺乏完整的制度规范；②举报投诉及社会监督缺乏具体的激励措施；③预警防范机制尚未建立。

（四）协调不够，各行其是

调研资料表明，无论是农业系统内部还是外部，信息传递不及时，资源共享程度低。在系统内部，检验检测机构与执法机构联系不够紧密，例行检测与执法抽检“两张皮”，对行为约束力度不够，导致检测结果传递不及时、利用率低、时效性差；不少地方综合执法机构与授权执法组织交流不够、往来少，分头出击，联合行动少，难以形成合力。与系统外部，执法环节未能有效衔接，一些部门见利益就上、遇责任就推，部门之间联动不够，导致有些违法行为长期得不到有效查处。究其原因：①系统内部尚未建立相应的配合联动机制，尤其是检验检测与执法机构之间，缺少必要的法律约束和信息共享制度规范；②系统外部尚未完善相应的联动机制，离各环节之间实现“无缝”监管差距太大。

二、现阶段创新农业执法体制机制的主要内容

农业执法中存在的种种问题，既有历史沉淀客观原因，也有认识不到位、措施不力等主观因素，但归根结底，主要是执法体制机制尚不健全，缺乏相应的“刚性”约束，致使体制改革不到位、不彻底，机制创新不活、不力，需要及时总结和提炼各地区的成功做法和鲜活经验，并上升和凝固为新阶段农村执法工作共同遵循的行为规范。

（一）农业行政执法体制创新方面

1. 关于机构设置问题

一是明确机构性质。综合执法机构应经同级机构编制部门批准设置，为行政执法类全额拨款事业单位；符合参照公务员法管理条件的，纳入审核审批管理范围。

二是规范机构名称。省级农业综合执法机构名称可以统一为“××省（自治区、市）农业行政执法总队”，地市级为“××市农业行政执法支队”，县级为“××县农业行政执法大队”，归口同级农业行政主管部门管理。

三是合理设置机构。目前，从中央到地方都在推进部门机构改革，地方各级农业部门应以“大部门”体制改革为契机，将农业行政执法体系建设放到农业系统体制改革的整个大局来谋划，结合实际探索创新农业综合执法模式，不搞“一刀切”。县级农业综合执法机构，可与法律法规授权机构统一调度管理，联合开展执法行动，分别实施行政处罚；也可与农业行政主管部门法制工作机构实行“两块牌子、一套班子”，还应鼓励探索实行与法律法规授权组织“几块牌子、一套班子”的模式，从体制上避免多头执法、多头管理。

2. 关于职能配置问题

我国法律和有关文件虽然对实行综合执法有明确规定，但对综合执法机构职能定位等关键性问题尚无明确“说法”，造成综合执法职能行使差异性大。对此要努力做到：

一是集中执法职能。综合的职能主要是行政处罚权，除法律法规授权的行政处罚职能仍由授权的执法机构承担外，凡法律法规和规章明确以农业行政主管部门为执法主体的执法监督检查和行政处罚权，均由农业综合执法机构统一行使。农业综合执法机构集中行使行政处罚权后，有关机构不再行使行政处罚权。

二是明确执法权责。根据行政权限和工作性质，合理确定上下级执法机构职能，理顺上级执法机构与下级执法机构的案件管辖权限。综合执法总队、支队按权限执行大案、要案和跨区域及法律法规授权省市级农业行政主管部门管辖案件的立案调查，并负责指导、协调县级农业综合执法机构案件办理工作。县级农业综合执法机构主要负责本辖区内的农业违法行为的查处工作。对应当由县级农业执法机构立案查处的案件，县级农业执法机构未予及时查处的，上级法制工作机构可责令其查处，或指派上级执法机构直接查处。

三是拓展工作领域。在切实履行执法职能的同时，将服务工作前移，担负法律法规宣传员，结合执法工作的开展，进村入户宣传与农民群众密切相关的法律法规。主动调解农资纠纷，化解社会矛盾，维护社会稳定。

3. 关于人员编制问题

本着精干高效的原则，按辖区规模大小、农业人口多少、农业经济发展状况确定编制。人员选用，主要从现有公务员中调配或从系统内全额拨款事业单位中通过考试、考核，择优产生。已审批纳入参照公务员法管理的农业综合执法机构，其人员经批准参照公务员法管理。对不符合参照公务员管理条件或不能胜任与不宜从事农业行政执法的人员，要及时进行调整。

4. 关于保障体制问题

贯彻落实《国务院关于加强市县政府依法行政的决定》，坚持行政权力与部门利益彻底脱钩的原则。完善行政执法经费保障机制，将农业综合执法机构所需经费足额纳入同级财政预算，确保执法人员“吃皇粮”、“办公差”。省级财政应将农业行政执法机构所需的日常执法经费和购置交通工具、检测检验设备、取证设施、案件补贴等能力建设经费纳入预算。市县级也要加大财政投入，安排相应经费，按照规范化建设的要求，保证执法机构正常运转和有相应的办公场所、交通工具以及调查取证、快速检测、档案信息处理设备等。农业执法的罚款、没收违法所得或没收非财物拍卖的款项，全部缴入国库，纳入财政预算管理。

（二）农业行政执法机制创新方面

1. 联动执法机制

从农业执法实践看，这种机制可以通过三种方式确立：①执法部门间联合建立一些制度把某种工作机制建立起来，如联席会议制度、联合抽检制度、联防工作制度等；②以某一工作惯例来确立这种机制。如农资打假专项执法行动，多年以来坚持农业、工商、质监、公安等多个部门联合执法，对涉及的违法行为按照部门职能分工各司其职，分别查处；③通过各部门间的领导协调来确立某种工作机制，如召开部门协调会，组织部门间联合执法行动等。通过建立这种机制，可以营造执法声势、增强执法效果，同时还可以避免重复检查、执法扰民，减轻管理相对人的负担。

2. 协调配合机制

通过建立不同层级、不同部门间的信息共享和执法协作机制，定期或不定期会商农业执法工作，及时沟通信息。加强检验检测与案件查处的衔接，抽检机构在"第一时间"将检测结果告知法制工作机构，由法制工作机构根据管辖原则，指派执法机构收集固定证据后，再告知受检对象。同时，探索建立执法机构与检测机构例行检测、执法抽检同步并轨运行的机制，分别制作现场检查笔录、抽样单等固定证据的材料，同一行为分工协作，同一结果共同利用。在坚持属地管辖原则的前提下，对大案、要案、跨区域案件要加强部门间、县际间协作和联动，及时交流执法信息，通报执法案件查处情况，提高执法效果和效率。

3. 片区协查机制

按照地域分布，探索建立区域间的农业执法协查机制，定期召开成员单位联席会议，通报重大案源动向，同时不定期组织开展执法交叉检查。以农业信息网站为平台，发布案源、协查内容等信息，构建区域间高效互动的执法网络，实现各地查处案件信息、移送案件信息、协调查处违法案件信息、督办信息和协助配合工作的进展情况等信息共享。

4. 执法补贴机制

以县级执法机构为对象，由中央和省级财政设立专项，建立案件办理补贴制度，根据案件办理的数量和质量，确定一定的标准，经评查后给予现金补贴；建立罚没物资销毁补贴制度，根据罚没物资的数量，按照一定的标准给予现金补助。

5. 查审分离机制

建立农业法制工作机构与执法机构既相互联系、又相互约束的工作机制。农业综合执法机构负责违法案件的调查取证工作，法制工作机构负责案件定性、证据的合法性审查，并提出最终处罚决定建议。

6. 纠纷调处机制

建立健全矛盾纠纷定期排查制度。加强对重点季节、重点区域、重点农资、重点生产经营单位常年发生的纠纷事件的研究，坚持“抓早、抓小、抓苗头”原则，积极开展纠纷排查工作。对排查出来的各类纠纷，要落实专人负责，认真研究，及时妥善处置，努力把矛盾纠纷化解在萌芽状态。建立健全纠纷调处受理办理制度。利用“12316”举报投诉平台，广泛收集社情民意、反映群众诉求、本着“方便群众，规范办事”的原则，制定纠纷调处操作规程。完善纠纷的受理方式、调查取证、证据分析、主持调解、提出方案、达成协议、制作调解书等调解步骤，细化调解工作流程，规范调解行为。

7. 执法监督机制

农业法制工作机构制定年度执法监督检查计划，定期或不定期开展执法检查。建立执法机构履职报告制度，农业行政主管部门定期听取行政执法机构工作述职，抽查履职情况，对不履行法定职责、越权执法、滥用职权、违反法定程序等行为，按规定及时纠正并依法严肃处理。开展农业行政处罚案件评查活动，定期对执法机构办理的案卷进行评议。执法机构要向社会公开行政执法的“主体名称、执法依据、执法职责、执法人员、联系方式”五大要素和执法权限、执法程序、办案结果，并告知行政相对人依法享有的权利，自觉地把行政执法活动置于群众监督之下。探索建立案源奖励机制，对群众举报经查证属实的给予适当奖励。

8. 预警防范机制

围绕种子、农药等易发重大安全隐患，制订应急预案，建立快速处理机制，提高应急处理能力。建立诚信评价制度，对合法生产、诚信经营的农资企业予以信用等级评价，对违法生产经营的农资企业，按照其违法性质严重程度、违法行为频繁程度、违法后果影响程度进行综合评价，纳入“黑名单”并公开曝光。定期筛选确定并公开披露影响范围较广、危害程度较重的典型违法案件，开展警示教育。

三、推动农业执法体制机制创新的思考与建议

推动农业执法体制机制创新，需要理论研究与实践探索相结合。农业部门应充分利用此次农业综合执法体制改革的重大机遇，推进农业执法体制机制创新实践，为新阶段农业综合执法体制改革赋予新的活力。基于此，我们建议：

全面落实农业部《关于全面加强农业执法扎实推进综合执法的意见》。地方各级农业部门应把贯彻落实好该《意见》作为当前及今后一个时期的重大任务，制定完善本地区、本部门推进农业综合执法规范化建设的年度目标计划，细化工作方案，明确具体措施。同时，还应由上而下建立工作督察制度，上级农业部门要加大对各地贯彻落实情况的督促检查，确保各项措施落到实处。

加强农业执法体制机制创新专项研究。继续加强农业执法特别是综合执法的调查研究，针对农业执法体制不适应、运行机制不顺畅、保障机制不健全等争议较多的问题，设立国家级课题，委托地方农业部门开展专项调研，让执法队员“带着议题干工作，结合实际找对策”。开展农业法律法规后续评估，通过“回头看”，提出修改完善建议，有效解决制度设计的缺陷与“空白”。

开展农业执法机制体制创新实践试点。把农业执法体制机制建设作为农业部门的一项重要基础工作来抓。加大农业综合

执法体系建设和机制创新的扶持力度，制定具体的目标和计划，设立专项，以省（市区）为单位开展试点，帮助基层配备执法车、取证设备、快速检测等必备“要件”，鼓励基层推进执法机制创新，不断提高执法能力和水平。

加快推进农业执法制度建设。总结地方农业部门开展执法体制机制改革的创新经验，对认识一致、经实践检验成功的做法和方式以文件形式总结推广，对已经成熟的改革创新政策、制度上升为法规制度，为加快推进农业执法制度建设提供可靠的政策支持和制度保障。

第二节

农业行政执法的规范化建设①

一、农业行政执法规范化建设内容

（一）执法机构规范

执法机构规范，是指执法机构设置的合法性。根据《农业法》第 87 条第三款规定，县级以上地方人民政府农业行政主管部门应当在其职责范围内健全行政执法队伍，实行综合执法，提高执法效率和水平。近几年来，全国各级人民政府的农业行政主管部门按照精简、统一、效能的原则，清理整顿，调整归并了行政执法机构，明确了其性质、地位和职能，但是行政执法机构尚不规范。统计情况表明，全国已成立的 1623 个综合执法机构中，有 1234 个机构经编制部门批准，占 76%；

① 本节内容选自农业部软科学课题“农业综合执法规范化建设问题研究”（课题编号：200530），课题主持人：李志纯。

有1033个机构性质为全额拨款事业单位，占64%；有399个机构为行政单位，占25%；有105个机构为自收自支事业单位，占6%；有86个机构为差额拨款事业单位，占5%。因此，规范行政执法机构是农业法制规范化建设的紧迫任务。

1. 机构性质的规范

根据我国《行政处罚法》的规定，行政处罚由行政机关在其职权范围内实施。具有管理公共事务职能的组织，只能受法律法规授权，才能实施行政处罚。依法委托执法的组织，只能以委托单位的身份实施行政处罚。目前除有25%的综合执法机构是行政编制机构，不需法律授权外，其余75%的机构需进行规范。或修改《农业法》将行政处罚权授权给综合执法机构，或将行政执法机构列入行政机构，作为各级农业行政部门的内设机构，代表农业行政部门实施行政处罚，并根据《国家公务员法》关于公务员的分类标准，将农业执法机构人员列入公务员序列进行管理。

2. 机构编制的规范

目前编制核定随意性较大。就我国而言，在岗的农业综合执法人员1.87万人，平均每个机构11.52人。据调查，省一级执法总队人员编制，最多的省份有浙江定编26人（与法规处分设），最少的省份是江苏8人（与法规处合署）。就湖南而言，全省现有综合执法机构123个，共有编制1226人，平均每个机构9.9人，县级最多的为20人，最少的为6人。全省尚无统一的核定标准和依据。我们认为，农业执法编制应当重视基层，科学核定，动态管理。根据试点工作经验，我们认为，编制核定的依据应包括：①根据承担的执法任务确定。按照现行农业法律法规的规定，各级农业行政部门承担的执法任务有四项：农业资源与环境保护；农产品质量安全监管；农业生产资料监管；农业知识产权保护。每一项执法任务至少配备2名执法人员，且以此为基础，考虑其他因素适当增加。②根据所辖行政区域大小来确定，每1—2个乡配备一名执法人员。

③根据综合执法的内容来确定。实行农牧机综合的可以适当增加编制，农牧机分设的分别确定编制。④根据管理相对的人多少来确定。如对于农资集中产区或销区，生产经营户较多，可以适当增加编制。总之，编制问题不能一概而论，应当从当地实际情况出发，以适应执法监管要求为前提。据调查测算，湖南省县一级实行农牧机合署后，执法编制一般可以确定为25—30 人，农牧机分散的，农业 15—20 人，畜牧 10—15 人，农机 5—10 人，重点区域适当增加编制。省一级农牧机合署，确定为 18—20 人。市州一级确定为 5—10 人。

3. 机构名称、级别及组织形式

根据《行政处罚法》的规定和《国家公务员法》关于政府职能类别划分，农业执法机构的名称如前所述，应统一为××省（市、自治区）或××市（地）或××县（市）区农业行政执法总队或支队或大队。为便于综合协调，提高执法权威，加大执法力度，建议农业执法机构高半级配置。省为副厅级、市地为副处级、县（市）为副科级。机构组织形式，实行法制机构与执法机构合署办公，内部明确分工。理由是：①根据我国《宪法》规定，各级人民政府及有关部门是法律实施的部门。集普法、执法、法制内部监督为一体。其监督职能属层级监督，在一个厅局内不同机构分工与在同一机构确定不同人员负责，不会影响本级执法的公正性。②根据《中华人民共和国监察法》规定，各级监察机构负责法律法规的监督实施。在同一厅局内不必单独设法制监督机构，否则与监察机构是重复设置。因此，法制机构与执法机构合署不存在法律上或体制上的障碍，相应有利于精简机构，体现精简、效能、统一的原则。

（二）执法内容及职责划分规范

1. 行政处罚权职能

按照国务院文件中关于相对集中处罚权的规定和农业执法的现状，为加大执法力度，形成执法合力，稳定农业综合执法机构，避免执法多头、执法扰民、执法分散的问题发生，坚持相对集中处罚权，凡是法律法规明确由农业行政部门行使的并以农业厅（局）名义作出行政处罚决定的职能（除法律、法规直接授权的外），由综合执法机构统一对外实施。法律法规授予的行政处罚权，在尚未修改法律法规之前，可纳入综合执法范畴统一管理，统一实施，由被授权机构下达行政处罚决定书，并尽快修改法律法规，全部纳入农业综合执法范畴。各有关专业管理机构协助做好行政处罚有关工作：①接受执法机构委托，从事检验检测、技术鉴定等取证工作。②负责市场日常管理工作。包括：产品标志规范、生产经营档案管理、生产经营单位和个人的技术培训等。③接受各级农业行政部门委托配合实施农资产品市场监督抽查工作。④检验检测机构接受农业执法单位及其专业管理单位的委托实施检验检测。

2. 行政许可职能

根据《中华人民共和国行政许可法》的有关规定，考虑目前机构设置的实际，建议采取集中与分散结合的方式处理行政许可事项。各级农业行政部门建立“一个窗口”对外，统一受理送达行政许可事项。各有关专业管理单位应认真履行如下职能：①对行政许可受理的实质性审查；②对品种审定、肥料登记、农药登记等行政许可项目的实施；③对行政许可事项决定的草拟、送审等工作；④协助做好行政许可事项公示、送达等工作。

3. 行政复议、诉讼职能

根据《中华人民共和国行政复议法》第三条“行政复议由行政复议机关负责法制工作的机构具体办理行政复议事项”的规定，凡是对下级农业行政部门行政处罚、行政许可、行政处理不服的案件，统一由各级农业部门的法制工作机构组织复议。当事人要求听证的案件，由各级农业部门法制工作机构组织听证；以农业厅（局）为被告的案件，由所属法制工作机构代理应诉。有关专业管理机构具体履行如下职能：①协助做好有关举证工作；②作好有关技术鉴定、检验检测等工作；③提供有关技术资料；④协助做好复议决定书、听证报告书、答辩状的起草等工作。

4. 行政监督职能

根据《中华人民共和国监察法》的规定，执法监督统一由同级农业部门的监察室组织实施，各级农业部门法制工作机构负责法制管理工作。包括：农业行政执法队伍的管理、制度建设、行为规范、层级监督等工作。有关专业管理机构做好有关工作：①参与执法监督检查；②指导下级农业执法机构，依法开展执法工作；③协助做好行政监督案件的技术鉴定、勘检、检验检测等工作，提供有关技术证明资料。

（三）执法队伍规范

执法队伍规范是指农业行政执法人员录用标准符合农业行政执法特点的要求。农业行政执法与其他行政执法有差异，最显著的特点在于执法人员既要有一定的技术知识又需要一定的法律知识，这两者必须要结合起来，是一种复合型人才。据农业部调查统计：2004 年全国现有的农业行政执法人员中，本科以上学历 4467 人，占 24%，大专学历 7975 人，占 43%，中专及职专以下 9%；法律专业毕业的 794 人，仅占执法人员总数的 4%。改变这一状况，就必须深化行政管理体制改革，建立科学的人才管理机制，适当增加专业技术人员的比例，强化政治教育和法律知识及执法技巧的培训，建设廉洁公正、作风优良、业务精通、素质过硬的行政执法队伍。根据各地经验，农业执法人员应当具备如下条件：①县有法律大专以上学历或农学本科、法学函授大专学历；②懂得农业管理及相关专业知识；③作风朴实，深入执法，规范执法；④行为规范，严格执法，文明执法。

（四）执法行为规范

执法行为规范是指执法人员应当遵守的行为准则。它主要包括：①模范遵守法律、法规确定的全社会都要遵循的活动规范、行为准则；②工作认真负责，严格执法，热情服务；③严格遵守执法程序；④讲究行政效率。

要确保执法行为的规范性：①必须加强执法人员的思想教育，促使执法人员树立执法为公和执政为民的思想，树立文明执法形象，防止以权谋私的执法违法行为；②加强业务培训，确保执法人员正确执法，善于执法，减少执法中的过失违法行为；③严格执法程序。确保行政执法决定主体合法、事实清楚、证据充分、适用法律法规正确、内容合理、符合法定程序，既要防止不执法，又要防止乱执法；④要讲究行政效率，合理配置行政执法资源，包括人才、财力、基础设施、信息服务等资源，努力降低行政执法成本，提高行政执法效率。

（五）执法投入规范

目前，执法投入不规范，无保证，执法手段落后。据农业部 2004 年调查统计，已成立的机构中，执法经费全部纳入财政预算的占 18%，部分纳入财政预算的占 27%，完全未纳入财政预算的占 55%。执法专用车有 852 台，平均一个机构 0.5 台；摄像机共有 426 台，平均 4 个机构 1 台；照相机共有 862 台，平均一个机构 0.5 台；电脑 1446 台，平均一个机构不足 1 台。特别是许多执法机构要靠执法罚没收入弥补执法经费的不足。湖南省 123 个执法机构中，全部解决经费的 18 个，占 14.6%，部分解决经费的 54 个，占 43.9%，无经费的 51 个，占 41.5%。这一状况的存在，对执法不公、执法腐败、执法渎职等行为的产生起了推波助澜的作用。为此，规范农业执法投入成为农业法制建设的当务之急。因此，要努力做到：①根据我国《行政处罚法》、《行政许可法》、《行政复议法》要求，将执法工作经费列入财政预算，并增列农业执法体系建设专项。主要用于执法装备的添置、执法设施的改善、执法人员的培训、执法信息体系的建设等。②严格实行收支两条线管理。根据我国《行政处罚法》规定，罚没款一律上交国库，不得以任何形式返回。执法经费由财政拨给。根据我国《行政许可法》规定，没有法律、行政法规依据，行政许可不得收费，所需经费由同级财政解决。③加强对执法经费使用的监督、管理，做到专款专用，提高使用效率。

（六）执法制度规范

执法制度规范是指规范行政执法行为，严格依法行政，保障行政执法行为合法性以及防止行政不作为或乱作为而建立和完善的行政执法管理制度体系。主要包括以下七个方面：①行政执法责任制度。认真清理界定执法职权，分解执法能权，落实执法责任。②执法人员管理制度。包括录用考试、培训上岗制度；学习考核制度，末位淘汰制和轮岗制度。③执法行为规范制度。建立和完善持证上岗、亮证执法制度、立案审批制度、处罚决定与收缴分离及回避制度、重大农业行政处罚告知听证制度、重大农业行政处罚及行政强制执行集体讨论决定制度、重大复杂案件备案制度，严格按照《农业行政执法案卷评查标准》，建立和完善案件材料组卷归档制度。④责任追究制度。推行行政执法过错责任追究及奖励制度。⑤执法监督制度。自觉接受权力机关、政府法制部门、社会舆论以及本部门监察机构的监督，建立和完善申诉、举报、控告以及农业行政执法公开、公示制度。⑥执法协作制度。建立和完善农业行政执法相互协作制度、联合办案制度等。⑦信息反馈制度。建立重大案件上报公告制度，执法信息呈报、共享制度等。建立农业执法信息网。总之，执法工作要靠制度来运行，责任要靠制度来落实，规范的农业行政执法制度是保证农业行政执法合法、高效运行的重要手段。

（七）执法机制规范

行政执法机制规范是指与社会主义市场经济体制相适应的

权威、统一、精简、效能的行政执法体系标准。多年来，由于多方原因，农业行政执法工作不同程度地存在多层执法、多头执法、执法扰民、重权轻责、以权谋私等问题，影响了行政执法的公正性和统一性，干扰了正常的公共秩序和市场经济秩序，并导致了不正之风和腐败行为的发生。加强农业行政执法机制规范化建设，必须全面改革和创新行政执法体制：①要进一步转变农业部门与行政执法机构的职能和管理方式。明确界定农业技术推广、农资经营服务、农业行政执法职能，实现行政管理与监督处罚职能相对分开，监督处罚职能与技术检验职能相对分开，执法监察职能与行政执法职能相对分开。②要严格按照国务院推进综合执法的要求，调整合并行政执法机构，相对集中行政处罚权上。③理顺农业行政执法经费财政投入渠道，突出自身能力建设。④建立和完善体现执法特点的机构编制和人员管理制度，强化监督管理机制，建立一支工作纪律严明、执法行为规范、工作运行高效、资源配置合理的行政执法机构。⑤加强农业执法综合协调。建立案件查处协作机制，执法信息共享机制，对跨区域案件查处实行协作、协办，对执法信息、信用信息实行共享，以提高行政执法效率。

（八）执法监督评价规范

一要制订科学的监督评价标准。根据农业执法工作内涵，将执法质量划分为行政处罚、行政强制、行政许可、行政征收、行政检查、行政复议等不同类型的工作质量和水平。每项 100 分，下分若干子指标，确定不同分值，加权平均，取平均值。即：

农业执法质量总分 =（行政处罚 100 分 + 行政强制 100 分 + 行政许可 100 分 + 行政检查 100 分 + 行政复议 100 分……）÷ 总项数。

其中行政处罚等单个项目得分，按其子指标分值之和加权平均即为该项目得分。这就要求科学界定每个项目的内涵及分值，制订出科学的监督评价标准。

二要健全监督体系。建立人民代表大会监督、政府行政监察监督、政府部门层级监督、司法监督、社会监督有机结合的监督体系。在实施监督工作过程中，相互结合，形成合力；在测算评价分值时，相互研究，相互供鉴；在追究责任时相互通报，信息共享，以保障监督的公正、公平、合法、有效。

三要建立完善的监督制度。建立定期监督检查与平时检查结合的制度，群众举报奖励制度、重大案件曝光制度、执法过错追究制度等。

四要造就素质较高的监督人员队伍。实行专职与兼职结合的监督评价队伍。在人大、政府及其工作部门明确执法监督员，在社会上聘请执法监督员，在科研院所、大专院校聘请专家参与监督评价等，使监督队伍专业化和提高水平。

二、农业行政执法规范化建设面临的主要问题

（一）观念障碍

由于受传统思维定式的作用，不少人仍然自觉或不自觉地把农业技术推广、经营服务职能作为农业部门的基本职能突出出来，而把农业行政执法以及其他社会管理职能放在次要的地位，更有甚者视农业部门开展农业行政执法工作为“不务正业”。事实表明，思维定式的偏差，是当前执法体制不顺、执法支持不力、执法能力弱化的根本原因，“等”改革、“靠”支持、“要”投入的思想严重阻碍了农业行政执法规范化建设进程。

（二）体制障碍

近几年来，各级农业行政主管部门严格按照中央和农业部的要求，从实际出发，在推进农业综合执法上取得了明显成效，农业行政执法体系框架已初步建立，但执法体制仍不规范。主要表现在：

一是组建的综合执法机构均定格为本级农业部门管辖的事

业单位，执法人员大多数属事业编制人员。这不符合我国《行政处罚法》第15条“行政处罚权由具有行政处罚权的行政机关在规定职权范围内实施”的规定，也与《国务院办公厅关于清理整顿行政执法队伍实行综合执法试点工作意见的通知》中的关于对行政执法机构的执法人员按照公务员的管理方式进行管理的规定相悖，初步建立起来的农业行政执法体系框架定位、定格的合理性、科学性值得商榷。

二是由于受传统思维定式的影响，农业机构内部改革仍然滞后，主要表现在：种子管理站与种子公司的分设工作还不彻底，加之执法机构与其他事业单位定格平等，在履行监督检查和实施行政处罚权时难免有“既当裁判员，又当运动员”之嫌。

三是监督体制不完善。监督缺乏科学的标准、完善的制度及高水平的专业化队伍，制约了监督的实施，影响了监督的效果。

（三）法制障碍

我国《农业法》第八十七条第三款明确规定：“县级以上地方人民政府农业行政主管部门应当健全执法队伍，在其职责范围内实行综合执法，提高执法效率和水平”。但在一些专业法律法规中，又存在法律法规授权、委托的情况，三种执法形式并存，不利于执法的综合统一。实际中，是以我国《农业法》为依据，统一实行综合执法，还是以其他专业法为依据实行授权、委托执法，是争论的焦点问题。笔者认为：我国《农业法》是基本法律，是制定其他农业法律法规的依据，是确定农业管理体制的依据，也是确定执法体制的依据，其他法律应当顺从我国《农业法》。因此，应将有关执法体制的规定作相应修改，使其与我国《农业法》一致。

（四）人员素质障碍

农业综合执法是新的事物，规范化建设尚无定式，农业行政执法人员的录用标准及程序也无章可循。目前，农业综合执法机构的执法人员，大多来自农业技术推广工作第一线的技术人员和军队复员安置人员。据来自湖南省统计资料表明，1226名执法人员中，本科以上学历230人，占18.7%；中专以下（含中专）554人，占45.2%；执法人员中法律院校毕业的77人，占6.2%。开展农业行政执法工作均属“半路出家”，理解和执行国家法律、法规、规章以及党的农村基本政策难免出现偏差，也给农业综合执法工作带来巨大的负面影响。

（五）支持投入障碍

农业行政执法领域涵盖了农产品质量安全管理、农业投入品质量监督、农业资源与环境保护、农业知识产权保护以及农业、农村、农民问题的诸多方面，农业行政执法领域广、任务重，而且，新形势下农业违法案件又出现了一些新特点。跨区域违法作案现象呈增多趋势，涉案领域呈扩大趋势，作案手段更加智能化和隐蔽化。但现阶段农业行政执法所具备的执法能力（手段）与现实执法需要极不匹配。农业行政执法支持投入的弱化现象，是农业行政执法规范化建设的最大障碍因子。

（六）执法环境障碍

执法环境的优劣取决于社会法制文明程度的高低，公民的法律素质又是社会法制文明的基础。现阶段，我国农村经济文化发展相对滞后，农民素质相对低下，自我维权意识普遍较差；加之作为管理农业和农村经济工作的各级政府及其工作部门的少数工作人员，受传统管理定式的影响，“行政命令”、“计划经济”思维观念仍在许多具体事务中留有痕迹，依法管理的理念淡薄。不言而喻，农业行政执法环境尚处于一个劣势状态。相对农民而言，大量的以农业资源与手段或为农提供服务的开发者、经营者，具有优势地位。常常以优势者临下，制造种种坑农案件，损害农民利益。以农资市场为例，目前制假售假在一些地方还相当猖獗，假劣产品在市场上占有相当比例，在接受政府依法管理时，也存在不支持、不理解，甚至暴力抗法的现象。

三、农业行政执法规范化建设对策

（一）更新观念，转变政府职能

影响农业和农村经济发展的因素是多方面的，其中，很重要的一点就是管理体制问题。因此，必须要更新观念，转变政府的职能，通过加强农业法制建设来规范、引导、促进和保障农业管理体制的改革，建立运转协调、灵活高效、政策透明、管理科学的农业管理体制，使农业行政管理职能切实转变到经济调节、市场监督、社会管理、公共服务上来；通过加强农业行政执法规范化建设来提高依法管理农业和农村经济工作的能力和水平；通过加强农业行政执法责任制、评议考核制以及其他配套制度建设等措施，切实推动农业行政机关合法、公开、公正、高效执法，切实保护农民的合法权益，保持农村稳定，促进农村经济的发展，从而进一步增强广大农民群众对党和政府的信任，提高党和政府在农村、农民中的威信。

（二）理顺体制，强化执法体系建设

目前，全国农业行政执法体系框架已初步建立，规范化建设工作已初显成效。但执法机构性质、地位以及职能界定等是现阶段农业行政执法规范化建设尚未触及的问题，它已经成为当前制约农业行政执法体制改革进程的突出矛盾。要解决这些矛盾。为此，我们认为应该努力做到：①大胆探索，创新体制，加强与政府的组织、编制、财政等部门的沟通，积极突破现行的农业行政执法机构设置模式、职能配置和人员编制框架，达到行政机构设置的标准模式，将农业行政执法机构纳入政府行政机构编制，建成相对独立、具有行政职能性质、执法人员纳入国家公务员管理的行政执法机构。②将执法体系建设

与行政事业单位改革有机结合起来，坚持统一、精简、效能的原则，在农业部门内同步建立一个权威的农业行政执法体系，一个具有活力的农业技术推广体系，一个具有公信力的检验检测体系，并形成三大体系的效能叠加，全面增强农业部门的内在实力。为了便于法制的统一实施和监督，农业执法机构应当在省以下保持全国相对统一，除海洋、牧区等特殊区域设立特别的执法机构外，其余机构设置应当统一。③正确处理农业部门内部事业单位和执法机构之间、法制工作机构和执法机构之间以及上下级之间的关系，明确界定其职能和权限，充分突出执法机构的独立性和权威性。

（三）强化队伍，提高执法人员素质

抓队伍建设，增强法制观念，不断提高执法水平和管理水平是农业行政执法规范化建设的重要内容，也是搞好执法工作的前提所在。农业行政执法的特点对农业行政执法人员的素质要求较高，既要有一定的法律素质，又要有一定的专业知识。因此，切实抓好队伍建设，提高执法人员素质十分重要。选人上严格把关：①严格录用标准，坚持政治思想好、业务素质精、作风过硬、工作责任心强的录用标准。②严格录用程序。坚持考试考核相结合、公开选拔、择优录取的原则。③建立行政执法监管体制和评议机制，推行行政执法监督评议制。建立执法人员学习培训制度和知识更新制度，不断提高执法人员素质。坚持“学习、教育、整顿、提高”的原则，按照“三提高、三争创”的要求，即：“提高政治素质，争创一流队伍；提高思想素质，争创一流服务；提高业务素质，争创一流本领”，逐步提高农业行政执法队伍的整体素质和战斗力。④制定执法人员知识更新计划，积极探索培养适应农业行政执法特点的复合型人才的捷径。建立执法人才流动机制和执法岗位轮岗制度，疏通优秀人才流入渠道，逐步调整优化执法人员结构，保持执法队伍的稳定性和先进性。

（四）加大投入，保障执法工作开展

各级政府要在积极探索农业行政执法财政投入立法的同时，将农业执法经费列入财政预算，并增列农业执法专项，加大对农业行政执法工作的支持。各级农业部门也应当将农业行政执法工作与农业技术推广及其他农业事业工作摆在同等位置，积极争取国家支持。争取政府的专项资金投入，适当倾斜农业行政执法工作。同时，要严格财政管理，规范农业执法经费使用范围。坚持收支两条线，专款专用，提高资金使用效率。农业执法资金主要用于改善执法工作条件，提高执法能力水平，加强农业行政执法信息网络化建设，实现农业行政执法办公现代化、手段科技化、信息网络化、管理规范化、执法效能化目标。这是保障农业行政执法工作正常开展的必要，也是适应新形势，有效实施国家法律、行政法规，打击各类涉农违法行为，保护农民的合法利益，维护农业和农村经济工作持续、健康、协调发展的需要。

（五）优化环境，形成良好氛围

农业立法宗旨在于支持农业发展，保护农民利益，维护农村稳定。农业行政执法的目的在于依照法定职权、法定程序，将农业法律、法规、规章直接应用于个人或组织，使国家管理农业、农村经济工作的职能全面得以实现。因此，提高广大农民群众的法律素质，增强守法经营、依法维权意识，是改善农业行政执法环境的关键所在；实现政府职能的转换，树立依法行政理念，是形成良好的法治氛围的根本保证。要改变现阶段农民素质普遍低下的现状，关键在于加大普法力度，提高农业法律、行政法规的普及率。要结合农时季节，突出普法时间和普法内容；要结合农村实际和农民特点，广泛开展群众喜闻乐见的普法形式；要结合工作实际，坚持“普法与处罚相结合，教育与整治相统一”，在开展普法的同时，加强市场的专项整治工作；要结合农业行政执法工作特点，抓好执法人员及基层干部的普法。要实现政府职能的根本转变，必须加大政治、经济体制改革力度，提高政府依法办事的能力、水平和效能；大力推进社会诚信体系建设工作进程，建立健全行政执法监督机制，积极推行阳光作业行动，及时公开、公示涉农法律、法规、行政审批、行政收费、重大行政处罚以及依法办事程序等，全面打造公正、公平、廉政的政府新形象。同时，要积极推行“一个窗口”对外的办事体制，提高工作效能，降低行政成本，优化为民服务的环境，提高为民服务的质量。

（六）完善立法，保障稳定推行

要按照我国《农业法》第八十七条的规定要求，改革现行管理体制，调整、整合执法力量，全面推行农业综合执法。实现这一目标，必须加快对现有法律法规的修改修订工作，如对我国《植物检疫条例》、《动物防疫法》、《渔业法》等法律法规授权某些监督管理机构行使行政处罚权、强制权、许可权的规定进行修改，将行政处罚、行政强制、行政许可依法收归各级农业行政部门行使。今后在农业立法时，形成制度，不再将行政处罚等职权授权或委托，以保持与我国《农业法》规定的一致性，保障农业综合执法顺利推进。

第三节

农业违法案件协查制度研究①

随着市场经济的发展和“三农”工作的不断深入，农业

① 本节内容选自农业部软科学课题“农业违法案件协查制度研究”（课题编号：Z200632），课题主持人：何述忠。

领域违法案件特别是跨区域的农业违法案件逐渐增多，案件呈现出流动性、区域性和复杂性的特点，给农业执法工作带来了新的挑战，迫切需要农业行政机构在执法办案过程中，加强协查和配合，充分发挥农业部门打击违法行为的职能。

一、建立农业违法案件协查制度的必要性

（一）解决农业违法案件跨区域办案中诸多矛盾的需要

当前，在查处农业违法案件中，跨区域案件增多与执法力量弱的矛盾、违法行为的跨区域流动性与各自为政执法的矛盾、跨区域案件调查取证难与地方保护主义的矛盾日益突出。适应新形势的需要，迫切需要加强各执法机构的协作，实现资源共享。

1. 跨区域案件增多与执法力量薄弱的矛盾日益突出

目前，以农业部门为执法主体的法律、法规有 27 部、规章 100 余部，这些法律、法规和规章赋予农业行政主管部门大量的农业、畜牧业、渔业方面的农业生产资料市场准入和质量监督、农产品安全管理、农业资源保护、农业转基因生物安全管理、植物新品种权保护、农村土地承包合同管理、农民负担监督管理、农村集体资产管理、农民生产经营自主权及农村经济主体合法权益的保护，以及植物检疫、动物防疫等农业违法案件职责，执法对象和内容点多面广、跨区域性强，呈现出违法地域全国化、违法形态和种类多样化、违法手段现代化、违法主体集团化的特点，迫切需要全国的农业执法机构加强协查配合，实现快速反应和整体作战。据调查，跨区域案件占农业行政执法机构办理案件的 30%—60%，而农业执法工作开展起步较晚，执法人员和力量装备都远远不够，且现在多数协查方式还是以长途异地奔袭为主，打击的时机滞后，耗费人力物力较大，办理跨区域案件难免力不从心。通过跨区域协查可以有效地利用这些不同资源，取长补短、各取所需，从而实现优势互补、共同进步的目的。为此，加强协作，构建协查网络非

常必要。

2. 违法行为的跨区域流动性与各自为政执法的矛盾日益突出

我国《行政处罚法》第二十条规定，行政处罚由违法行为发生地的县级以上人民政府具有行政处罚权的行政机关管辖。根据这一规定，如果甲公司在 A 地造假并将假冒伪劣农资或农产品批发至乙公司，由乙公司在 B 地销售，那么 B 地农业执法机构一经发现就只能对乙公司的售假行为实施处罚，而对于辖区以外的甲公司的造假行为则无权管辖。虽然操作中依据《农业行政处罚程序规定》可以通过采用案件移送、情况通报等办法告之当地农业执法部门查处，但事实上效果并不理想。由于缺乏一整套行之有效的案情交流制度，在面对存在违法行为发生地问题的案件时，各单位间的情况互通往往显得十分松散；有些案件虽然实现了情况互通，但由于缺乏统一的协调和指挥，各单位行动分散、各自为战，以至在行动中常常打草惊蛇、走漏消息，出现“打中一点跑掉一片”的现象。

3. 跨区域案件调查取证难与地方保护主义的矛盾加大

执法处罚必然会牵涉一些单位和个人的经济利益。到其他区域取证，如果没有当地执法机构的协助，总有人通过方方面面的关系对案件的办理施加种种干扰，很难取得有效的证据。

因此，开展执法协查有利于案件的调查取证、案件的执行和法律文书的依法送达，保证案件快立、快结、快执行；有利于保障外地执法人员人身安全，保证调查取证的顺利进行，降低执法成本，有效、合理利用执法资源；有利于确保执法公正，提高办案与效率。

（二）实现查处农业违法案件全国“一盘棋”的需要

农业执法不能仅停留在表面上，根本目的还在于深挖源头，铲除制假售假的根源。要实现追根溯源，必须树立全国“一盘棋”的思想，建立综合有效的“打防控”一体化的农业违法案件体系，在统一指挥的基础上，按照属地化管理的原则，实行“打中有防”、“防中有打”、“打防并进”，做到既分工协查又共同行动，防止各自为战的现象，实现案发地检查与源头打击相结合，有力维护农业生产的正常秩序。而要实现“打防控”一体化这个目标，加强执法协作就成为必不可少的内容。①从“打”的角度来说，违法行为的动态化要求农业执法机构要“追着打”，而一追，就要协作。②从“防”的角度来说，违法行为的反复性客观上要求布下一张遏止违法行为的“网”，这张“网”要在全国范围内发挥作用，统一性、同一性、共通性越强，网的作用就越大，而要织好这张网，必然要求建立良好的执法协作制度。③从“控”的角度来说，要想控制犯罪数量，犯罪区域，犯罪程度，就必须实行人、财、物的优化组合，实现侦查资源的优化配置，而这个问题要解决，也需要各地协同行动，形成协作机制才能办到。

（三）规范农业违法案件协查行为的需要

对农业违法案件协查行为进行规范，有以下几个方面的理由：

一是虽然《农业行政处罚程序规定》有执法协查问题的专门规定，但内容过于笼统，缺乏操作性和实战性。比如对于下列案件，有必要对协查分工进行明确，并进行统一组织和指挥。①同一人或集团在不同辖区多种违法行为（对同一违法行为农业行政处罚程序已作了规定），在确定协查管辖方面就有可能出现相互推诿或相互争抢的可能。②一种犯罪行为在数个或多个辖区分阶段实施，如涉及重大农业安全事件，这时出现的管辖不明很可能导致“多头管辖”、“争抢管辖”，而要经由“协商管辖”、“指定管辖”这些程序，对于那些需要“快侦快破”的案件来说，就显得很不适应了。③同一人或集团在两地或多地连续反复作案，案件性质相同或相近，往往需要两地、多地配合，联手打击。④一个行为或数个相关联的行为造成多个侵害结果的案件，如果结果或行为在不同辖区发生，也需要不同辖区配合，如制假卖假案件，就有可能发生一行为多个侵害结果。

二是从全国来看，目前建立的农业执法协查机制基本上是区域的、局部性的，虽然部分省市在开展区域农业执法协查工作中进行了探索，但全国范围内尚未建立起有效的执法协查机制。

三是法律责任不明确，激励机制未确立，协查的效果不明显。目前已经建立的协查关系往往是各地农业执法机构通过签订协议的方式，按照互惠的原则建立的，具有不稳定性，往往会随着人员的变动而改变。不少农业执法机构对自己管辖区域内发生的违法案件积极主动地进行处理，而对于其他地方发生的案件，当需要其进行协查时，却消极应对，不积极配合；有些地方以人力、物力、财力有限为借口，提出收取协查费的要求；有些地方虽然在长期的工作中与其他地方建立了协查关系，但随着人员的更新与调动，原有的友好协查关系渐渐地失去了作用。裘树祥指出："从协查的动因上看，现阶段协查机制是情感型、功利型"①，而不是制度型、法律型协查。由于协查制度没有切实的法律保障和监督机构，实践中常常出现一些问题：你帮了我，所以我才帮你；出于兄弟机关的感情才提供协查；出于面子，或者是由于以后我可能也会有求你的一天，等等；没有把它看成是基于法律制度或全国农业执法事业的一部分。

四是执法协作的方式、程序、内容都不太规范。肖波认为，公安部门长期开展执法协查虽取得了一些实践经验，但从协作的方式上看，现阶段经侦协作机制是以长途异地奔袭为主

① 裘树祥："现行侦查协查管理模式存在的问题与改革设想"，《中国人民公安大学学报》，2000 年第 4 期。

的协作，而不是智能联动型的协作。[①] 追逃行动之所以取得巨大的成功，是因为利用了电子网络，各地公安机关网上作战，由一地办案转化为共同办案。而现在多数协作方式还是以长途异地奔袭为主，打击的时机滞后，耗费人力物力较大。从协作的程序上看，现阶段经侦协作机制是审查严密型协作，而不是手续简易有效型协作。经侦协作应该充分体现以快制敌。而现在各种协作措施的采取都需要比较复杂的层层审批手续，严重影响了打击经济犯罪的效率。从协作内容上看，现阶段经侦协作机制是以破案强制措施为内容的单一型协作，而不是多层次的全面型协作。侦查实践中常见的是跨地区追逃取证和追赃，这实际上限制了协作的内涵，经侦协作实际上可以在更广泛的领域进行。由此，我们有理由认为，现阶段经侦协作制度的创制本来说为了解决侦查体制与打击犯罪需要之间的矛盾，然而现在由于经济犯罪的发展的确呈现相应滞后性。为了更好地解决这一矛盾，协作机制必须优化，这是协作制度本身的使命决定的，是打击犯罪的需要，也是侦查体制发展的根本要求。从部分省市开展执法协查工作的情况来看，农业执法协查也存在着协查的方式、程序、内容都不太完善的问题，需要进行规范。

二、农业违法案件协查制度建立的可行性

建立农业违法案件协查制度，有法律依据，在国内外有类似的经验可资参考和借鉴。

（一）开展农业违法案件协查有法律依据

《农业行政处罚程序规定》第十五条规定："县级以上地方农业行政处罚机关在办理跨行政区域案件时，需要其他农业行政处罚机关协查的，可以发送协查函。有关农业行政处罚机

① 肖波："试论经侦协作机制"，《湖北警官学院学报》，2003 年第 1 期。

关应当予以协助并及时书面告知协查结果”。该规定第九条、十条、十一条、十二条、十三条、十四条等对“协商管辖”、“指定管辖”等管辖权作了明确的规定，为农业违法案件协查制度的建立提供了依据。

（二）开展农业违法案件协查有实践经验

重庆市自2005年以来，各级农业行政执法机构通过协查办理150多件案件，查处假劣农资560多吨。在协查中，各片区协查组织对协查制度作了三个明确的约定。

1. 约定协查手续

同级农业执法机关之间开展协查工作采取直接发函复函的方式进行，委托方向受托方发送《农业违法案件协查函》，明确协查内容和要求。受托方接到协查函后，及时进行案件调查取证，受托方完成协查事项后，填制《农业违法案件协查回复函》，传送给委托方，并按照委托方的协查要求寄送相关材料。

2. 约定协办时间

受托方对协查案件，应当在2个工作日内回复受理意见，特殊情况10日内回复调查结果。对受托方逾期未回复协查结果的，委托方应当催办，并发出《农业违法案件协查催办单》。需要报请市总队组织协查的违法案件，案发地农业执法机关应填写《农业违法案件协查报告》。市总队根据情况在2个工作日内确定是否由市农业局组织协查，确定可以协查的，依照前款程序向有关农业执法机构发出协查函件和办理协查复函。

3. 约定协作责任

成员单位之间明确了执法协作责任，落实专人负责协查工作。同时，市总队把违法案件协查的回复率、质量等指标纳入年终综合考核，定期通报协查情况。

浙江、福建等省（市、区）也开展了执法协查，取得了显著成效。

（三）其他部门有执法协查的专门规定

在刑事案件的协查管辖方面，《中华人民共和国刑事诉讼法》第六十二条规定，公安机关在异地执行拘留、逮捕的时候应当通知被拘留、逮捕人所在地的公安机关，被拘留、逮捕人所在地的公安机关应当予以配合。1998 年开始实施的《公安机关办理刑事案件程序规定》第三百零九条、三百一十二条、三百一十四条、三百一十七条分别从协查条件、拘传、传唤、拘留、逮捕、查询、扣押、冻结等不同方面对办案协查作了详细规定。

在经侦协查方面，公安部专门下发了《关于组建经侦协查区的通知》，现在已经建立了华东、华南、华北、西南、西北几个协查区，在协查抓获犯罪嫌疑人和追回赃款等方面发挥了较大的作用。

在侦查知识产权犯罪案件的协作方面，2006 年 10 月 27 日，《天津日报》报道：全国 19 个城市日前在津达成知识产权协查共识，将加强北京、上海、天津、重庆、长春、深圳、杭州、西安、武汉等 19 个城市间的专利违法案件联合协查以及专利信息服务基础信息化应用系统开发建设的合作。19 个城市达成共识将共同推进建立统一的违法案件体系和标准、专利侵权纠纷案件的移送制度，减少专利权人的维权成本，有效保护专利权人的合法权益。开展假冒专利案件的相互协查，实现侦办违法案件资源共享。同时，将加强城市间专利信息优势资源的互补互利建设，整合以专利技术信息为核心的相关经济、法律等情报信息，实现优势资源共享、能力互补。

在质量技术监督方面，2005 年国家食品药品监管局出台了《案件协助调查管理规定》。2004 年，泛珠三角区域的九省区的质量技术监督部门建立起案件协查联动机制，在区域内实行统一的案件受理、接办和转办制度，这些探索为跨区域案件协查提供了可借鉴的经验。

在税务征收方面，2004 年国家税务总局下发了《关于加强国家税务局地方税务局协作的意见》，明确要求定期交换数据，联合加强税务登记管理、联合评定信用等级、协调进行税务检查，建立国税局、地税局协调工作机制等。

（四）国外司法协助经验借鉴

司法协助不仅存在于国家之间，也存在于同一国家的不同法域之间。比如前苏联、英国、澳大利亚、瑞士、加拿大、美国等国都有着各种司法协助的关系。美国的路易斯安那州、加拿大的魁北克省至今仍然属于大陆法系，同其他属于普通法系的州或省之间在司法制度上存在明显的差异。有学者建议参考美国、加拿大在最高层立法里确立各州或各省之间区际刑事司法协助关系来确立我国不同法域的区际刑事司法协助关系。先暂且不论学者观点是否可取，但有一点是可以肯定的，域外的区际刑事司法协助的许多技术、程序环节的做法是有共通之处的，是可以探索出一套适合我国实际情况的区际刑事司法协助办法的。

三、农业违法案件协查制度的定义和基本原则

（一）农业违法案件协查的定义

公安机关对经济协查定义为：在经济协查工作中，公安机关经济协查部门之间的联合作战以及经济协查部门与其他有关部门之间有组织的协同动作与配合的一项专门活动。[①]

黄培东认为：所谓的跨区域联合执法，是指采用集中统一的办法，通过建立高效一致的指挥协调系统，充分整合和分享不同区域间的资源配置，联合并借助外力和集体力量，最终实

① 张新枫：《刑事协查学》，群众出版社 1999 年版。

现“堵源截流”的打假目标。[①]

国家食品药品监督管理局将“协助调查”定义为：药品监督管理疗部门在执法办案过程中，需要其他不相隶属的药品监督管理部门，对某种药品和医疗器械、某个特定企业或某个管理相对人的行为进行确认，出具与案件调查取证有关材料的过程。

借鉴以上几种定义，笔者认为，农业违法案件协查应当定义为：农业行政执法机构在案件调查处理过程中，需要其他不相隶属的农业行政执法机构，在其管辖区域内对与案件有关的事实和证据进行调查取证，并予以确认，出具与案件调查取证有关材料的过程，或协助送达文书、提供办案协助的一项活动。

（二）农业违法案件协查应遵循的基本原则

对执法协作应遵循的原则，有多种意见。王册等认为：在刑侦协作上应遵循法制原则、积极及时原则、义务原则、原则性与灵活性相结合的原则、效率优先原则。[②] 何炬认为，刑侦协查应遵循法制原则、优先原则、无偿原则[③]；马保进认为，区际侦察合作应遵循相互尊重原则、主动合作原则，以程序为主原则、效率优先原则[④]。

参照上述几个专家的观点，结合农业违法案件的实际，笔者认为，农业执法协查应遵循以下四个基本原则：

1. 法治原则

行政法制原则也即行政法基本原则，它是贯穿于行政法之中，指导行政法制定和实施的基本准则。法制原则是协查工作合法性的必然要求，是保证协查工作民主性和科学性的需要，能有效保障协查工作任务和目的实现。在开展执法协查中，要按照《中华人民共和国行政诉讼法》、《农业违法案件程序》

① 黄培东：“跨区域联合执法在实践中的应用”，《中国质量技术监督》，2004 年第 4 期。

② “王册、朱钢强：“刑侦协作机制”，《中国刑事警察》，2006 年第 4 期。

③ 何炬：“公安机关协作办理刑事案件规定（建议草案）”，《中国刑事警察》，2005 年第 2 期。

④ 马进保：“中国区际侦查合作若干问题研究”，《福建公安高等专科学校学报》，2003 年第 1 期。

及有关协查的具体规定，注意协查内容的合法性，严格法律程序，明确责任界限，文明执法，做到有理、有利、有节，防止程序违法、执法不公。

2. 及时原则

协查工作是一项时间性非常强的工作，不能有丝毫的迟缓和拖延。因此，要讲究协查意识，反应要灵敏，行动要快速，要抓住战机，积极开展初查、协查工作，将时机把握到恰到好处，不给违法分子留下毁灭证据、串供、订立攻守同盟及畏罪潜逃的任何机会。因此，被请求方在接受请求方的合作请求后，应当尽快制定行动方案，并在此基础上组织精干力量，及时采取有效的措施，认真履行协查方的职责，力争在最短的时间完成协查任务。同时，及时发现、收集、传递和反馈情报信息。这是执法协查的关键。

3. 义务原则

把执法协查作为自己的分内之事和本职工作，不应附加任何经济物质条件。这是执法协查健康发展的基础。

4. 效率原则

李文健指出："法律的效率价值应处于法律价值体系的首位。法律对权利义务的安排和对社会关系的调整，不可避免地要遵循效率优先的原则。"① 当前，农业执法办案的经费普遍紧张，而执法任务较重，应把最大限度地减少执法资源的耗费，最大可能地提高执法效率作为追求目标。因此，在开展执法协查时，协查双方必须相互支持、相互配合，发挥协助双方的优势，确保快速出击、措施到位、高效率完成任务。

四、农业违法案件协查的内容

（一）协助调查取证

协助异地农业执法机构查找违法线索或嫌疑人，并对相关

① 李文健：《刑事诉讼效率论》，中国政法大学出版社 1999 年版，第 54 页。

证据进行固定。

转递不属于自己管辖的违法线索。对于本单位在执法检查中获取的线索，不属于自己管辖的，应转递有管辖权的执法机构。《农业行政处罚程序规定》规定：“农业行政处罚机关在办理案件时，对需要其他部门作出吊销有关许可证、批准文号、营业执照等行政处罚决定的，应当将查处结果告知作出许可决定的部门并提出处理建议”。对农业违法案件的管辖移交，应把握一个基本精神，参照公安机关采用的“犯罪地管辖为主，被告人居住地为辅”的原则，同时兼顾实际控制和先理为优原则来处理，即对双方共有管辖权的农业违法案件，一方已经立案或作出处罚决定的情况下，赋予该方优先管辖权。

协助查询违法嫌疑人的身份、年龄、许可信息、违法信息等基本资料。

（二）协助采取强制措施

新出台的一些农业法律法规如《兽药管理条例》、《农业转基因生物安全管理条例》、《植物新品种保护条例》等，规定农业部门对违法物品可以采取查封、扣押等强制措施。协助执法机构在接到协查函后，检查现场确定有违法行为，应按照法律法规的规定，采取查封、扣押强制措施或实施证据登记保存等措施。

（三）协助检验鉴定

协查执法机构对查到的有关证据，可以协助主办执法机构采样送检。

（四）协助提供便利条件

主要包括：协助异地农业行政执法机构送达法律文书、协助维护执法现场秩序、协助解救被围困的执法人员；护送异地执行人员出境；处置群体性抗法事件；提供交通工具和执法装备等。

五、农业违法案件协查的实施与操作程序

（一）协查步骤

为实现农业违法案件协查的规范化管理，农业违法案件协查工作的开展应按一定程序应分四个步骤进行：

第一步，委托。农业违法案件协助的进行必须提出协助委托。协助委托应出具协查委托书（或办案协查函件、协查通报）及附件。协助委托书包括下列内容：①委托协查机构、被委托协查机构的名称和住址；②委托协助内容、委托协查方式；③委托协助的法律依据。④协助委托书所涉及的违法嫌疑人员的基本情况，包括姓名、性别、年龄、职业、住所或居住地、法人名称和所在地等。紧急情况下，可先电话委托，事后补发委托书。

第二步，审查委托。被委托协查单位根据协查委托书及其支持的法律文件，主要审查协查的内容、方式、途径是否符合法律规定。形式审查主要查提交的法律文件是否齐全。

第三步，接受委托。经实质和形式审查后，认为协助内容、方式符合法律规定，符合双方协议的约定，被委托协助机关作出接受委托的决定，并向对方发出接受委托协助的答复函。答复函将执行执法协查的时间、地点和方式通知委托方。答复函原则上不随意更改，但被委托协助方协助不可能或已无必要除外。对不符合条件的协助委托书，被委托协助方应书面答复并通知委托方。

第四，执行委托。经审查对方协助委托书及支持的法律文件的实质、形式均符合双方事先达成的执法协查协议的要求后，予以执行。执行应注意把握：①严格依照协助委托书约定的协助内容和协助方式执行。②如果被委托协查的执法机关无权执行协查请求的，应当函告委托方。③被委托协助执行的执法机构遇有需要中止或者终结执行情况的，应当及时函告委托

方。④被委托协查的执法机构应将执行委托的情况及时通知委托方，并附取得的相关证据材料等。

（二）协查时间的规定

《公安机关办理刑事案件程序规定》第316条规定，异地公安机关请求协查犯罪嫌疑人的身份、年龄、违法犯罪经历等情况的，协查地机关接到通报后应当在7日内，将协查结果通知请求协查的公安机关；交通十分不便的边远地区，应当在15日内将协查结果通知给请求协查的公安机关。参照公安机关的做法，农业执法协查应当作出相应的规定。

（三）协查通报

在公安机关协查通报用得较多。协查通报是各地公安机关之间用来通报案情、赃物情况，通报无名尸体特征，通报犯罪嫌疑人有关情况，并请协助查明赃物去向、无名尸体身源、犯罪嫌疑人真实身份的法律文书[1]。参照公安机关的做法，农业行政执法机构之间对于通报违法嫌疑人的有关情况，并请协助查明嫌疑物品去向、违法嫌疑人真实身份等，也可发出协查通报。

六、农业违法案件协查的保障

（一）建立健全高效的指挥系统

为确保农业执法协查工作的运转，各有关机构应当遵循顾全大局、兼顾效率的原则，建立从部到地方的高效指挥系统，加强对下级协查机构进行领导和监督，明确各级农业执法机构在协查中的职责任务。

部级机构，主要负责对全国的协查工作进行组织指挥，并协调各省的工作，组织全国性的重大案件的查处。

① 郭颖："公安机关协查通报的制作及应用"，《辽宁警专学报》，2004年第1期。

省级机构，主要负责与外省的协查；部署协查工作，组织本省各级农业执法协查开展执法协查；监督、考核下级协查的开展情况，并采取奖惩措施；召开会议交流有关信息和情况。

市地级机构，主要负责与外地农业执法机构的协查，监督下级协查工作的开展，参加各类有关协查的会议，交流有关信息和情况。

县区级机构，主要负责具体协查措施的落实，开展执法协查，参加协查会议。

（二）落实专人负责

为保证协查工作正常、持久、高效运转，各农业执法机构应当确定专人负责。协查联络员主要负责转发外地传来的协查通报（协查函件），并布置落实任务；调查并回复协查通报；与外执法机构交流违法信息等。协查联络员应当由执法机构的负责人担任，以便督促、协调。

（三）建立奖惩制度

协查工作无利可图，因此，应对协查进行目标管理，将协查办案的情况作为业绩考核指标，并确立评比制度。要加大对参与协查人员的奖惩力度。对协查工作认真负责、表现突出的执法人员，被协助单位应及时主动地提出奖励建议。对消极应对、阳奉阴违，甚至索要协查费用的，请求方可以逐级向上反映，一经查实，要追究相关人员责任。因此，协查制度应当规定：各地农业行政执法机构要制定相应的工作考核、责任追究和奖惩制度。对协查成绩突出的执法机构，应给予表彰。对违反协查办案规定的执法机构，应给予批评。

（四）保障协查经费投入

只有保证农业执法协查经费投入，才能便于协查顺利进行。因此，在制度中，应当明确各级农业行政主管部门的职责，即保障协查经费，确保执法协查工作的开展。

（五）建立信息交流制度

建立一个全方位、多层次、信息共享、高效有序的农业执法信息网络机制非常必要。徐燕平指出："建立信息共享平台增强了违法案件的透明度，明确了工作程序，为解决市场经济领域内出现的新情况新问题、统一执法尺度提供了重要途径，对行政查办案件质量的提高起到了积极作用"。[①] 为此，各级农业执法机构应当搭建执法信息交流平台，分别在各自信息网站上设立协查专栏，开展网上信息交流，并制定相应的协查信息上网规定，对上网时间、内容和要求等作出规范要求，确定专人负责信息发布、维护和浏览工作。并要探索运用网络开展许可信息、违法信息查询、串并案件协查、紧急协查、布控堵截等工作。建议由农业部牵头，召开全国协查联络会议，加强违法信息资料互换、落实协查措施，同时，加强协查工作的经验交流和理论研讨活动，及时研究解决农业执法工作中出现的新情况和新问题，不断推进全国农业执法协查工作上新的台阶。

七、农业违法案件协查的纪律和责任

《公安机关办理刑事案件程序规定》第 309 条规定，对异地公安机关提出协助调查、执行强制措施等协查请求的，只要法律手续完备，协查地公安机关就应当无条件地予以配合，不得收取任何形式的费用，在具体实施中不得以种种借口予以推诿。因此，制度应当规定，对异地农业执法机构提出协助调查、执行强制措施等协查请求，只要法律手续完备，协查地公安机关就应当及时无条件予以配合，不得收取任何形式的费用。

① 徐燕平："开发信息共享平台提高法律监督能力"，《人民检察》，2006 年第 6 期。

协查地农业行政执法机构依照请求协查的农业行政执法机构的要求，履行办案协查职责所产生的法律责任，由请求协查的农业行政执法机构承担。

除了客观原因（主要是有协查人员不在位或者另有任务）外，为了防止不积极配合，甚至设置障碍等行为的发生，对不履行协查职责（如拒不派人协助、给案件当事人通风报信、透露案件有关情况、影响案件依法执行等）造成后果的或者严重影响农业执法形象的，按照情节的轻重，可以由上一级农业行政执法机构对有义务协查机构、相关执法人员给予通报批评，并责令当地行政主管部门给予行政处分；构成犯罪的，依法追究刑事责任。

第四节

农业违法行为“情节严重”认定标准研究①

在实施农业行政处罚的过程中，执法人员常常需要根据当事人违法行为的情节轻重来适用法律条文。但是，由于我国现行的农业法律法规对有关违法行为“情节严重”、“情节特别严重”的情形未作具体规定，以至于执法人员在实际工作中，难以有统一的量化标准参照，从而导致同样的情节，可能出现不同的处罚决定而显失公平。近年来，江西省农业系统在农业行政综合执法实践中，在“情节严重”认定标准的量化方面作了初步探索，对规范行政执法行为起到了一定的作用。现就农业违法行为情节严重认定标准作探讨如下。

① 本节内容选自农业部软科学课题“农业违法行为情节严重认定标准的研究”（课题编号：200837），课题主持人：邓贤贵。

一、开展农业违法行为“情节严重”认定标准研究的必要性

对“情节严重”进行认定，是界定农业领域罪与非罪的重要关键点。涉农的刑法罪名主要有生产、销售假劣农药、兽药、化肥、种子罪，生产、销售伪劣产品罪、非法捕捞水产品罪等。一方面，我们可以根据刑法和有关司法解释，明确构成以上各罪的法定要件，反过来明晰农业行政处罚领域的“情节严重”、“情节非常严重”的具体内涵。同时，在有关当事人违法行为情节严重程度突破农业行政领域，需要追究刑事责任时，能及时移送司法机关，避免“以罚代刑”。

对“情节严重”进行认定，是规范农业行政执法自由裁量权的重要内容。对“情节严重”进行认定，明确法律规范内涵，使模糊的规定明确化，执法的标准客观化，有利于从执行、操作层面上对带有自由裁量性质的条款进行细化，对执法者给予明确的指导和有效地规范，有利于使上位法所不能充分表达的意志得以正常延伸，使上位法所存在的缺憾得以有效地弥补，可以有效防止执法中的轻错重罚，重错轻罚，以“罚”代管，重“罚”轻“管”现象，从而建立起对行政执法人员严格执法的内控机制，预防和减少权力寻租的控制机制，减少行政处罚的随意性，提高执法质量，减少行政争议，赢得公民对行政机关的依赖和尊重，维护和提升政府形象。

对“情节严重”进行认定，是深入推进政府信息公开的应有之义。推进政府信息公开，保障公民的知情权、参与权、决策权，是建设社会主义法治政府的重要内容。政府信息公开，要求行政执法部门对行政执法依据进行公开，必然要求行政执法部门对相关执法依据的内涵予以明确或制定操作标准进行规范。而众多法律法规中“情节严重”、“情节非常严重”的规定其具体内涵，连很多执法部门以及执法人员都不清楚或知之不全，更别说是普通公民或执法相对人了。这就要求，我

们对“情节严重”展开研究，对其内涵进行阐述，明确操作规范，并以适当形式向社会公布，在本系统统一执行。

二、渔业行政处罚案件“情节严重”认定标准探讨

（一）《中华人民共和国渔业法》有关“情节严重”的条款

“第三十八条使用炸鱼、毒鱼、电鱼等破坏渔业资源方法进行捕捞的，违反关于禁渔区、禁渔期的规定进行捕捞的，或者使用禁用的渔具、捕捞方法和小于最小网目尺寸的网具进行捕捞或者渔获物中幼鱼超过规定比例的，没收渔获物和违法所得，处五万元以下的罚款；情节严重的，没收渔具，吊销捕捞许可证；情节特别严重的，可以没收渔船；构成犯罪的，依法追究刑事责任。”

“第四十一条未依法取得捕捞许可证擅自进行捕捞的，没收渔获物和违法所得，并处十万元以下的罚款；情节严重的，并可以没收渔具和渔船。”

“第四十二条违反捕捞许可证关于作业类型、场所、时限和渔具数量的规定进行捕捞的，没收渔获物和违法所得，可以并处五万元以下的罚款；情节严重的，并可以没收渔具，吊销捕捞许可证。”

“第四十六条外国人、外国渔船违反本法规定，擅自进入中华人民共和国管辖水域从事渔业生产和渔业资源调查活动的，责令其离开或者将其驱逐，可以没收渔获物、渔具，并处五十万元以下的罚款；情节严重的，可以没收渔船；构成犯罪的，依法追究刑事责任。”

（二）渔业违法行为应承担的行政责任“情节严重”认定标准简析

《中华人民共和国渔业法》最主要的立法目的是为了加强渔业资源的保护、增殖、开发和合理利用，而生态文明建设，

也需要限制捕捞业，适度发展水产养殖。因此，任何损害渔业资源的非法行为，都应当受到法律的严厉制裁。在实施行政处罚时，应当从严从重处理，特别是对触犯刑律的，应当依法追究其刑事责任，只有这样才能遏制违法行为，才能更有效地保护渔业资源。

我国现行的渔业法律法规对一般性的违法行为，都规定了相应的法律责任，但是，对“情节严重”的情形却未作具体的规定。在渔业执法实践中，我们主要是根据违法行为的主观恶性、违法行为方式（方法）、对渔业资源和生态环境的损害程度、造成的社会影响程度、初犯还是屡犯、非法捕捞的数量、是否集众或阻碍执法等情形作为“情节严重”的衡量标准。

1. 关于违法行为的主观恶性的判定

一般应区分明知故犯和不知法或对法律规定的理解错误。如果是明知故犯，说明其主观恶性强，对社会的损害程度大，应属“情节严重”的范畴。执法实践中，如果行为人有以下情形之一，我们一般认定其为“明知故犯”：（1）同样或类似的行为曾被执法机关责令改正或给予过警告、罚款等行政处罚的。（2）法律宣传到户或经通告等方式达到一般公众知晓的程度，行为人仍实施了违法行为的。

2. 关于违法行为方式的危害性简析

如果行为人采用的违法行为方式，对渔业资源和生态环境造成的损害达到了较大的程度或存在着潜在性的危险的，应认定为情节严重。我们认为，以下几种行为方式，应当认定为“情节严重”：①使用高毒（剧毒）农药及其他化学危险品毒鱼或者其他有毒物质毒鱼造成较大损害的；使用国家限制使用的雷管、炸药炸鱼或者使用其他爆炸物炸鱼造成较大损害的。毒鱼和炸鱼是两种非常危险的捕捞方式，不仅会对渔业资源或者生态环境造成不可挽回的损失甚至是毁灭性的，即使能够恢复也需要较长的时间，而且很可能还会危及人畜安全，社会影响大，对这类行为应当给予严厉打击。②多次非法使用电力捕鱼或非法电捕渔获物数量较大的。电力捕捞主要影响渔业资源的增殖，相对于毒和炸的方式，其危害程度虽然小些，但是，如果捕捞的数量大，同样会对渔业资源和生态环境造成巨大伤害。③多次使用禁用的渔具捕捞或使用禁用渔具捕捞的渔获物数量较大的。多次使用禁用的渔具属于屡犯，具有较大的社会危害性，应列为情节严重的范畴。而使用禁用的渔具捕捞达到一定的数量，同样会给渔业资源造成较大的损害。④使用小于最小网目尺寸网具进行捕捞渔获物数量较大的或者渔获物中幼鱼比例超过法定标准 5 倍以上的。

为了有效控制幼鱼的捕捞量，确保渔业资源的自然增殖，我国的渔业法律法规规章对网具的最小网目尺寸作了禁止性或限制性的规定，如果使用了前述网具捕捞且渔获物数量较大，势必严重影响渔业资源的自然增殖，行为人应当承担更大的法律责任。针对不同鱼类个体和性成熟的差异，渔业法律法规对不同鱼类的幼鱼进行了界定，并规定幼鱼的捕获量不得超过渔获物总量的5%，如果幼鱼的比例超过法定标准 5 倍以上，将对鱼类的繁衍生息带来严重的影响。

3. 关于违反禁渔区和禁渔期规定的非法捕捞行为的危害性简析

实践充分证明，国家通过实施禁渔区和禁渔期的规定，使天然水域渔业资源得以迅速增殖和恢复，资源枯竭状况有了明显改善。在禁渔区或者禁渔期的非法捕捞行为，有下列情形之一的，应当认定为情节严重：①在国家或者省级水产种质资源保护区设定的禁渔区或禁渔期内捕捞的。国家或者省级水产种质资源保护区保护的大都是国家重点保护的鱼类资源或者具有地方特色或有特殊价值的水产种质资源，具有较高的保护价值，应当采取更严格的保护措施。②在禁渔区或禁渔期内，使用禁用的渔具、渔法捕捞或无证捕捞的，或者捕捞的幼鱼超过法定比例 3 倍以上的。这种行为，违反了多项法律规定，应当承担更大的法律责任。

4. 关于捕捞许可制度的评价

国家实行渔业捕捞许可制度，以控制捕捞总量。近年来，国家根据水生生物和水域生态环境保护的需要，正逐年削减年捕捞量，控制捕捞强度，出台相应的限制捕捞作业区域、期限、渔具等规定。因此，各地在实施国家捕捞制度时，应当从严掌握，对无证捕捞或者违规捕捞行为，应当从严查处。对无证捕捞达到一定数量或者不按捕捞许可证规定的作业类型、场所、时限和渔具数量的规定进行捕捞数量较大的，应认定为情节严重。

5. 关于暴力抗法的情形简析

对拒绝执法检查并实施了侮辱、恐吓、威胁、围攻或殴打执法人员的行为，或者煽动他人抗拒执法检查的，都属暴力抗法情形。

（三）渔业违法案件刑事责任简析

《中华人民共和国刑法》第三百四十条规定：“违反保护水产资源法规，在禁渔区、禁渔期或者使用禁用的工具、方法捕捞水产品，情节严重的，处三年以下有期徒刑、拘役、管制或者罚金”。这是关于“非法捕捞水产品罪”的刑法规定。

从刑法条文可以看出，非法捕捞水产品行为只有达到情节严重的程度，才构成犯罪，未达到情节严重标准的非法捕捞行为，一般不以犯罪论定，而由行政机关依法予以行政处罚。可见，非法捕捞行为是否达到刑法规定的情节严重程度是认定罪与非罪的关键，违法行为人应承担的行政责任和刑事责任中“情节严重”有着不同的标准和内涵。但是，我国现行的刑法典并未载明哪些情形属于非法捕捞水产品罪的严重情节，而其他水产资源法规有关行政责任亦无情节严重的具体规定和解释。以至执法人员在办理相关案件时，难以把握尺度，不可避免地存在着“以罚代刑”现象，这是我国法院审理非法捕捞水产品案件极少的原因之一，同时也导致破坏渔业资源的行为难以得到有效的遏制。因此，建议农业部会同最高人民法院和最高人民检察院尽快出台相关的司法解释，对非法捕捞水产品罪的立案标准予以界定，并对行政处罚中“情节严重”的认定标准进行量化，以方便基层执法人员依法办案，确保法律法规的实施。

（四）渔业法律法规中有关行政处罚“情节严重”的认定标准建议

有下列情形之一的，应认定为《中华人民共和国渔业法》第三十八条规定的“情节严重”：使用高毒（剧毒）农药或《化学危险品名录》所列物品毒鱼的；使用高毒（剧毒）农药或《化学危险品名录》所列物品之外的其他有毒物质毒鱼造成较大损害的（包括对水域环境造成较大范围污染、导致水生生物批量死亡、造成较大的不良社会影响等情形）；使用国家限制使用的雷管、炸药等爆炸物品炸鱼的；使用一般爆炸物品炸鱼造成较大损害的（包括导致水生生物批量死亡、造成较大的不良社会影响等情形）；一年内非法使用电力捕鱼或者使用禁用的渔具捕捞，被渔业执法机关给予了3次以上行政处罚的；非法电捕或者使用禁用渔具捕捞的渔获物数量较大的（内陆水域达到50千克及以上、海洋达到1000千克及以上）；使用小于最小网目尺寸网具进行捕捞渔获物数量较大的（内陆水域达到50千克及以上、海洋达到1000千克及以上）；渔获物总量中幼鱼比例超过30%以上的；在国家或者省级水产种质资源保护区设定的禁渔区或禁渔期内捕捞的；在禁渔区或禁渔期内，使用禁用的渔具、渔法捕捞或无证捕捞的，或者捕捞的幼鱼超过渔获物总量15%以上的。

有下列情形之一的，应认定为《中华人民共和国渔业法》第三十八条规定的“情节特别严重”：使用高毒（剧毒）农药或《化学危险品名录》所列物品毒鱼造成较大损害的；使用高毒（剧毒）农药或《化学危险品名录》所列物品之外的其他有毒物质毒鱼，导致人畜中毒等安全事故的；使用国家限制使用的雷管、炸药炸鱼造成较大损害的；使用一般爆炸物品炸鱼导致人畜轻微损害等安全事故的；非法使用电力捕鱼或者使用禁用的渔具捕捞，累计被渔业执法机关立案查处并给予了5次以上行政处罚的；非法电捕或者使用禁用渔具捕捞的渔获物内陆水域达到500千克及以上、海洋渔获物达到5000千克及以上的；使用小于最小网目尺寸网具进行捕捞渔获物内陆水域达到500千克及以上、海洋达到5000千克及以上的；渔获物总量中幼鱼比例超过60%以上的；在国家或者省级水产种质资源保护区设定的禁渔区或禁渔期内捕捞造成较大损害的；在禁渔区或禁渔期内，使用禁用的渔具、渔法捕捞或无证捕捞的，或者捕捞的幼鱼超过渔获物总量30%以上的。

有下列情形之一的，应认定为《中华人民共和国渔业法》第四十一条和第四十二条规定的“情节严重”：无证捕捞数量较大的（内陆水域渔获物达到30千克、海洋渔获物达到500千克）；不按捕捞许可证规定的作业类型、场所、时限和渔具数量的规定进行捕捞数量较大的（内陆水域50千克、海洋1000千克）。

有下列情形之一的，应认定为《中华人民共和国渔业法》第四十六条规定的“情节严重”：外国人、外国渔船违反本法规定，擅自进入中华人民共和国管辖水域从事渔业生产和渔业资源调查活动，责令其离开或者将其驱逐，仍拒不离开的；同一外国人或外国渔船违反本法规定，擅自进入中华人民共和国管辖水域从事渔业生产和渔业资源调查活动，被我国渔业执法机关累计立案查处超过3次以上的。

根据我国有关的水产资源保护法律法规和司法实践，有下列情形之一的，可以认定为非法捕捞水产品“情节严重”，应当依法追究相应的刑事责任，而不能只给予行政处罚：非法捕捞水产品数量内陆水域达到3000千克以上、海洋达到10000千克以上；组织或者聚众非法捕捞水产品的首要分子；非法捕捞水产品屡教不改的（一年内被行政机关立案给予罚款等行政处罚超过5次）；使用禁用的工具、方法捕捞水产品，造成水产资源重大损失的（水产资源损失评估价值达到5万元以上或者导致一定区域面积内的水产资源毁灭性损失的）；在非法捕捞过程中，抗拒渔政管理，行凶殴打渔政管理人员的。

三、农产品质量安全行政处罚案件“情节严重”认定标准探讨

（一）《中华人民共和国农产品质量安全法》有关“情节严重”的条款

“第四十四条　农产品质量安全检测机构伪造检测结果的，责令改正，没收违法所得，并处五万元以上十万元以下罚款，对直接负责的主管人员和其他直接责任人员处一万元以上五万元以下罚款；情节严重的，撤销其检测资格；造成损害的，依法承担赔偿责任。”

（二）违反农产品质量安全法的行为“情节严重”认定标准简析

《中华人民共和国农产品质量安全法》第四十四条是有关检测机构伪造检测结果应当承担的行政法律责任的规定。目前，我国的农产品质量安全检测机构大致可以分为三大类：①国家举办的官方检测机构，如各地农业部门设立的农产品质量安全检测中心；②具备相应资质的社会检测中介组织；③农产品生产、加工和流通企业设立的内部检测机构。不管是哪一类机构，如果有伪造检测结果的行为，都应依照《中华人民共和国农产品质量安全法》第四十四条的规定，承担相应的行政法律责任，都应受到法律的制裁。

农产品质量安全检测机构伪造检测结果的行为，至少存在着两方面的社会危害性：①误导消费者，可能使不合格甚至有毒有害的农产品流入市场进入餐桌，给社会公众带来潜在性的

安全隐患；②严重损害社会诚信体系。因此，对这一违法行为，国家规定了较严厉的处罚。即只要检测机构有伪造行为，不论是否造成不良后果，对该检测机构及其负责人和直接责任人都应给予行政处罚。执法实践中，我们主要根据以下几方面的因素来判定是否属于情节严重的情形：一是初犯还是屡犯，如果检测机构多次伪造检测结果，则属于屡犯，已无诚信可言，其社会公信力全面丧失，已不具备检测机构最基本的资质条件；二是其伪造结果是否造成较严重的不良后果，如果后果严重（如造成农产品质量安全事故、造成较大经济损失、引发社会恐慌等），应认定为情节严重。

（三）法律法规中有关行政处罚“情节严重”的认定标准建议

农产品质量安全检测机构伪造检测结果有下列情形之一的，应认定为“情节严重”：被执法机关立案查处3次以上的；造成人员伤害等农产品质量安全事故的造成3万元以上经济损失的；引发群体性社会事件的。

四、违反畜牧法及相关法规的行为“情节严重”认定标准探讨

（一）畜牧法及相关法规规章中涉及“情节严重”的条款

1.《中华人民共和国畜牧法》有关“情节严重”的条款

“第六十二条　违反本法有关规定，无种畜禽生产经营许可证或者违反种畜禽生产经营许可证的规定生产经营种畜禽的，转让、租借种畜禽生产经营许可证的，由县级以上人民政府畜牧兽医行政主管部门责令停止违法行为，没收违法所得；违法所得在三万元以上的，并处违法所得一倍以上三倍以下罚款；没有违法所得或者违法所得不足三万元的，并处三千元以上三万元以下罚款。违反种畜禽生产经营许可证的规定生产经营种畜禽或者转让、租借种畜禽生产经营许可证，情节严重的，并处吊销种畜禽生产经营许可证。”

“第六十五条　销售种畜禽有本法第三十条第一项至第四项违法行为之一的，由县级以上人民政府畜牧兽医行政主管部门或者工商行政管理部门责令停止销售，没收违法销售的畜禽和违法所得；违法所得在五万元以上的，并处违法所得一倍以上五倍以下罚款；没有违法所得或者违法所得不足五万元的，并处五千元以上五万元以下罚款；情节严重的，并处吊销种畜禽生产经营许可证或者营业执照。”

2.《中华人民共和国种畜禽管理条例》有关“情节严重”的条款

“第二十三条　有下列行为之一的，由畜牧行政主管部门责令改正，可以没收违法所得，并可以处以违法所得二倍以下的罚款：

（一）未取得《种畜禽生产经营许可证》生产经营种畜禽的；

（二）未按照规定的品种、品系、代别和利用年限生产经营种畜禽的；

（三）推广未依照本条例评审并批准的畜禽品种的；

（四）销售种畜禽未附具《种畜禽合格证》、种禽系谱的。

有前款第（二）项、第（四）项行为之一，情节严重的，可以吊销《种畜禽生产经营许可证》。”

（二）畜牧违法行为应承担的行政责任“情节严重”认定标准简析

种畜禽是一种特殊的商品，其质量好坏对畜牧业的发展有着重大的影响，国家对种畜禽的生产实行许可制度。《中华人民共和国畜牧法》第六十二条、第六十五条和《中华人民共和国种畜禽管理条例》第二十三条的规定都与种畜禽生产经营许可有关。

根据法律法规规定，生产经营种畜禽的单位或者个人必须依法取得《种畜禽生产经营许可证》，凭该证办理营业执照。违反种畜禽生产经营许可证的规定生产经营种畜禽或者转让、租借种畜禽生产经营许可证的行为，都将承担相应的法律责任，情节严重的将被吊销种畜禽生产许可证。在执法实践中对这种“情节严重”的认定，主要考虑三方面的因素：第一是否为屡犯，第二是否给畜牧业生产造成较大损失，第三违法所得数额或者违法生产经营额较大。

根据我国刑法及相关司法解释有关生产销售伪劣产品罪的规定，生产、销售伪劣产品金额达到5万元以上的，应依法追究当事人的刑事责任。据此，我们可以参照相关刑事案件的这一追诉标准，来判定违法生产经营额较大的尺度。

（三）畜牧法及相关法规有关行政处罚“情节严重”的认定标准建议

有下列情形之一的，应认定为《中华人民共和国畜牧法》第六十二条规定的“情节严重”：违反种畜禽生产经营许可证的规定生产经营种畜禽或者转让、租借种畜禽生产经营许可证，被行政机关立案调查并给予了行政处罚3次以上的；违反种畜禽生产经营许可证的规定生产经营种畜禽金额达到1万元以上的；违反种畜禽生产经营许可证的规定生产经营种畜禽或者转让、租借种畜禽生产经营许可证造成1万元以上经济损失的。

有下列情形之一的，应认定为《中华人民共和国畜牧法》第六十五条规定的“情节严重”：以其他畜禽品种、配套系冒充所销售的种畜禽品种、配套系，或者以低代别种畜禽冒充高代别种畜禽，或者以不符合种用标准的畜禽冒充种畜禽，或者销售未经批准进口的种畜禽，违法所得达到1万元以上或者造成经济损失1万元以上的；违反种畜禽生产经营许可规定，曾被执法机关行政处罚3次以上，且销售种畜禽有畜牧法第三十条第一项至第四项违法行为之一的。

有下列情形之一的，应认定为《种畜禽管理条例》第二十三条规定的“情节严重”：未按照规定的品种、品系、代别和利用年限生产经营种畜禽，被行政机关立案调查并给予了行政处罚3次以上的；销售种畜禽未附具《种畜禽合格证》、种禽系谱，造成1万元以上经济损失的。

五、动物防疫行政处罚案件“情节严重”认定标准探讨

（一）《中华人民共和国动物防疫法》有关“情节严重”的条款

“第七十七条　违反本法规定，有下列行为之一的，由动物卫生监督机构责令改正，处一千元以上一万元以下罚款；情节严重的，处一万元以上十万元以下罚款：

（一）兴办动物饲养场（养殖小区）和隔离场所，动物屠宰加工场所，以及动物和动物产品无害化处理场所，未取得动物防疫条件合格证的；

（二）未办理审批手续，跨省、自治区、直辖市引进乳用动物、种用动物及其精液、胚胎、种蛋的；

（三）未经检疫，向无规定动物疫病区输入动物、动物产品的。”

第八十一条第二款规定：“动物诊疗机构违反本法规定，造成动物疫病扩散的，由动物卫生监督机构责令改正，处一万元以上五万元以下罚款；情节严重的，由发证机关吊销动物诊疗许可证。”

第八十二条第二款规定：“执业兽医有下列行为之一的，由动物卫生监督机构给予警告，责令暂停六个月以上一年以下动物诊疗活动；情节严重的，由发证机关吊销注册证书：

（一）违反有关动物诊疗的操作技术规范，造成或者可能造成动物疫病传播、流行的；

（二）使用不符合国家规定的兽药和兽医器械的；

（三）不按照当地人民政府或者兽医主管部门要求参加动物疫病预防、控制和扑灭活动的。”

（二）违反动物防疫法律法规的行为应承担的行政责任“情节严重”认定标准简析

动物防疫法律法规有关“情节严重”的条款，都涉及动物疫情的预防与控制和人畜安全。因此，“情节严重”的认定标准应当包括下列情形：违法行为引发动物疫病流行的范围和严重程度、造成损失的程度、对人畜安全的危害性以及未按规定办理审批手续或未经检疫的动物数量、违法行为次数等。

违法行为导致动物疫情达 3 个疫点以上或染疫的动物数量较大的可认定为疫病流行；违法行为引发人畜共患疫病给社会带来潜在性危害或引起重大政治影响的可认定为对人畜安全危害性大；按照有关司法解释规定，造成直接经济损失 5 万元以上的为损失严重；拒不改正，违法行为被查处 3 次以上的，为屡教不改。

（三）法律法规中有关行政处罚“情节严重”的认定标准建议

有下列情形之一的，应认定为《中华人民共和国动物防疫法》第七十七条规定的“情节严重”：兴办动物饲养场（养殖小区）和隔离场所，动物屠宰加工场所，以及动物和动物产品无害化处理场所，未取得动物防疫条件合格证，累计被行政机关处罚 3 次以上的，或者引起动物疫病流行或引发人畜共患疫病的。未办理审批手续，跨省、自治区、直辖市引进乳用动物、种用动物及其精液、胚胎、种蛋，累计被行政机关处罚 3 次以上的；或者导致疫病流行的；或者引进产品的价值在 1 万元以上的；或者给养殖业造成直接经济损失 1 万元以上的。未经检疫，向无规定动物疫病区输入动物、动物产品，累计被处罚 3 次以上的；或者输入动物及动物产品的价值在 1 万元以上的，或者导致疫病流行的；或者给养殖业造成直接经济损失 1 万元以上的。

有下列情形之一的，应认定为《中华人民共和国动物防疫法》第八十一条第二款规定的“情节严重”：造成动物疫病扩散达3个疫点以上的；造成养殖业直接经济损失1万元以上的；导致人畜共患疫病发生的；累计被执法机关处罚3次以上的。

有下列情形之一的，应认定为《中华人民共和国动物防疫法》第八十二条第二款规定的“情节严重”：造成动物疫病扩散达3个疫点以上的；造成养殖业直接经济损失1万元以上的；导致人畜共患疫病发生的；累计被执法机关处罚3次以上的。

六、兽药、农药、饲料及饲料添加剂行政处罚案件“情节严重”认定标准探讨

（一）有关农业投入品管理法规中涉及“情节严重”的条款

1.《兽药管理条例》中涉及“情节严重”的条款

“第五十六条　违反本条例规定，无兽药生产许可证、兽药经营许可证生产、经营兽药的，或者虽有兽药生产许可证、兽药经营许可证，生产、经营假、劣兽药的，或者兽药经营企业经营人用药品的，责令其停止生产、经营，没收用于违法生产的原料、辅料、包装材料及生产、经营的兽药和违法所得，并处违法生产、经营的兽药（包括已出售的和未出售的兽药，下同）货值金额2倍以上5倍以下罚款，货值金额无法查证核实的，处10万元以上20万元以下罚款；无兽药生产许可证生产兽药，情节严重的，没收其生产设备；生产、经营假、劣兽药，情节严重的，吊销兽药生产许可证、兽药经营许可证；构成犯罪的，依法追究刑事责任；给他人造成损失的，依法承担赔偿责任。生产、经营企业的主要负责人和直接负责的主管人员终身不得从事兽药的生产、经营活动。”

“第五十八条　买卖、出租、出借兽药生产许可证、兽药经营许可证和兽药批准证明文件的，没收违法所得，并处1万元以上10万元以下罚款；情节严重的，吊销兽药生产许可证、

兽药经营许可证或者撤销兽药批准证明文件；构成犯罪的，依法追究刑事责任；给他人造成损失的，依法承担赔偿责任。”

“第五十九条　违反本条例规定，兽药安全性评价单位、临床试验单位、生产和经营企业未按照规定实施兽药研究试验、生产、经营质量管理规范的，给予警告，责令其限期改正；逾期不改正的，责令停止兽药研究试验、生产、经营活动，并处5万元以下罚款；情节严重的，吊销兽药生产许可证、兽药经营许可证；给他人造成损失的，依法承担赔偿责任。”

“第六十一条　违反本条例规定，境外企业在中国直接销售兽药的，责令其限期改正，没收直接销售的兽药和违法所得，并处5万元以上10万元以下罚款；情节严重的，吊销进口兽药注册证书；给他人造成损失的，依法承担赔偿责任。”

“第六十七条　违反本条例规定，兽药生产、经营企业把原料药销售给兽药生产企业以外的单位和个人的，或者兽药经营企业拆零销售原料药的，责令其立即改正，给予警告，没收违法所得，并处2万元以上5万元以下罚款；情节严重的，吊销兽药生产许可证、兽药经营许可证；给他人造成损失的，依法承担赔偿责任。”

2.《农药管理条例》中涉及“情节严重”的条款

“第四十三条　生产、经营假农药、劣质农药的，依照刑法关于生产、销售伪劣产品罪或者生产、销售伪劣农药罪的规定，依法追究刑事责任；尚不够刑事责任的，由农业行政主管部门或者法律、行政法规规定的其他有关部门没收假农药、劣质农药和违法所得，并处违法所得1倍以上10倍以下的罚款；没有违法所得的，并处10万元以下的罚款；情节严重的，由农业行政主管部门吊销农药登记证或者农药临时登记证，由工业产品许可管理部门吊销农药生产许可证或者农药生产批准文件。”

3.《饲料和饲料添加剂管理条例》中涉及“情节严重”的条款

“第三十条　违反本条例规定，有下列行为之一的，依照刑法关于生产、销售伪劣产品罪的规定，依法追究刑事责任；尚不够刑事处罚的，由县级以上地方人民政府饲料管理部门责令停止生产、经营，没收违法生产、经营的产品和违法所得，并处违法所得1倍以上5倍以下的罚款；情节严重的，并由国务院农业行政主管部门吊销生产许可证：

（一）在生产、经营过程中，以非饲料、非饲料添加剂冒充饲料、饲料添加剂或者以此种饲料、饲料添加剂冒充他种饲料、饲料添加剂的；

（二）生产、经营的饲料、饲料添加剂所含成分的种类、名称与产品标签上注明的成分的种类、名称不符的；

（三）生产、经营的饲料、饲料添加剂不符合饲料、饲料添加剂产品质量标准的；

（四）经营的饲料、饲料添加剂失效、霉变或者超过保质期的。”

（二）有关农业投入品违法行为罪与非罪的认定简析

兽药、农药、饲料及饲料添加剂等农业投入品都是重要的农业生产资料，其质量好坏及其使用规范与否，关系着养殖业和种植业的生产发展，直接影响着生产者的利益，更关系着每个人食用农产品的质量安全。因此，国家对这类投入品实行了生产经营许可证管理等较严格的法律管理制度，对生产经营者提出了更高的要求并规定了相应的法律义务，违反法律法规规定的，将承担相应的行政责任，触犯刑律、构成犯罪的单位或者个人还将追究其刑事责任。

我国现行的刑法规定的相关罪名有：生产、销售伪劣农药、兽药、化肥、种子罪，生产、销售伪劣产品罪等。《中华人民共和国刑法》第一百四十条是关于生产、销售伪劣产品罪的规定，第一百四十七条则是有关生产假劣农药、兽药、化肥、种子罪的规定。前者生产、销售伪劣产品金额达到5万元以上则应追究刑事责任，而后者则在使生产遭受造较大损失时由行为人承担相应的刑事责任。行为人生产、销售伪劣农药、兽药、化肥、种子，虽没有使生产遭受较大损失的，但销售数额在五万元以上的，应按生产、销售伪劣产品罪定罪处罚。"使生产遭受较大损失"，实践中一般是指造成比较严重的或者比较大范围的粮食减产、较多的牲畜的病患或死亡等。最高人民法院、最高人民检察院《关于办理生产、销售伪劣商品刑事案件具体应用法律若干问题的解释》中，对如何认定"使生产遭受较大损失"作出了解释。该解释第七条规定："刑法第一百四十七条规定的生产、销售伪劣农药、兽药、化肥、种子罪中'使生产遭受较大损失'，一般以 2 万元为起点；重大损失，一般以 10 万元为起点；特别重大损失，一般以 50 万元为起点"。因此，生产、销售伪劣农药、兽药罪使生产遭受 2 万元以上损失的，则应当依法追究刑事责任。这里的 2 万元，就是生产、销售伪劣农药、兽药罪与罪的界限，不足 2 万元损失的，则只需追究行政责任。

（三）有关农业投入品违法生产经营行为应承担的行政责任"情节严重"认定标准简析

我国的兽药、农药、饲料及饲料添加剂等农业投入品的监督管理还没有出台相关的法律，这方面的立法至今还停留在行政法规或地方性法规甚至规章的层面，而且对农业投入品违法行为"情节严重"尚未作出具体规定，给执法工作带来了不便，因此，有必要对相关认定标准作出量化。

从上述三个管理条例不难看出，涉及"情节严重"的条款，大都有吊销行政许可证的内容，"情节严重"的情形也基本相同或相似，有着互通性，在此，我们将兽药、农药、饲料及饲料添加剂三类产品一并讨论分析。

执法实践中的"情节严重"，主要是指违法行为的性质和手段恶劣、无证非法生产经营数额较大或者生产经营假劣产品数额较大或使生产遭受较大损失、屡次处罚屡教不改、在本地区有重大影响等情形。

（四）有关农业投入品管理法规中有关行政处罚“情节严重”的认定标准建议

根据上述分析，参照刑事责任追究标准，结合执法实际，违反兽药、农药、饲料及饲料添加剂管理法规规定的违法行为，有下列情形之一的，应认定为“情节严重”：生产经营假劣兽药（农药、饲料及饲料添加剂）使生产遭受损失 1 万元以上的；未取得法定的相关生产经营许可证或者登记证，擅自生产经营兽药（农药、饲料及饲料添加剂）达到 1 万元以上的；生产经营假劣兽药（农药、饲料及饲料添加剂）货值达到 1 万元以上的；累计被执法机关给予行政处罚 3 次以上的；在本地区造成较坏的社会影响或群体性事件的；买卖、出租、出借有关生产经营许可证或批准证明文件，造成生产安全事故、群体性事件、使生产遭受 1 万元以上损失等较严重后果的，或者这种非生产经营兽药（农药、饲料及饲料添加剂）货值达到 1 万元以上的。

第五节

促进农业法律的顺利实施[①]

一、农业法律实施障碍及其原因

农业法律实施是指农业法律规范在农业和农村经济工作中

① 本节内容选自农业部软科学课题“农业法律实施情况调查”（课题编号：200542），课题主持人：余英生。

的贯彻和实现，主要包括两种方式，即农业法律的适用和农业法律的遵守。近年来，湖南省农业法律实施的组织领导不断强化，农业法律普及工作开展比较到位，农业法律实施制度逐步完善，各项执法成效比较显著，农业依法管理不断加强。各级政府及农业部门认真贯彻执行法律法规，推进农业农村经济社会管理方式向依法治农、兴农转变，有力地保障了农业在国民经济中的基础地位，维护了农业生产者、经营者、管理者等各类主体的合法权益，促进了农业农村经济社会的持续、稳定、协调发展。从湖南农业法律实施情况看，目前我国农业法律实施还存在诸多障碍因素。

（一）农业生产的分散性与农村经济社会发展的滞后制约农业法律的有效实施

1. 农业生产的分散性加大了农业法律适用的难度

我国现在普遍实行家庭承包制，农业生产表现出周期长、主体多、分布广的分散性特点。在这种农业生产经营制度下，农业法律法规在适用性方面显现了规范主体繁多、规范周期过长的“疲劳乏力”的缺憾，以致产生农业法律在部分环节、部分地区、部分领域管不了、管不到、管不住的现象，最终使农业法律法规的贯彻实施被打了折扣。

2. 农村经济社会发展的滞后影响了农业法律实施的进程

长期以来，我国实行重工轻农的发展战略，农村经济社会发展水平明显落后于城市，经济实力不强，收入水平不高，加上农村社会长期形成的传统思维模式和政府部门重政策轻法律的工作方式，使得农业法律在农村实施的经济基础还较为薄弱，社会基础还不够巩固，从而影响了农业法律实施的进程。

（二）农业法律本身的缺陷制约农业法律的有效实施

现阶段我国农业法律法规大多数是在计划经济体制下制定的，随着社会主义市场经济体制改革的深入和世贸组织规则的逐渐生效，特别是农业农村经济社会发展进入新阶段后，我国现有农业法律法规越来越受到自身不完整性的缺陷而制约其有效实施。

1. 农业法律政策性、原则性强，规范性、可操作性不足

在我国农业立法实践中，大多根据“政策是制定法律的灵魂和依据、法律是政策的具体化、规范化和条文化”的传统公认理论观点制定，经常发生“政策搬家”现象，将政策的灵活性和原则性列入法律，使法律规范缺乏严格的规定性和可操作性，致使法律实施过程中出现“法为我用”等执法不严、违法不究的不良现象。如《中华人民共和国农业技术推广法》作为农业技术推广的专门法律，只做了很多原则性规定，却没有设定具体罚则，给依法推广农业技术带来诸多不便，特别是农民因接受不当的农业生产技术而造成农业严重减产却难以获赔的现象经常发生。又如现行法律规范对行政自由裁量权的规定也还存在不少缺陷。如有的法律规范裁量幅度过大，在实施行政处罚时，很难判断是否有失公正。有的法律规范规定可予以罚款，但没有规定具体的罚款数额和幅度限制，一旦发生行政纠纷，也难判断行政执法行为是否发生过错；个别法律规定了给予处罚，却未确定给予何种处罚等。

2. 农业生产经营者权利与义务的规定不对等

在计划经济体制下，行政权力是法律尊奉的中心和重点，导致农业立法中都较注重规定农业生产经营者应尽的义务，而没有充分规定农业生产经营者应当享有的权利，造成农业生产经营者权利和义务的不对等，使农业法律在实施中出现对农业生产经营者权利保护不力的现象发生。例如，我国《农药管理条例》明文规定，农药经营单位购进农药，应当将农药产品与产品标签或者说明书、产品质量合格证核对无误，并进行质量检验。但现实中，如果要求农药经营者对品类繁多又可能存在质量问题的所有农药进行质量检验是不现实的，因为高昂的检验费用是经营者

难以承受的负担。

3. 农业立法相对滞后，与农业发展要求不相适应

首先是立法思想滞后，与市场经济发展不相适应。现阶段我国农业法律要义的明显特征就是维护行政权力的权威性，而体现平等、自愿、等价、有偿和诚实信用等市场原则不够。如《中华人民共和国农药管理条例》规定生产领域允许非国有资本进入农药市场，却还没有允许非国有资本可以进入农药流通领域，也没有明确要求农药经营必须实现“政、事、企”分开，这种规定明显背离平等竞争、政企分开的市场准则，与社会主义市场经济发展不相适应其次是农业法律的制修订滞后，与农业发展形势不相适应。如1993年7月颁布实施《中华人民共和国农业技术推广法》后，至今没有制订出相应的配套法规，也没有随着全国农业技术推广形势的变化加以修改和完善。又如《中华人民共和国植物检疫条例》1992年5月颁布实施后，也未跟随国际国内贸易形势的变化加以相应的修改和完善，某些条款已经很不适应植物检验形势发展的需要；还如与人民群众生命安全息息相关的农产品质量安全方面的法律至今没有出台，保障农业投资的专门法律也十分难产，专门的肥料管理法规至今没有立法，都与新形势下的农业发展极不相适应。

4. 农业法律权威性不强，与农业本身的基础地位很不相称

我国是农业大国，农业是国民经济的基础，从较高层次加强农业立法、以较大力量加强农业法律执行本应是政府的一项重要职责，也是促进农业法律实施的重要力量。而我国目前农业领域的法律总体上看是层次不高、力量不够、权威性不强，由全国人大及人大常委会颁布实施的法律仅有14件，国务院制定颁布的行政法规28件，更多的是农业部发布的规章。诚然这些法律、法规和部门规章赋予了农业行政主管部门管理种子（含食用菌、果苗）、农药、肥料以及植物检疫、农民负担

监督、村财管理、绿色食品管理等多种行政执法管理权限，有力保护了农业经济社会的健康发展，但由于农业执法职能的长期弱化等多种原因，不少农业法律法规形同虚设，权威性不强，无法全面落实和执行，特别是一些地方领导和干部缺乏农业法制和依法行政意识，有法不依、执法不严，甚至以地方保护为借口，干扰农业行政执法等，致使农业执法管理难，农业违法行为禁而不止，很多破坏农业发展、损害农民权益的行为得不到依法惩处。

（三）执法环境不顺制约农业法律的有效实施

1. 社会观念障碍

一是在整个法律体系建设过程中，一直存在着“重刑轻民”、“重工轻农”的倾向。随着经济体制改革的深入和社会主义商品经济的发展和市场化程度不断提高，经济和民事立法和法律实施明显加强，人民群众对民法、经济法重要性的认识有了很大提高，但是农业领域的立法仍然滞后，农业行政执法体系也不健全，农业法律的实施也不严、不力。这些现象和问题，导致人们对农业法律在国家整个法律体系中的地位和作用缺乏足够认识。

二是在计划经济体制下形成的“一靠政策、二靠投入、三靠科技”的农业发展实践经验，在不少人头脑中烙印很深，导致在具体工作中宣传政策多、宣传法律少，愿意依靠行政命令和指令性计划去管理农业，而不愿意依靠农业法律规范和市场规则去服务农业发展。

三是农民心中根深蒂固的以血缘本位、自然等级和社会渗透为主要特征的传统伦理精神，特别是在诉讼费高昂的情况下，他们不愿意选择法律途径维护自身权益，而是选择个人私了、家庭调解、忍气吞声等办法来保护自己，从而影响了农业法律的有效实施。

2. 政府职能转变不到位

市场经济体制下政府的主要任务是宏观调控，核心职能是服务。所谓宏观调控，就是要以总量平衡，结构调整为主，而不是以直接配置资源，直接经营管理为主；要以监督管理为主，而不是以审批和指挥为主；要以间接手段即经济手段为主，而不是以直接手段即行政手段为主；要以取得较好的宏观经济效益、社会效益、生态效益为主，而不是以局部利益、局部效益为主。所谓服务，主要是为企业和各种市场主体提供良好的发展环境和平等竞争的条件服务，为社会提供安全和公共产品服务，为劳动者提供就业和社会保障服务等。随着我国社会主义市场经济体制的初步确立，我国各级农业部门紧密结合这一宏观背景，积极推进政府职能转变，为农业法律实施创造了较好的执法环境。但由于受到历史原因和体制影响，政府职能转变仍然不够到位，成为农业法律实施的重要障碍。可以从以下五个方面来看：

（1）农业环境与资源保护

违规审批“三废”严重，综合效益低下的产品向农村转移生产，导致生态环境日益恶化，农作物及养殖业受污染，不断发生人们身体健康受到威胁的事件。不切实际的推行城乡一体化，肆意圈占耕地搞“开发”、设“园区”以获“政绩”的势头还难以竭制。以调整产业结构的“幌子”，大量占有基本农田发展林果业或开发旅游项目现象也屡见不鲜。这种以牺牲农业环境和资源为代价，获取农业、农村、农民的短暂发展、繁荣和富裕的作法，与国家确立的农业可持续发展战略和依法治农战略相违背。

（2）农产品质量安全管理

国家虽然制定了一系列的农产品质量与安全标准和实施规范，但缺乏统一的农产品质量安全管理法律，使农业部门在对当前日趋严重的农产品质量安全问题管理上无所适从，加上农产品质量检验检测体系、质量安全状况评价及安全信息发布制度、市场准入制度建设落后以及执法监管不力等多种原因，致使农业生产标准不完善，农产品质量安全水平有待提高，因食用有毒有害物质超标的农产品而引发人畜中毒事件时有发生。

（3）农业生产资料监管

我国现行农业生产资料监管体制大多是在计划经济框架下设立的，缺乏科学性，存在较为严重的综合部门之间、综合部门与专业部门之间以及专业部门之间职能界定不清的问题。政府在实施农业生产资料监管职能时，往往迁就现行体制，平衡各部门利益，而忽视农业和农村经济工作及与其密切相关的农业生产资料的特殊性。比如我国目前的肥料监管体制就很不顺畅，实施肥料监管的质量技术监督部门和工商行政管理部门一方面强调统一管理，另一方面又将执法技术性很强的大量的具体工作委托给没有执法权的农业部门承担，农业部门因缺乏对等的权利，往往积极性不高，最后造成执法不到位，执法任务难以落实。

（4）农业知识产权保护

伴随全国乃至世界知识产权保护的加强，我国也加大了农业领域知识产权的保护力度，出台了《中华人民共和国植物新品种保护条例》以及农产品地理标志等一批重要法规。但受到农业、农村和农民所固有的特殊性限制，各级政府及相关工作部门在实施这方面的法律制度时存在很多困难。例如在旧的体制条件下，种子作为“公共服务品”，往往是政府“定价”销售给农民，其价格很难反映出其本身的内在价值和科技含量，既损害了种子选育者科技创新的积极性，也不利于推进种子的产业化和农业的健康发展，最终损害了广大农民的利益。而在新的体制下，新品种的价格往往操纵在营销者的人中，种子的价格与价值又在新的矛盾中难以平衡，这种情况下处于优势的种子生产经营者就必然想法设法，维护自己的利益，常常出现制假售假等坑农害农行为，而政府及其相关部门在这个方面的保护力度却远远不够。

(5) 农业投入保障

目前,《中华人民共和国农业法》虽然对政府加大农业投入作了一些重要的原则规定,如“国家运用财政投入、税收优惠、金融支持等措施扶持农民或农业生产经营组织发展农业生产”,“逐步提高农业投入的总体水平”,“县级以上人民政府每年财政预算内安排的各项用于农业的资金应当及时足额拨付”等,但由于没有具体措施予以保障,缺乏可操作性,执行起来困难重重,很难达到立法效果。

(四) 执法体制不畅制约农业法律的有效实施

1. 执法体系庞大而分散,力量相对薄弱

我国现行农业执法体制是沿袭计划经济体制而来,执法部门、机构设置缺乏科学性,农业内部分散执法,自成体系。1999 年以来,全国各级农业行政主管部门按照中央和国家农业部的要求,在行业内部开展了以相对集中处罚权为主的农业综合性执法探索,取得了显著成效,但农业综合执法只限于“集中处罚权”,而“监督检查权”仍然比较分散,由多家农业内部机构实行,没有从根本上改变“政出多门、各自为政”的格局,农业行政执法资源仍然没有得到合理、有效配置,造成农业执法体系庞大却力量弱小,从而影响到农业法律的实施。

2. 政事、政企职能不分,执法主体不规范

目前我国很多农业事业单位承担执法职能,其执法资格有的是经法律授权(如植检站),有的是由农业行政主管部门委托(如农业综合执法大队、种子管理站、环保站、土肥站、农药管理站),而所有执法机构与其他事业单位均隶属于同级农业行政主管部门管辖的二级机构,其独立性不强。加之现阶段,全国多数种子管理站与种子公司的分设仍然是“裙带”不清,多数植保站既搞植物检疫、农药管理,又经营农药、化肥等生产资料,多数土肥站与农环站依然是两块牌子一套人马,这种“既当裁判员又当运动员”的执法体制,严重影响

了农业执法的权威性和公信力，也影响了农业法律实施效果。

3. 农业执法人员整体素质不高

农业行政执法具有很强的专业性和技术性，要求执法人员既要具有很强的专业技术知识，又要有较强的法律意识。目前，我国农业行政执法人员离这一要求还有较大差距。据对湖南省龙山县农业局27名持有执法证的执法人员的调查，执法人员普遍素质不高，表现出“二多二少”的特点：①低学历者多，高学历者少。调查样本中，有本科学历2人，占7.4%；专科学历6人，占22%；中专以下学历19人，占70.4%。②非法律专业多，法科专业极少。调查样本中，法律专业人员仅1人，非法律专业人员26人，占96.3%。大多是从专业技术干部转化而来，“半路出家”，法律素质不高，影响了农业执法的整体水平。

4. 农业执法手段落后

由于受现行财政体制和财政能力的限制，加上旧体制下的农业执法机构过多过散，执法经费得不到保障，执法条件（手段）普遍落后。许多执法机构处于“一间房子、一张桌子、一个章子”的简陋环境之中。执法投入的弱化，造成执法手段落后，严重制约了农业行政主管部门的职能发挥和农业法律的有效实施。

二、保障农业法律顺利实施的对策

制约农业法律实施的障碍因素是多方面、多层次的。因此，必须从系统、全局的角度出发，转变农业部门工作职能，完善农业法律法规，推进农业综合执法，保障农业法律顺利实施。

（一）转变农业部门工作职能

市场经济是法治经济，市场农业必须依法治理。实现政府职能的转换，树立依法行政理念，是形成良好法治氛围的根本保证。因此，农业部门应尽快适应新形势发展的要求，强化依法治农思想，切实转变工作职能，将工作的重点转移到依法加强对农业、农村经济的“引导、支持、保护、调控”上来。

1. 强化依法治农思想

农业执法工作起步较晚，还不能完全适应当前农业和农村经济发展的需要，与建立社会主义市场经济体制的要求相比，与依法治国、依法行政的要求相比，还有较大差距。进入新阶段后，我国农业发展面临许多新形势和新任务。农业发展不仅受到国际国内两个市场的风险和压力，而且受到国际国内两种资源的约束和限制。如何使农业生产克服市场风险和自然风险，既不违反国际农业政策要求，又能保护农业发展、促进农村建设和提高农民收入，是我国各级政府及农业部门面临的重要任务。党和国家从现阶段农业发展新形势的客观要求出发，全面系统总结我国农业发展的曲折经历，确立了“依法治农、依法兴农、依法护农”的农业和农业经济发展的基本方略，为农业法律实施提供了根本指导思想。强化依法治农的战略思想是保障农业法律顺利实施的前提条件。要确保农业法律顺利实施，就要牢固树立起农业法是基础法的观念，加强农业法制建设工作，转变农业部门职能，促进农业部门从过去微观管理转向宏观调控，从过去靠行政手段、行政命令办事转向依法行政，用法律手段调节和管理农业和农村各个领域的活动，依法加强农业基础地位，依法保持农业结构调整顺利进行，确保农业增效、农民增收和农村稳定，依法确保农民的合法权益。

2. 做到农业管理上的“两个强化”

农业管理方式是拉动农业法律实施的重要力量，也是农业法律实施程度的重要体现。在新形势下，要顺利推进农业法律的贯彻落实，把依法治农方略落到实处，必须改革旧的农业管理方式，做到二个强化，即改变旧的微观直接管理，采取宏观间接管理方式，强化对农业和农村经济工作的统筹协调和宏观调控能力；改变过去主要依靠行政手段，采取经济、法律和必要的行政手段相结合的管理方式，强化依法治农、依法兴农、依法护农的能力和水平。

（二）完善农业法律法规

1. 进一步加强农业立法

在推进农业立法中，要注意吸取经验教训，把握好以下四点：①全局观念。现阶段，我国农业立法研究力量比较薄弱，立法机关及其工作人员特别要摒弃“部门权力”的观念，从大局着眼，加强农业领域的立法进程，推进和保障社会主义市场经济下的农业农村经济社会发展。②统筹兼顾。把农业立法纳入普通立法体系框架，涉农普通立法与农业特别立法要做到通盘考虑、统筹兼顾，凡是适用普通法律规范的，可以不再设立农业特殊立法项目，反之则应当确立农业特别立法项目或考虑规定例外条款。③从实际出发。在制定立法计划和起草农业法律法规时，注意尊重农业发展客观规律，充分考虑到我国现阶段的农情、民情，给予农民、农业以特别优惠和特殊保护。④国外经验和国际规则。在立足国情的基础上，合理吸收和利用国外立法经验和立法技术及立传项目，加快农业立法进程。同时，我国已加入 WTO，农业立法要逐步与国际贸易规则接轨，向国际规范靠拢，使农业法律法规，在符合多边贸易规则和国际惯例的条件下，给农业以富有效率的支持与保护。

2. 建立农业法律实施后评价制度

随着我国经济政治体制改革的不断深化，农业法律实施过程中出现了很多新的问题和矛盾，严重影响农业法律的实施效果。建立健全农业法律实施后评论制度，有利于系统总结我国现行农业法律体系及条款存在的问题和不足，明确农业立法的着力方向和重点，加快现有法律的修改和完善，促进农业法律不断适用新形势新阶段下农业农村经济社会发展的需要。实践中，农业法律实施评论制度需要根据经济社会发展的阶段性变化而适时展开，做到专项评论和一般评论相结合，把握好农业法律实施评论的方向和重点，做到局部评论和总体评论相结合，并以评论结果为依据，对农业法律进行修改或者废止。

（三）推进农业综合执法

《中华人民共和国农业法》明确规定，县级以上地方人民政府的农业行政主管部门应当在其职权范围内健全行政执法队伍，实行综合执法，提高执法效率和水平。长期以来，农业行政执法工作中存在的各种问题，诸如执法主体和执法行为不规范，出现多头执法、多层执法、有偿执法的问题，成为推进依法治农的最大障碍。理顺执法体制、推进综合执法，既是农业法律精神的内在要求，也是改进农业行政执法、提高农业法律实施效果的客观要求，是现阶段农业部门深化行政执法体制改革的方向。

1. 深化农业内部行政体制改革

深化农业内部行政体制改革，关键是把握四个重点、处理一个关系。

“四个重点”是：①在农业内部相对集中行政处罚权（监督检查权）。严格按照法定职能，将种子管理、土肥管理、农业环保、农药管理、植物检疫等职能机构的处罚权（监督检查权）等行政职能重新进行统一调整、归并，成立农业行政执法专门机构——农业综合执法总（支、大）队，由其集中行使行政处罚权（监督检查权），并在农业内部实现行政管理职能与监督处罚职能相对分开，监督处罚职能与技术检验职能相对分开，执法监察职能与行政执法职能相对分开，防止“政出多门”、“多层执法”、“执法不公”的现象发生。②严格“政、事、企”分开。主要是推进种子管理站与种子公司分离，土肥管理站与肥料经营分离，植保植检站与农药经营分离，彻底铲除“即当裁判员、又当运动员”的现象。③改革现行县、乡村三级农技推广体制，优化配置农业技术推广资源。④切实加大机构改革力度，严格按照“统一、精简、效能”的原则，在农业部门内同步建立一个权威的农业执法体系，一个具有活力的农业技术推广体系，一个具有公信力的检验检测体系，并形成三大体系的效能叠加，增强农业部门的法律实施力量。

“一个关系”即综合执法与专业执法的关系。实施综合执法的目的是将现行分散的执法机构、人员等相对集中，将执法职能相对集中，实现执法资源的合理化配置，降低执法成本，提高行政效率，因此现阶段工作的重点应该放在相对集中处罚（监督检查权）上，其他执法职能可由专业机构来承担，法律法规明确授权的执法职能，由法律、行政法规授权的执法主体承担。条件成熟时，再扩大集中范围，将所有执法权归并到综合执法机构行使。

2. 加强农业综合执法制度建设

健全完善的制度，是保证农业行政执法合法、合理、高效运行的重要手段，也是提高农业法律实施效果的重要保障。农业综合执法必须坚持“权责一致”原则，建立健全工作制度，即：录用考试、培训制度；学习、考核制度；程序规范制度；行政过错责任追究及奖励制度；案卷制作与归档备案制度；执法监督、监察制度；申诉、举报、控告制度；“阳光”作业制度；相互协作，联合办案，信息共享制度；功能效能制度；集体讨论决定及行政复议、组织听证、行政应诉和赔偿工作制度。要通过制度建设，界定法制工作机构职能，明确其除承担立法协调和宣传培训外，主要承担指导和监督执法机构执法，包括办理行政复议、组织行政处罚听证、审核重大案件的处罚决定等。

3. 提高农业综合执法人员素质

农业综合执法人员的素质直接关系到农业法律法规的正确

实施。因此，抓好队伍建设，提高执法人员素质显得十分重要。提高农业综合执法人员素质，从三个方面努力：①严格选人，注意把握好录用标准和录用程序这两个关口，坚持政治思想好、业务素质精、作风过硬、工作责任心强的录用标准，坚持考试考核相结合，公开选拔，择优录取的录用程序和录用原则。②管理育人，建立行政执法监管体制，推行行政执法责任制和监督评议制，建立执法人员学习培训制度和知识更新制度，坚持“学习、教育、整顿、提高”的原则，按照“三提高、三争创”的要求，积极培养适应农业行政执法特点的复合型人才，逐步提高农业行政执法队伍的整体素质和战斗力。③建立执法人才流动机制和执法岗位轮岗机制，疏通执法优秀人才流入渠道，逐步调整优化执法人员结构。

4. 改善农业综合执法条件

长期以来，农业执法机构依托农业技术推广机构，没有专门的执法经费，执法条件和手段落后，依靠“眼看、手摸、两条腿”办案较为普遍。近几年来，通过整合执法机构和资源，执法条件和手段得到了一定改善，但随着新形势下农业跨区域违法作案增多、涉案领域扩大、作案手段智能化和隐蔽化趋势的加强，使得农业执法任务越来越重，执法难度越来越大，原有的落后的执法条件（手段）已经远远不能和执法新形势相适应。因此，改善农业综合执法条件，成为当前农业综合执法工作的当务之急。改善农业综合执法条件，关键是加大农业执法经费投入，形成多渠道的资金投入机制，政府要将农业执法经费列为财政支出科目，保证农业执法工作的正常运转，农业部门应积极立项争取国家支持，利用专项整体工作的开展，争取政府专项资金的投入。同时，走“精兵、简政”之路，发挥有限资金的最大作用，合理调配农业发展资金，适当向农业执法工作倾斜，加大对农业执法工作的投入保障力度，促进农业执法的办公现代化、手段科技化、信息网络化、管理规范化、执法效能化目标的实现。

5. 开展农业普法活动

农业法律实施的落脚点在农业、农民和农村经济组织。因此，提高广大农民群众的法律素质，增强守法经营、依法维权意识，是改善农业行政执法环境的关键所在。要加大普法力度，提高农业法律、行政法规的普及率。开展农业普法活动，做到四个结合，即结合农时季节，突出普法时间和普法内容；结合农村实际和农民特点，广泛开展群众喜闻乐见的普法形式；结合工作实际，突出普法效果，坚持“普法与处罚相结合、教育与整改相统一”，开展重点品种、重点地区、重点市场的专项整治工作；结合农业行政执法工作特点，抓好执法人员及基层干部的普法，突出农业法律、法规宣传员的培育。

6. 保障执法人员待遇

推进农业综合执法，还必须解决好执法人员“吃事业饭、走职称路”的问题。可结合当前机构改革和贯彻实施《中华人民共和国公务员法》的机会，加强与人事、编制、财政等部门的沟通，将执法人员纳入公务员序列，享受公务员待遇。或者，根据执法人员从事执法经历、工作业绩等方面的成绩对其评定专业技术职称，切实保障执法人员的待遇。